Vita Sackville-West
Die Herausforderung

Roman

Aus dem Englischen von
Irmela Erckenbrecht

Mit einem Vorwort von
Nigel Nicolson

Schöffling & Co.

Erste Auflage 2025
© der deutschen Ausgabe:
Schöffling & Co. Verlagsbuchhandlung GmbH,
Kaiserstraße 79, 60329 Frankfurt am Main
Der Verlag behält sich eine Nutzung des Werks für Text- und Data-Mining
im Sinne von § 44b UrhG ausdrücklich vor.
Originaltitel: *Challenge*
Originalverlag: Doran, New York 1923
Copyright © 1923 by Vita Sackville-West
© für das Vorwort 1974 by Nigel Nicolson
Alle Rechte vorbehalten
Covermotiv: William Strang (1859–1921), *Lady with a Red Hat*
(Porträt von Vita Sackville-West)
Satz: Fotosatz Amann, Memmingen
Druck & Bindung: GGP Media GmbH, Pößneck
ISBN 978-3-89561-444-6

www.schoeffling.de
info@schoeffling.de

ACABA EMBEO SIN TIRO, MEN CHUAJANI;
LIRENAS, BERJARAS TIRI OCHI BUSNE,
CHANGERI, TA ARMENSALLE

Vorwort

Die Herausforderung ist Vita Sackville-Wests zweiter Roman. Sie hat ihn von Mai 1918 bis November 1919 geschrieben; veröffentlicht wurde er jedoch erst 1923, und zwar bei der George H. Doran Company in New York. In England ist er bis heute nicht erschienen, und es bedarf wohl einer kurzen Erklärung, warum eine junge Schriftstellerin, die sich durch ihre Lyrik bereits einen gewissen Namen gemacht hatte und deren erster Roman, *Frühe Leidenschaft* (1919), auf ungewöhnlich große Anerkennung gestoßen war, im allerletzten Moment, als die gedruckten Seiten schon aufgebunden werden sollten, sich plötzlich entschloss, ihre Zustimmung zur Veröffentlichung in England zurückzuziehen. Es kann nicht daran gelegen haben, dass sie den Roman für misslungen hielt. »Ganz egal, was Du sagst«, schrieb sie an ihren Ehemann, Harold Nicolson, »er ist *verdammt* gut. Nun hast Dus. Wenn Du willst, kannst du mich für eingebildet halten. Aber ich bin zufrieden mit diesem Roman, wirklich zufrieden.« Nein, die Veröffentlichung wurde gestoppt, weil ihre Angehörigen und Freunde befürchteten, das Buch könnte einen Skandal heraufbeschwören.

Der Roman handelt nämlich von Vitas Geliebter, Violet Keppel (Trefusis). In meinem Buch *Porträt einer Ehe: Vita Sackville-West und Harold Nicolson* beschreibe ich, wie sich Vita und Violet – alte Freundinnen, die sich seit 1904, also seit Vitas zwölftem und Violets zehntem Lebensjahr kannten –

von jeher körperlich und intellektuell zueinander hingezogen fühlten und ihre schwelende Zuneigung sich 1918 plötzlich in eine leidenschaftliche Stichflamme verwandelte, die drei Jahre lang heiß und verheerend lodern sollte. Beide waren verheiratet (Vita seit 1913, Violet seit 1919), doch selbst die engsten familiären Bindungen waren nicht stark genug, um diese Flamme zu löschen. Monatelang verkrochen sich die beiden in Monte Carlo. Im Februar 1920 fassten sie den Entschluss, alle anderen Verpflichtungen ein für alle Mal hinter sich zu lassen und ihr künftiges Leben gemeinsam zu verbringen. Sie setzten sich nach Frankreich ab. In Amiens gelang es ihren beiden Ehemännern, sie einzuholen. Nach einem heftigen Schlagabtausch gegenseitiger Vorwürfe wurden die Ausreißerinnen schließlich zur Räson gebracht, und ihre Affäre verlief im Sande.

Die Druckfahnen der *Herausforderung* erreichten Vita in Paris, wo sie sich von den vorausgegangenen Strapazen erholte. Einen Großteil des Romans hatte sie in Monte Carlo auf dem Höhepunkt der Affäre mit Violet geschrieben, und die qualvolle Aufgabe, ihr Werk nun noch einmal durchsehen zu müssen, führte zu neuen emotionalen Erschütterungen. *Die Herausforderung* sollte Ausdruck ihres Trotzes sein, eine Rechtfertigung ihres Verhaltens. Sie wollte den Roman als Erinnerung an das, was sie erlitten hatte, veröffentlicht sehen, als ihre persönliche Bekundung, was Liebe sein konnte und sollte. Zuerst nannte sie ihr Werk *Rebellion*, dann *Enchantment (Zauber)*, dann *Vanity (Eitelkeit)*. Schließlich entschied sie sich für *Challenge (Herausforderung)*, eine Zusammenfassung all dessen, was sie vermitteln wollte.

Zum Widerruf der Veröffentlichung überredeten sie Lady

Sackville (ihre Mutter), Alice Keppel (Violets Mutter) und, als unerwartete Verbündete, Mrs Belloc Lowndes. »Besuch bei Mrs Belloc Lowndes«, notierte Vita am 15. März 1920 in ihr Tagebuch. »Sie will, dass ich *Challenge* nicht veröffentliche. Sie fragte, ob ich es auch veröffentlichen würde, wenn Violet tot wäre? Das hat mich getroffen. Das Gerede der Leute ist mir egal. Aber ich gebe die Sache auf. Ich hoffe, Mama ist zufrieden. Diesmal hat sie gewonnen.« Im Tagebuch von Lady Sackville heißt es: »Vita ist sehr tapfer, obwohl sie bitter enttäuscht war, als Mrs Lowndes ihr erklärte, was für einen Skandal es heraufbeschwören würde.« Violets Enttäuschung war ungleich größer: »Das kann nicht Dein Ernst sein«, schrieb sie, als sie von Vitas Entscheidung hörte. »Es wäre idiotisch. Das Buch ist ausgezeichnet. Zehnmal besser als *Frühe Leidenschaft*. Gib nicht nach, seufze nicht, werde nicht weich. Es wäre absurd, treulos und außerdem völlig nutzlos.«

Mit »nutzlos« meinte Violet, dass die Veröffentlichung des Buches den in London kursierenden Gerüchten kaum neuen Zündstoff geliefert hätte: Im Gegenteil, es hätte den Zynikern vor Augen geführt, wie tief und edel ihre Liebe füreinander gewesen war. Jenen, die nichts über die Hintergründe wussten, wäre es als eine Liebesgeschichte ohne Untertöne und Hintersinn erschienen. Nicht einmal einer von tausend Lesern hätte Violet in der Romanfigur Eve erkannt, geschweige denn Vita in der Gestalt des Julian. Doch Vita schien das Risiko zu groß. Im letzten Moment gab sie nach – zwar nicht aus Gründen der Scham, aber aus Zurückhaltung. Ihrem Verleger Collins teilte sie mit, sie habe ihre Meinung geändert; sie gab Zweifel an der literarischen Qualität des Werkes vor.

Lady Sackville zahlte Collins in Vitas Auftrag 150 Pfund Entschädigung, da das Erscheinen des Buches bereits annonciert worden war. Drei Jahre später stimmte Vita der Veröffentlichung in den Vereinigten Staaten zu. Sie nahm nur eine Änderung vor: Den Satz – »Der wirklichen Eve gewidmet in Dankbarkeit für die ausgezeichnete Vorlage zu diesem Roman« – ersetzte sie durch drei Zeilen aus einem türkischen Liebesgedicht, von denen sie annahm, dass kaum jemand sie verstehen würde.

Heute kann der Roman niemandem mehr Schaden zufügen, und ich denke, es ist mehr als angemessen, dass er unter dem Signet desselben Verlegers erscheint, dem er vor einem halben Jahrhundert noch im allerletzten Moment entgangen ist.

Wie alle Werke Vitas trägt auch dieser Roman deutlich autobiographische Züge. Zwar liegt der Schauplatz in Griechenland, einem Land, das Vita selbst nie bereist hat, und auch die Handlung ist allein ihrer Phantasie entsprungen. Aber sie kannte andere Mittelmeerländer – Italien, Spanien, Südfrankreich – und hat viele Beschreibungen der Landschaften und Städte, des Klimas und der Pflanzen sowie des pulsierenden Lebens in den verschiedenen Häfen und Dörfern, von Monte Carlo auf ihr imaginäres Herakleion übertragen. In ihren Tagebüchern und Briefen aus dieser Zeit findet man zu zahlreichen Vorkommnissen und Nebenfiguren der Geschichte Schilderungen des authentisch Erlebten. So machte sie aus einem Feuerwerk in Monte Carlo am nächsten Tag ein Feuerwerk in Herakleion. Aus einer früheren Lebensphase – als junge Ehefrau des Dritten Sekretärs an der britischen Botschaft verbrachte sie sechs Monate in Konstantinopel – stammt ihr satirisch gezeichnetes Bild vom gesellschaftlichen Leben der Diplomatie, in dem sie sich über den kleinlichen Eigendünkel und die plattitüdenhafte Koketterie mokiert und ihre Verachtung für all die sozialen Konventionen zum Ausdruck bringt, deren Opfer sie einst selbst gewesen war. Viel genauer, als Harold Nicolson es je vermochte, durchschaute sie die Feinheiten des diplomatischen Intrigenspiels. Die beruflichen Beziehungen zwischen den Repräsentanten verschiedener Staaten in Herakleion sowie zwischen den Botschaftern und ihren Untergebenen sind ebenso präzise beschrieben wie das von den griechischen Politikern betriebene Ränkespiel. Manche Leser mögen die Handlung des Romans als unrealistisch empfinden. In der Tat erscheint es eher unwahrscheinlich, dass ein junger, Byronscher Gentleman aus dem fernen England es fertigbringt, die staatliche Loyalität der Bewohner einer griechischen Inselgruppe zu erschüttern, sodass sie in ihm ihren Führer sehen. Doch angesichts der Tatsache, dass der Roman als romantische Abenteuergeschichte konzipiert ist, muss man zugestehen, dass die Details hervorragend ausgearbeitet sind und die Charakterisierung überzeugend wirkt.

Die Herausforderung ist eine Liebesgeschichte, geschrieben in Gegenwart der Geliebten, von ihr inspiriert, von ihr korrigiert (Vita las Violet jeden Abend die Seiten vor, die sie tagsüber geschrieben hatte), ja, von ihr sogar um Worte oder ganze Sätze ergänzt, die Vita nachträglich ins Manuskript einfügte. Eve stellt ein so genaues Porträt von Violet dar, wie Vita es in Gegenwart ihres Modells zu zeichnen vermochte.

Auch körperlich ähneln sich Eve und Violet aufs Haar. »Sie konnte nicht schön genannt werden; ihr Mund war zu groß und zu rot.« Aber sie war charmant, arglistig, eitel, geistreich, hatte »tief liegende, leicht schräg nach oben gestellte Augen, die manchmal ironisch, manchmal unerklärlich traurig blickten ... Was immer sie berührte, es fing durch sie zu leuchten an.« Als wirklich boshaft konnte man Eve nicht bezeichnen. Dafür war sie zu abenteuerlustig, zu tapfer. Aber sie war egoistisch und legte eine eifersüchtige Selbstsucht an den Tag, die Vita nicht nur entschuldigte, sondern sogar bewunderte, weil sie etwas Animalisches hatte, halb Kätzchen, halb Affe, bewundernswert gerade auch in ihrer Grausamkeit. Das Subtile der *Herausforderung* liegt jedoch nicht darin, dass ein eigentlich abstoßendes Mädchen auf überzeugende Weise liebenswert geschildert wird. Genau wie Violet ist Eve ein außergewöhnliches Wesen, das aristokratische *hauteur* mit der Verletzlichkeit eines herrenlosen Tieres verbindet, eine Verführerin, die durch Gleichgültigkeit, Beleidigung und schließlich gar durch offenen Verrat die Liebe ihres Opfers aufs Spiel setzt. Eve ist das Porträt einer schlauen, aufreizenden, unendlich charmanten Hexe.

Vita selbst ist Julian – auch wenn sie dieser Romanfigur Züge des Hochmuts und der Führerschaft verlieh, die ihr selbst nicht eigen waren. Abgesehen von Momenten rücksichtsloser Selbstvergessenheit, war sie eine ungleich sanftere Persönlichkeit. Aber sie bewunderte die raren Julians dieser Welt, die sie häufiger in der Geschichte als unter den Zeitgenossen ihrer Umgebung fand. Julian ist ein Elisabethaner vom Schlag eines Sir Philip Sidney, ein Dichter und Abenteurer, charmant, wenn er gefallen will, arrogant, wenn er gelangweilt ist. Er ist der Sohn, den Vita sich gewünscht und nie bekommen hat, der Mann, der sie gern gewesen wäre, wäre sie nur als Junge zur Welt gekommen (und wie man weiß, bereitete es ihr lebenslangen Kummer, nicht als Junge zur Welt gekommen zu sein).

Wie in der Liebe von Vita und Violet ist in der Liebe von Eve und Julian kein Platz für Unreines oder Trivialitäten. Zwischen ihnen loderte eine Flamme auf, die die Liebenden – ebenso wie alle anderen Menschen, die mit ihr in Berührung kamen – zu verzehren drohte. Das entsprach ganz Vitas Verständnis von der Liebe: Diese sollte von Magnesium entfacht, von Schmerz umwölkt sein. Sie hatte ein romantisches, rebellisches Wesen, das durch Zärtlichkeit besänftigt wurde. Selten dürfte eine Romanschreiberin ihre Vorstellung von der Fähigkeit des menschlichen Geistes in den unterschiedlichen Charakteren ihrer Hauptfiguren so klar zum Ausdruck gebracht haben.

Die literarischen Qualitäten des Buches sind nicht zu unterschätzen. Vita war eine instinktive Romanschreiberin. Es fiel ihr leicht, in Worte zu kleiden, was ihr Geist an Bildern entwarf. Das Manuskript (das ich in Sissinghurst vorliegen habe) wurde fast ohne Korrekturen in offenbar meist kurzen Phasen niedergeschrieben – als hätte sie eine Idee, die ihr beim Baden gekommen war, noch schnell vor dem Abendessen notieren wollen, damit sie nicht in Vergessenheit geriet. Ihre Schilderungen und Dialoge sind scharfsinnig und einfühlsam, und ihre Figuren von solcher Anschaulichkeit, dass man sie in einer Menschenmenge sofort wiedererkennen würde. Kein Wunder, dass Vita mit dem Buch zufrieden war. Auch sie würde sich darüber freuen, dass nun durch diese Veröffentlichung ihre leidenschaftliche Geschichte vor dem Vergessen bewahrt wird.

Nigel Nicolson

Sissinghurst Castle, Kent
Oktober 1973

I
Julian

1

Am Sonntag, wenn das Rennen vorüber war, strömte die diplomatische, einheimische wie internationale Gesellschaft von Herakleion gemäß einer alten Gewohnheit, die nie jemand zu hinterfragen wagte, durch das große Drehkreuz am Ausgang des Rennplatzes hinaus, um in die dort wartenden Kutschen zu steigen und eine gute Stunde in der Steineichenallee spazieren zu fahren, die man eigens zu diesem Zweck vor den Toren der Stadt angelegt hatte. Wie die Engel auf Jakobs Himmelsleiter fuhren die Kutschen in gemächlichem Tempo an der einen Seite der Allee hinauf und an der anderen wieder hinunter. Nach einem unumstößlichen Gesetz wurde die Prozession stets vom Landauer der französischen Gesandtschaft angeführt. In ihm saß, kokett die an ihm vorüberziehende Welt beäugend, Monsieur Lafarge, der Gesandte selbst, den Bart fächrig über den Gehrock gebreitet, doch so geschickt arrangiert, dass jedermann den Orden in seinem Knopfloch sehen konnte; daneben Madame Lafarge, aufrecht, mit einer steifen Verbeugung grüßend, die unangefochtene Herrscherin der besseren Gesellschaft von Herakleion; auf dem *strapontin* schließlich Julie Lafarge, die wohlerzogene, fahlgesichtige Tochter. Dem herrschaftlichen Landauer folgten die gewöhnlichen Menschen, einige in zweisitzigen Kutschen, andere in offenen, kleinen Wagen, und in der Mitte die jungen Männer der Stadt, unter ihnen Alexander Christopoulos, der alles wagte und dem man alles verzieh, sein schneller Einspänner mit dem amerikanischen Traber von einer Staubwolke umhüllt.

Die Wagen der Diplomaten stachen durch das Vorhandensein eines Kutschers hervor, obgleich es natürlich keiner von ihnen mit dem hochgewachsenen, in eine scharlachrote Uniform gekleideten Lakaien der französischen Gesandtschaft aufnehmen konnte. Selbst der dänische Botschafter und seine Frau, die über ein recht kärgliches Einkommen verfügten, sparten sich das Essen vom Munde ab, um sich für die sonntägliche Spazierfahrt eine Kutsche halten zu können. Die reichen Griechen hingegen vererbten die Familienkutsche von einer Generation auf die nächste. Sie wurde stets vom Vorstand des Familienclans gelenkt, neben ihm auf dem Kutschbock thronte seine Frau, auf den sechs verbleibenden Sitzen dahinter saßen seine Söhne und die unverheirateten Töchter. Es hatte einen Skandal gegeben, als Alexander Christopoulos zum ersten Mal allein in seinem Einspänner vorgefahren und sein Sitz in der Familienkutsche demonstrativ leer geblieben war. Jetzt saßen hinter den Eltern nur noch seine vier Schwestern, die Jungfrauen von Herakleion, im Alter von fünfunddreißig bis vierzig Jahren, die sich unermüdlich auf jeden Neuankömmling stürzten. Die fünfte Schwester hatte einen Bankier aus Frankfurt geheiratet und wurde seitdem selten erwähnt. Neben den Kutschen der reichen griechischen Familien gab es schließlich noch die Wagen der englischen Familie Davenant, die grundsätzlich englische Kutscher beschäftigte und sich von Zeit zu Zeit der sonntäglichen Spazierfahrt fernhielt, um ganz Herakleion in Erinnerung zu bringen, dass sie zwar in dieser Stadt lebte, jedoch weder zu den Diplomaten noch den Einheimischen gehörte, sondern für immer und ewig englisch zu bleiben gedachte. Sie waren zu zahlreich und zu einflussreich, um übersehen zu werden, doch wurde der Name Davenant in ihrer Abwesenheit erwähnt, so kam fast unweigerlich ein gewisses Murren auf, diskret und anscheinend friedlich, aber dennoch unbarmherzig: »Ah ja, die englischen Levantiner.«

Die Damen klappten ihre Sonnenschirme zusammen, denn die Schatten der alten Bäume fielen kühl und schwer auf den weißen Staub. Durch die Zweige sah man das glitzernde Meer, die Wellen, die müßig gegen das Ufer schwappten. Sein Glitzern war vergeblich, denn Herakleion hatte keine Augen für das Meer: Das Meer war immer da, und es glitzerte immer blau. Auch das Mylassa-Gebirge war immer da, erhob sich hinter der Stadt, eintönig und starr. Das Meer war für den Transport von Waren bestimmt, und um die Menschen mit Fisch zu versorgen. Im Mylassa-Gebirge hatte bisher noch niemand einen Nutzen entdeckt.

Der französische Landauer hatte das Ende der Allee erreicht. Nach einem eleganten Wendemanöver nahm er seinen angestammten Platz an der Spitze der Kutschen, die jetzt die Allee hinunterfuhren, erneut ein. Am Ausgangspunkt der Spazierfahrt, dem Anfang der Allee, löste er sich aus der langen Reihe von Wagen, um auf die Stadt zuzufahren. Die anderen Wagen folgten nicht, sondern begaben sich auf eine zweite Runde, und das Lachen der Menschen wurde spürbar gelöster, ihr Lächeln sichtlich herzlicher, nachdem Madame Lafarges strenger Einfluss von ihnen genommen war. Eine Weile behielt der französische Landauer noch sein gemächliches, würdiges Tempo bei. Sobald ihr Wagen aber außer Sichtweite war, rief Madame Lafarge dem Kutscher zu:

»*Grigora, Vassili!*«, und er schnalzte daraufhin mit der Peitsche, sodass die Pferde in einen trägen Trab verfielen. Die Damen in der Kutsche spannten ihre Schirme auf, um sich vor den heißen Sonnenstrahlen zu schützen, die von den Bürgersteigen und weißen Häuserwänden zurückprallten, während sie durch die verlassenen Straßen fuhren.

Die Stadt war menschenleer. Wer sich nicht im Haus aufhielt, flanierte in der Allee, um den Kutschen bei der Spazierfahrt zuzusehen. Ein paar abgemagerte Hunde dösten auf den Schwellen der Haustüren, die vom scharfen Schatten der Vorbauten in eine dunkle und eine sonnige Hälfte unterteilt wurden. Der Landauer rollte die Uferstraße entlang, deren Brüstung gelegentlich von Treppen unterbrochen wurde, die hinunter zum Wasser führten; er fuhr am Kasino vorbei, wo eingestaubte Palmen und Kakteen den Vorhof zierten; und schließlich rollte er über die viereckige *platia*, wo einige Männer im kühlen, tiefen Toreingang zum Club herumstanden und plauderten.

Madame Lafarge ließ den Landauer anhalten.

Ein junger Mann löste sich träge aus der Gruppe. Seine Miene wirkte leicht gelangweilt und arrogant, er war größer als die meisten Franzosen, hatte dunkle Augen und zusammengewachsene Augenbrauen, eine auffällig hohe, flache Stirn und dunkles, welliges Haar, das glänzte wie das Fell eines schwarzen Windhunds. »Unsere persische Miniatur«, hatte ihn die dicke amerikanische Frau des dänischen Botschafters einmal genannt und sich mit dieser geistreichen Bemerkung zur intellektuellen Führerin Herakleions aufgeschwungen, einer Stadt, in der jeder, wenn er nur dreist genug war, jede gewünschte Rolle für sich beanspruchen konnte. Der junge Mann hatte den Titel scheinbar gleichmütig hingenommen, insgeheim jedoch dafür gesorgt, dass er nicht in Vergessenheit geraten konnte.

In einem Tonfall, der eher nach einem Befehl klang als nach einem freundlichen Angebot, sagte Madame Lafarge: »Wenn Sie wollen, können wir Sie zur Gesandtschaft mitnehmen.«

Ihre dröhnende Stimme brach überraschend laut aus dem üppigen Busen hervor. Der junge Mann nahm das Angebot dankend an und setzte sich neben Julie auf den *strapontin*. Ihm gegenüber saß schweigend der Botschafter, sein Vorgesetzter, mit seinem majestätischen Bart. Der hochgewachsene Lakai verharrte in aufrechter Haltung neben der Kutsche, die Augen unverwandt auf die *platia* gerichtet; die Spitzen seines langen, herunterhängenden Schnurrbarts reichten bis an die Borte seines scharlachroten Kragens. Madame Lafarge richtete das Wort an die übrigen Männer:

»Ich habe Sie nicht beim Rennen gesehen?«

Ihre Liebenswürdigkeit konnte den Tadel in ihrer Stimme nicht verbergen. Sie fuhr fort: »Ich hoffe, Sie gleich in der Gesandtschaft begrüßen zu können.«

Mit einer Neigung des Kopfes, die der Kaiserin Theodora würdig gewesen wäre (mit der sie, wie ihr einmal jemand gesagt hatte, eine gewisse Ähnlichkeit haben sollte), wies sie den Lakaien an weiterzufahren, und schon rollte der große Landauer mit der prächtigen scharlachroten Gestalt auf dem Kutschbock über den sonnenbestrahlten Platz davon. Die französische Gesandtschaft lag, ein wenig zurückgesetzt und durch ein großes Gitter geschützt, an der Hauptstraße der Stadt. Wie die meisten Häuser war sie aus weiß geputztem

Lehm erbaut. Innen war es kühl und dunkel, die Jalousien waren heruntergezogen, und das Licht einzelner Kerzen spiegelte sich angenehm in den polierten Böden. Vergoldete Stühle standen in Gruppen angeordnet im Raum, dazwischen kleine Tische voller hoher Gläser und Flaschen mit farbigem Sirup. Madame Lafarge ließ die Augen prüfend durchs Zimmer schweifen, wie sie es an jedem Sonntagabend getan hatte, seit Julie denken konnte.

»Die Kronleuchter können jetzt angezündet werden«, raunte Ihre Exzellenz dem Lakaien zu, der ihnen ins Haus gefolgt war.

Madame Lafarge, Julie und Armand schauten schweigend zu, wie die Kerzen in den Kronleuchtern unter der Berührung des Lakaien zu kleinen Lichtpfeilen entflammten. Missvergnügt verglich Madame Lafarge die fahle gelbliche Gesichtsfarbe ihrer Tochter mit der warmen rosigen Blässe des Sekretärs. Der beobachtete Gegensatz gab ihrer Stimme eine leichte Schärfe: »Julie, du gehst jetzt besser in dein Zimmer und nimmst deinen Hut ab.«

Als ihre Tochter gegangen war, sagte sie, an den Sekretär gewandt: »Julie sieht krank aus. Der heiße Sommer bekommt ihr nicht. Aber was soll man machen? Ich kann Herakleion nicht verlassen.«

»Natürlich nicht«, murmelte der Sekretär. »Das gesellschaftliche Leben Herakleions würde zusammenbrechen. Ihre Sonntagabende ... die Rennen ... die Picknicks ...«

»Unmöglich«, rief sie entschlossen. »Man ist dem Land, das man vertritt, etwas schuldig. Mag die Politik auch Männersache sein, die soziale Verpflichtung der Frauen ist nicht minder wichtig. Es handelt sich um eine große Aufgabe,

Armand, und für eine solche Aufgabe muss man bereit sein, die eigene Bequemlichkeit zu opfern.«

»Und die eigene Gesundheit ... die Gesundheit der eigenen Kinder«, fügte er hinzu und schaute hinunter auf seine rosigen Fingerspitzen.

»Wenn es sein muss«, erwiderte sie seufzend, fächerte sich ein wenig Luft zu und wiederholte dann: »Wenn es sein muss.«

Das Haus füllte sich allmählich. Ein älterer kleiner Grieche, dessen safrangelbe Gesichtsfarbe durch das herrliche Weiß seiner Haupt- und Schnurrbarthaare eigenartig kontrastiert wurde, schickte sich an, Madame Lafarge seine Aufwartung zu machen. Wenn sie mit ihm sprach, blickte sie über das breite Plateau ihres Busens hinweg auf seinen weißen Schopf.

»Wie herrlich kühl es bei Ihnen ist«, murmelte er, während er ihre Hand küsste. »Kaum zu glauben bei der Hitze draußen.«

Diese Bemerkung machte er jeden zweiten Sonntag.

Monsieur Lafarge trat hinzu und schloss den kleinen griechischen Bankier in die Arme.

»Wie ich höre«, sagte er, »gibt es wieder mal Probleme auf den Inseln.«

»Ja, und wir sollten die Sache keinesfalls den Davenants überlassen«, sagte Christopoulos mit einem abfälligen Lächeln.

»Aber das ist genau das, was ich Ihnen schon immer gesagt habe«, erwiderte der französische Gesandte und zog den kleinen Griechen in eine Zimmerecke. »Sie wissen doch, wie diese Engländer sind. Man sieht sie nicht kommen, sie drängen sich unmerklich in alles hinein, bis man eines Tages die Augen aufschlägt und erstaunt feststellt, dass sie nicht mehr wegzudenken sind. Sie machen einen großen Fehler, mein lieber Freund, wenn Sie den Davenants gestatten, auf den Inseln Zwietracht zu säen. Haben Sie schon vergessen, dass ein Davenant der letzten Generation es sogar zum Präsidenten der Inseln gebracht hat?«

»Sie sind schon jetzt praktisch Könige dort. Manchmal frage ich mich, was der Präsidententitel da noch für einen Unterschied macht.«

Lafarge ließ seine Blicke durch den großen Salon und die angrenzenden Flure schweifen, doch überall sah er nur die im täglichen Umgang vertraut gewordenen Gesichter. Erleichtert kehrte er zum Angriff zurück.

»Wie ich weiß, geben Sie sich gern sarkastisch. Erlauben Sie mir trotzdem, Ihnen einen kleinen Rat zu erteilen. Es geht gar nicht um Königtum oder Präsidentschaft. Es geht darum, dass auf den Inseln ein vollständiger Umbruch zu befürchten ist. Die Inseln sind klein, aber von großem strategischem Wert. Denken Sie nur daran, dass Italien bereits ein Auge auf sie geworfen hat ... Die Davenants sind Demokraten und haben den Inselbewohnern stets Freiheit gepredigt. Der Reichtum der Familie ermöglicht vieles. Können Sie sich die Existenz eines unabhängigen Archipels wenige Meilen vor Ihrer Küste vorstellen?«

Glühende Röte kroch unter die gelbliche Haut des Bankiers.

»Sie gebrauchen starke Worte.«

»Die Situation rechtfertigt starke Worte.«

Das große Zimmer war jetzt voller Menschen. Sie standen

in kleinen Gruppen beisammen, lachten und plauderten. Alexander Christopoulos hatte einmal geprahlt, er bräuchte sich in einem beliebigen Salon in Herakleion nur umzuschauen, um aus der Zusammenstellung der Gesprächspartner auf den Inhalt ihrer Gespräche schließen zu können. Er behauptete auch, allein am Gesichtsausdruck der dänischen Exzellenz ablesen zu können, ob sie sich für den Nachmittag mit einem neuen Epigramm gerüstet hatte oder nicht. Er stand jetzt neben der dänischen Exzellenz, die ihn freundlich beäugte. Sie war dick und dümmlich, aber von gutmütigem Wesen, und sie besaß einen gewissen Grundstock an wahrer Menschlichkeit, die den meisten ihrer Kolleginnen fehlte. Alexanders sorgfältig formuliertes Englisch drang durch das babylonische Sprachgewirr an die Ohren seines Vaters ...

»Kaiserin Eugénie führte die Mode ein, das *décolleté in* der Form zu tragen, in der sich das Wasser bei einem Bad um die Schultern schließt ...«

Lafarge fuhr fort: »Die Davenants sind gerissen. Sie halten sich abseits. Sie verkehren mit uns, aber sie vermischen sich nicht mit uns. Wie ein Ölfleck auf dem Wasser. Oder wissen Sie etwa, wo William Davenant sich in diesem Moment aufhält?«

»Ich glaube, er hat gerade Ihr Haus betreten«, erwiderte Christopoulos trocken.

Lafarge schaute sich um und sah, wie der Neuankömmling sich über die Hand der Gastgeberin beugte. Er war stets höflich, wirkte aber oft geistesabwesend; seine Augen ruhten selten auf der Person, mit der er gerade sprach. Hinter ihm stand ein großer, schlaksiger Jüngling; er schaute sich neugierig unter den Gästen um, und die Frauen betrachteten ihn mit Interesse. Man hatte den Eindruck, ein kurzes Zauberwort könnte ihn jeden Moment aus dem Zimmer verschwinden lassen, so unpassend wirkte seine Anwesenheit.

Die hohen Wandspiegel reflektierten das Kerzenlicht und wechselnde Bilder jener geisterhaften Gesellschaft, die durch die Zimmer schlenderte und höflich Konversation trieb.

»Wenigstens ist er nicht auf den Inseln«, sagte Christopoulos.

»Nun«, entgegnete Lafarge, plötzlich matt geworden, »ich neige vielleicht dazu, die Rolle der Inseln zu übertreiben. Es ist manchmal schwierig, den richtigen Sinn für die Proportionen zu wahren. Herakleion ist ein kleiner Ort. Man vergisst, dass man sich nicht am Nabel der Welt befindet.«

Er hätte nicht sagen können, woher diese plötzliche Mattigkeit kam, doch als er die lockere, hochgewachsene Erscheinung des jungen Davenant erblickte, überkam ihn ein gewisser Widerwille gegen das ewig gleiche Geschwätz seiner Gäste, den farbigen Sirup und die künstlich beleuchteten Zimmer, aus denen man das Sonnenlicht so sorgfältig verbannte. Mit seiner gelben Haut wirkte der kleine Christopoulos wie eine Pflanze, der man das Licht entzogen hatte. Sein schneeweißes Haar sah aus, als habe er es absichtlich bleichen lassen.

Der Grieche beeilte sich, den Worten des Gesandten sanft zu widersprechen: »Ganz bestimmt nicht, liebe Exzellenz, ich glaube nicht, dass Sie die Rolle der Inseln überschätzen. Wie Sie sagten: Die Existenz eines unabhängigen Archipels wenige Meilen vor unserer Küste könnten wir auf keinen Fall dulden. Lassen Sie sich nicht durch meinen Sarkasmus zu der falschen Annahme verleiten, ich könnte die Rolle der

Inseln unterschätzen – und gewiss unterschätze ich nicht die Ehre, die uns Ihr Land erweist, indem es sich für die Politik unseres Landes interessiert. Die Freundschaft Frankreichs ...«

Während sich Christopoulos in liebenswürdigen Nichtigkeiten verlor, versuchte der französische Gesandte, seine vorübergehende Verstimmung zu unterdrücken und seine gewohnte Gelassenheit wiederzufinden.

»Sie werden an meinen Rat hinsichtlich der Davenants denken?«

Christopoulos schaute zu William Davenant hinüber, der höflich, doch wie immer geistesabwesend Madame Lafarges Worten lauschte.

»Es ist ein Skandal«, fuhr sie fort, nachdem ihr Gespräch durch die Begrüßung anderer Neuankömmlinge mehrmals unterbrochen worden war. »Es ist wirklich ein Skandal, dass das Museum ohne Katalog auskommen soll ...«

»Ich werde daran denken«, nickte Christopoulos. »Und ich werde Alexander bitten, den jungen Davenant ein wenig abzulenken. Ein Davenant weniger, der uns Schwierigkeiten machen kann.«

»Ein Schuljunge!«, schnaubte der Gesandte.

Christopoulos schürzte die Lippen und wiegte bedächtig sein weißes Haupt.

»In diesem Alter ist die Begeisterungsfähigkeit am größten. Und die Inseln bieten ausreichend Stoff für romantische Phantastereien. Bedenken Sie, sein Großvater hat dort ein Jahr lang regiert.«

»Sein Großvater? *Un farceur!*«, versetzte Lafarge.

Christopoulos nickte, und die beiden Männer schauten lächelnd zu dem jungen Mann hinüber, der von ihrem Gespräch nichts ahnte. Aber ihre Gedanken waren bereits mit anderen Dingen befasst. Madame Lafarge zeigte sich verärgert darüber, dass ihr Gatte dem geselligen Aspekt ihres wöchentlichen Empfangs keine größere Aufgeschlossenheit entgegenbrachte. Zwar wünschte sie sich für jede Zusammenkunft in ihrem Hause eine gewisse politische Atmosphäre, gleichzeitig verabscheute sie jedoch alle politischen Gespräche, die ihre Gäste des Gastgebers und sie selbst eines *cavalier servente* zu berauben drohten. Daher schaute sie, während sie mit William Davenant plauderte, so lange tadelnd zu Christopoulos hinüber, bis der kleine Grieche ihren missfälligen Blick bemerkte und gehorsam das Zimmer durchquerte, um ihrer wortlosen Vorladung Folge zu leisten.

William Davenant wandte sich erleichtert ab; er kannte seine Pflichten gegenüber Madame Lafarge, erfüllte sie aber nur widerwillig und ohne Freude. Das wärs wieder mal für einen Monat, dachte er, denn er ging mit Recht davon aus, dass man an den drei darauffolgenden Sonntagen nun nicht mehr mit seinem Erscheinen rechnen würde. Er schaute sich nach seinem Sohn um, der bereits in die Fänge der Schwestern Christopoulos geraten war. Sie hatten ihn nebst zwei russischen Sekretären zu einem Gesellschaftsspiel genötigt und stießen in regelmäßigen Abständen kleine, schrille Jauchzer aus, was offenbar ihrer Vorstellung von Fröhlichkeit entsprach. Sie hatten Julian Davenant auf dem vergoldeten, mit imitierten Gobelins bedeckten Sofa in ihre Mitte genommen. Hinter dem Sofa stand, die feingliedrige, orientalische Gestalt in einen traditionellen Gehrock gezwängt und einen schwarzen Wollfez auf dem Kopf, der persische Gesandte und lauschte dem Spiel mit einem sanften, trägen

Lächeln. Er verstand nur wenig Französisch und war nicht sehr beliebt in Herakleion. Seine Sprachkenntnisse reichten nicht aus, die Damen zu unterhalten, daher umlagerte er die jüngeren unter ihnen mit einer Mischung aus Demut und Würde aus dem sicheren Hinterhalt.

William Davenant hielt einen Moment lang inne, schenkte seinem Sohn einen mitfühlenden Blick und wandte sich dann wieder den anderen Gästen zu, um dem Einfluss und der Mode seinen monatlichen Tribut zu zollen. Die dänische Exzellenz flüsterte hinter ihrem Fächer mit Alexander Christopoulos, und der junge Mann hob sein Monokel, um den Engländer genauer zu betrachten. Der rot livrierte Lakai bot mit ernster Miene Sandwiches an.

»Ungenießbar«, sagte Alexander Christopoulos, nahm ein Sandwich und versteckte es unter seinem Stuhl.

Wie mutig dieser junge Mann war! Wie dreist!

»Julie könnte Sie sehen«, kicherte die dänische Exzellenz.

»Und wenn schon«, gab er zurück.

»Sie haben keinen Respekt, keine Hochachtung«, schalt sie ihn.

»Für *maman* Lafarge? *La bonne bourgeoise!*«, rief er, wenn auch mit gedämpfter Stimme.

»Alexander!«, schimpfte sie, aber ihr Tonfall verriet: »Ich bete Sie an.«

»Mit irgendetwas muss man sich im Leben hervortun«, hatte sich der junge Christopoulos einmal geschworen. »Ich werde es mit Dreistigkeit versuchen. Ich werde ganz Herakleion imponieren, alle werden mich bewundern, und niemand wird es wagen, mich in die Schranken zu weisen.«

Folglich ging er für eine Weile nach Oxford, tat so, als

könne er nur noch mit Mühe Griechisch sprechen, spickte sein Englisch mit amerikanischen Slangausdrücken, gründete einen Poloclub und stieg auf einen Einspänner mit amerikanischem Traber um. Er war rundum erfolgreich. Anders als manch bedeutenderer Mann hatte er sein Ziel erreicht. Überdies wusste er, dass Madame Lafarge ihm ihre Tochter geben würde. Er bräuchte sie nur darum zu bitten.

»Soll ich Julie dazu bringen zu singen?«, fragte er unvermittelt die dänische Exzellenz, während seine Blicke in der wogenden Menschenmenge bereits nach dem Opfer dieses klassischen Scherzes im Gesellschaftsleben von Herakleion Ausschau hielten.

»Alexander, Sie sind zu grausam«, murmelte sie.

Er fühlte sich geschmeichelt in seiner Selbsteinschätzung als unwiderstehlicher Autokrat und Herzensbrecher. Wie er seinen Freunden im Club erzählte, duldete er die dänische Exzellenz, weil sie an nichts anderes dachte als an ihn. Sie wiederum prahlte in ihrer gutmütigen Art bei ihren Freundinnen: »Vielleicht bin ich verrückt. Aber eine Frau, die das Ausmaß der männlichen Eitelkeit erkannt hat, kann nicht vollkommen verrückt sein.«

Julie Lafarge, der man immer zu verstehen gegeben hatte, dass sie eines Tages den ungestümen Alexander heiraten würde, war zu wohlerzogen, um auf die dänische Exzellenz eifersüchtig zu sein. Unter dem schädlichen Einfluss ihrer Freundin, Eve Davenant, unternahm sie zwar gelegentlich den Versuch, dem jungen Mann zu gefallen, doch es waren bemitleidenswerte, groteske Versuche, geboren aus dem Verlangen, seine Huldigung zu erzwingen und ihm Komplimente über eine Schönheit zu entlocken, die sie nicht besaß.

Immerhin war sie ehrlich genug, sich nicht der Illusion hinzugeben, sie habe damit Erfolg gehabt, aber sie gab sich der Illusion hin, dass es ihm Freude machte, sie singen zu hören. Im Augenblick stand sie neben einem der kleinen Tische und goss bunten Sirup in die Gläser eben eingetroffener Gäste. In ihrem weißen Musselinkleid wirkte sie noch blasser als sonst. Ihre dünnen braunen, mit kurzen schwarzen Härchen bedeckten Arme ragten unvorteilhaft aus den kurzen Ärmeln ihres Kleides hervor.

In einem der großen Wandspiegel hatte sie Alexander auf sich zukommen sehen. Madame Lafarge hielt große Stücke auf diese Spiegel, mit deren Hilfe ihre Salons stets zweimal so voll erschienen, als sie es in Wirklichkeit waren.

Alexander brachte seine Bitte in einem Tonfall vor, der sowohl flehentlich als auch zwingend klang; auf Julie jedenfalls wirkte er unwiderstehlich. Dennoch wagte sie es, ihm zu widersprechen: Es seien zu viele Menschen da, die Musik würde die Gespräche unterbrechen, ihre Mutter könnte verärgert sein. Doch alle, die in der Nähe standen, unterstützten Alexanders Bitte, und Madame Lafarge ermunterte ihre Tochter mit einem so majestätischen Nicken, dass jeder Widerstand zwecklos war.

Die Hände locker gefaltet, stand Julie in einer oftmals geprobten und für schicklich befundenen Haltung neben dem offenen Klavier, während sich die Gäste fürs Zuhören rüsteten. Alexander, der sie begleiten sollte, ließ die Finger nachlässig über die Tasten gleiten. Stühle wurden gerückt, die Gäste strömten aus den Fluren und angrenzenden Zimmern in den Salon, um sich auf die noch freien Stühle zu setzen oder an Türrahmen und Wänden zu lehnen. Lafarge kreuzte die Arme vor der Brust, befreite dann seinen Bart mit einer raschen Aufwärtsbewegung des Kinns aus der Umklammerung und lächelte seiner Tochter ermutigend zu. Die Gespräche verebbten zu einem Flüstern, das Flüstern verwandelte sich in andächtige Stille. Dann schlug Alexander ein paar einleitende Akkorde an, und Julie begann zu singen. Sie sang ziemlich scheußlich und mit Vorliebe Lieder der deutschen Romantik; im ganzen Raum gab es nur drei Menschen – sie selbst, ihren Vater und ihre Mutter –, die von ihrem Talent überzeugt waren. Trotzdem bekam sie großen Applaus, wurde mit Gratulationen überschüttet und zu einer Zugabe genötigt.

Julian Davenant nutzte den allgemeinen Aufruhr, um sich dem hartnäckigen Zugriff der Schwestern Christopoulos zu entziehen. Er schlich zu einem Fenstersims, wo er sich ein wenig hinter der steifen Barockgardine verbergen konnte. Schmale Sonnenlichtstreifen drangen durch die Jalousien, und wenn er durch ihre Ritzen schielte, konnte er die Spitzen der Palmen sehen, die im Vorhof wuchsen, und eine im Schatten wartende Kutsche. Das Pferd trug eine dünne braune Decke, der Fahrer selbst lag schlafend auf den Ledersitzen, einen Fliegenwedel locker in der Hand. Julian konnte das schrille Quietschen der Straßenbahn hören, wenn sie um eine Ecke fuhr, und den hellen Klang ihrer Glocke. Er wusste, jenseits der weißen Stadt lag blau das Meer, und draußen im Meer lagen die Inseln, wo dunkle Weintrauben in der Sonne trockneten, um zu süßen Korinthen zusammenzuschrumpfen, während in diesem verdunkelten, von Kerzen künstlich erleuchteten Raum Julie Lafarge »Im wunderschönen Monat Mai« intonierte.

Ein neuer Gast schien angekommen zu sein, denn am anderen Ende des Zimmers, an der Tür, die auf den Absatz oberhalb der Treppe führte, sah Julian eine gewisse Unruhe entstehen, die jedoch sofort gedämpft wurde, um Julies Vortrag nicht zu stören. Julian erkannte die kleine, stämmige, ältere Frau, die nach dem Ersteigen der Treppenstufen nach Atem rang. Sie trug ein fließendes kupferfarbenes Gewand, Goldreifen an den bloßen Armen und ein Stirnband aus vergoldeten Blättern. Sie war eine bekannte Sängerin, für die Julian bislang weder besondere Neigung noch Abneigung empfunden hatte. Allerdings hatte er an ihr stets gewisse klassische Züge wahrgenommen, was bei ihrer gedrungenen, fast schon grotesken Hässlichkeit besonders bemerkenswert war. Zwar war sie nicht zwergwüchsig, doch verlieh ihr ihre enorme Leibesfülle das Aussehen einer Zwergin; gleichzeitig jedoch stellte sie für Julian eine Verkörperung des Reichtums ihres Landes dar, war sie für ihn eine Art Demeter der griechischen Inseln, obgleich er sich die Göttin Demeter stets mit hellem Haar vorgestellt hatte, gelb wie das Korn, über das sie herrschte, und diese Frau hatte blauschwarzes Haar, dunkelviolett wie die Trauben, die auf den Inseln wuchsen. Er hatte sie oft singen hören und hoffte sehr, dass sie auch diesmal in ihrer Eigenschaft als Künstlerin gekommen war. Dies war umso wahrscheinlicher, als ihre Kleidung auf einen geplanten Auftritt hindeutete, und die Idee, eine Frau aus dem Volk könnte Madame Lafarges Haus als Gast betreten, war einfach abwegig, mochte es sich auch um eine berühmte, in den Hauptstädten Europas gefeierte Künstlerin handeln. Er sah Lafarge und seine Frau auf Zehenspitzen zu ihr gehen und bemerkte die gönnerhafte Miene der Frau des Gesandten, als diese der Künstlerin die Hand zur Begrüßung reichte.

Applaus brandete auf, als Julie ihr Lied beendet hatte. Anschließend wurde die griechische Sängerin in den Raum geführt, und es entstand Bewegung unter den Gästen, die sich zu neuen Gruppen zusammenfanden. Alexander Christopoulos verließ den Platz am Klavier und gesellte sich zu dem jungen Davenant am Fenster. Er wirkte gelangweilt, angewidert.

»Das ist ja wirklich eine Zumutung. Da ist es besser, dem Schweigen der Palmen zuzuhören«, seufzte er. »Sie sind nicht musikalisch, nicht wahr, lieber Julian? Dann können Sie sich auch nicht vorstellen, was ich durchleide. Haben Sie Frau Kato schon einmal singen hören?«

Julian bejahte.

»Ziemlich unkultiviert«, meinte Christopoulos hochmütig. »Jede beliebige Landarbeiterin kann genauso gut singen. Aber für Paris war es etwas Neues, also tobte Paris. Sie und ich, mein lieber Julian, haben dergleichen schon hundertmal gehört. Sollen wir nicht lieber gehen?«

»Ich muss auf meinen Vater warten«, erwiderte Julian, der seinen Gesprächspartner verachtete. »Wir wollen anschließend noch mit meinem Onkel essen.«

»Eigentlich müsste ich auch auf meinen Vater warten«, antwortete Christopoulos, beugte sich weit zu dem englischen Jungen hinüber und raunte ihm mit vertraulicher Stimme zu: »Wissen Sie, mein lieber Julian, in unseren Kreisen traut man Ihrem Vater nicht. Aber was sind diese Kreise schon? *Un tas de rastas.* Meinen Sie, ich werde noch lange hierbleiben? Nein, nein, ohne mich. *Je me fiche des Balkans.* Und Sie? Wollen Sie sich auf Ihren Inseln lebendig begraben lassen, Oliven anbauen und Weintrauben züchten? Hm? Ich meine, das war etwas für frühere Generationen. Was habe ich mit einem Bankhaus in Herakleion zu schaffen, was verbindet Sie mit ein paar Weinbergen an der Küste? Ich werde heiraten und den Rest meines Lebens in Paris verbringen.«

»Sie sind sehr ehrgeizig«, erwiderte Julian mild.

»Natürlich bin ich ehrgeizig! Soll ich Ihnen sagen, warum? Gestern war mein fünfundzwanzigster Geburtstag. Herakleion hängt mir zum Halse raus ...«

»Sie haben es erobert«, entgegnete Julian, »haben es ausgepresst wie eine Zitrone, jetzt erscheint es Ihnen reizlos und ausgetrocknet.«

Der andere schaute ihn misstrauisch an.

»Wollen Sie sich über mich lustig machen? Lassen Sie doch diesen verfluchten Gleichmut, Julian. Ich glaube, meine Familie misstraut Ihrer Familie mit Recht. Also gut: Ich habe Herakleion erobert. Aber glauben Sie mir, die Stadt ist es nicht wert, erobert zu werden. Verschwenden Sie Ihre Jugend bloß nicht an diese lächerlichen Weinberge. Kommen Sie mit mir! Lassen Sie die Inseln fahren. Die sind schon immer ein Unruheherd gewesen, und jetzt scheint es dort wieder einmal loszugehen. Das sind doch nur ein paar winzige Flecke auf der Landkarte. Hören Sie nicht, wie Paris und die übrige Welt nach Ihnen rufen?«

Julian, der Alexander nur anzusehen brauchte, um die lächerliche Intrige zu durchschauen, wurde der Pflicht, antworten zu müssen, gnädig enthoben, denn in diesem Moment fing Madame Kato zu singen an. Sie sang ohne Begleitung, mit einer seltsam kehligen Stimme, die gelegentlich etwas nasal klang, Lieder ihres Volkes – Lieder, die sich, wie Alexander Christopoulos gesagt hatte, nicht von denen unterschieden, die auf den Straßen und Feldern gesungen wurden, doch verlieh sie dieser halb melancholischen, halb emotionalen Bauernmusik, deren Rhythmus harter, körperlicher Arbeit entsprungen war, den Glanz einer großen Kunst. Und während er ihr zuhörte, dachte Julian, dass durch ihren Vortrag das klassische, statuarische Element ihrer Person noch stärker zum Vorschein kam und nun alles überschattete, was an ihrer Erscheinung grotesk hätte wirken können. Sie war tatsächlich eine Demeter der Weinberge. Sie hätte im prallen Sonnenschein stehen und singen sollen, nicht unter dem blassen Blendwerk der Kerzen.

»Vollkommen unkultiviert«, wiederholte der junge Christopoulos und zuckte gelangweilt mit den Schultern. »Deshalb war sie in Paris auch so beliebt: als Kontrastprogramm. Sie ist schlau genug, um zu wissen, dass alle Kunst von Kontrasten lebt.«

Damit ließ er Julian stehen und durchquerte den Raum, um der dänischen Exzellenz dieses gefällige Epigramm zu Gehör zu bringen. Madame Lafarge schaute in die Runde, um die Reaktion des Publikums auf diese Neuerung in der Gestaltung ihres sonntäglichen Empfangs zu prüfen. Doch das Publikum wartete noch auf eine Meinungsäußerung, der es sich gefahrlos anschließen konnte. Bald war das Wort »unkultiviert« in aller Munde. Julian blieb, durch seine natürliche Scheu festgehalten, am Fenster stehen, schaute zu den Kronleuchtern hinauf und betrachtete ihr Spiegelbild in den glänzenden Böden; er sah die Gesichter der Menschen, die der Sängerin zugewandt waren, und er sah ihre Hinterköpfe in den großen Spiegeln; er sah Armand, den französischen Sekretär mit dem Gesicht eines persischen Prinzen, Madame

Kato roten Sirup einschenken. Er wäre gern zu ihr gegangen, hätte gern mit ihr gesprochen, aber seine Füße wollten ihn nicht vorwärtstragen. Er fühlte sich ausgeschlossen vom Geplauder und leichtfertigen Gelächter der übrigen Gäste.

Mademoiselle Lafarge, die ihn allein am Fenster stehen sah, ging verlegen, mit der eher rührenden Anmut einer jungen Gastgeberin auf ihn zu.

»Wissen Sie, Madame Kato ist eine gute Freundin von Eve«, sagte sie. »Wollen Sie nicht kommen und sich ein wenig mit ihr unterhalten?«

Auf diese Weise von der eigenen Unentschlossenheit erlöst, folgte er ihr dankbar. Die Sängerin stand neben dem Klavier und nippte an ihrem roten Sirup. Der persische Botschafter mit dem schwarzen Fez stand in ihrer Nähe und lächelte sanft.

»Julian Davenant. Sie werden sich nicht an mich erinnern«, sagte der Junge mit tiefer, schüchterner Stimme. Er hatte unwillkürlich auf Griechisch zu sprechen begonnen, weil er das Gefühl hatte, die französische Sprache könne in Gegenwart dieser so herrlich hellenischen Frau nur anmaßend klingen. Armand hatte sich entfernt, sie waren allein, umfangen nur vom traurigen Lächeln des Persers.

Kato stellte das Glas mit rotem Sirup auf das Klavier, lehnte sich an das Instrument und stemmte beide Arme in die Hüften, um sich mit dem jungen Engländer zu unterhalten – wie eine Bauersfrau, die in der offenen Tür ihres Hauses lehnt, um in der Kühle der Abenddämmerung ein wenig mit der Nachbarin zu tratschen. Ihre kleinen Augen wirkten wach und lebendig. Die Muskeln ihrer Arme und ihres gewaltigen Nackens wölbten sich unter dem kupferfarbenen

Gewand, so als verlange es sie danach, ihre Arbeit in den Weinbergen wieder aufzunehmen. In ihren Worten schwang der leichte Akzent der Inseln mit, weich und verwaschen. Dieser Akzent war Julian Davenant vertrauter als das harte Griechisch, das in der Stadt gesprochen wurde; es war die Sprache der Frauen, die ihn großgezogen hatten, die Sprache der Frauen von den Inseln, die im großen Haus seines Vaters an der *platia* von Herakleion seine Kindermädchen gewesen waren. Diese vertrauten Klänge erreichten ihn nun durch die volle Stimme der Sängerin in dem von kostbaren Kronleuchtern erhellten Salon.

»Eve. Ich habe sie noch nicht gesehen. Sie müssen ihr sagen, dass ich wieder da bin und dass sie am Mittwoch unbedingt zu meinem Konzert kommen soll. Sagen Sie ihr, ich werde ein Lied für sie singen, aber alle anderen Lieder müssen meinem Publikum vorbehalten sein. Ich habe aus München ein neues Repertoire mitgebracht, das Herakleion besser gefallen wird als die Volksmusik, die es verachtet.«

Sie lachte.

»Ich habe dreißig Jahre gebraucht, um herauszufinden, dass der größte Teil der Menschheit die Kunst des eigenen Landes verschmäht. Nur das Exotische lässt das modische Ohr aufhorchen. Aber Eve sagte mir, Sie machen sich ohnehin nicht viel aus Musik?«

»Ihre Musik mag ich sehr.«

»Ich werde Ihnen sagen, warum: Sie sind musikalisch unkultiviert.«

Er schaute sie an. Sie lächelte, und er fragte sich, ob sie die geflüsterten Kommentare im Publikum vernommen hatte.

»Aber das soll nicht sarkastisch klingen«, fügte sie hinzu.

»Ich beneide Sie sogar um Ihre Unwissenheit. Ja, ich glaube, ich habe ein Paradox ausgesprochen, die Begriffe Kultiviertheit und Musik können nicht miteinander vereinbart werden. Musik ist eine gefühlvolle Kunst, und wo Kultiviertheit das Haus betritt, flieht die Emotion aus dem Hinterfenster. Wir sollten uns die Kultiviertheit für die Literatur, Malerei, Architektur und Bildhauerei vorbehalten. Musik ist das Medium, dem wir uns zuwenden, wenn diese eher den Intellekt ansprechenden Künste versagen.«

Julian lauschte ihren Worten nicht mit ungeteilter Aufmerksamkeit. Diese Bäuerin, diese Künstlerin, sprach zu ihm mit der oberflächlichen Leichtigkeit der Salonkonversation; sie gebrauchte Worte, die mit ihrem Aussehen und ihrem Akzent nicht vereinbar waren. Die Lieder des Volkes kamen ganz natürlich von ihren Lippen, die Worte Architektur und Bildhauerei waren irgendwie fehl am Platz. Julian fühlte sich in seiner Empfindsamkeit beleidigt. Demeter bei der Analyse der Künste!

Sie beobachtete ihn. »Nun, mein junger Freund«, sagte sie, »ich glaube, Sie verstehen mich nicht. Ich habe zu Ihnen als dem Cousin von Eve gesprochen; sie ist zwar noch ein Kind, aber sie versteht mich immer. Sie ist sehr empfindsam, reagiert rein emotional.«

»Ich habe Eve immer als außergewöhnlich kultiviert empfunden«, widersprach ihr Julian.

»Sie haben recht. Wir haben beide recht. Eve ist zwar in vieler Hinsicht noch kindlich, besitzt aber zugleich eine für ihr Alter ungewöhnliche Weisheit. Glauben Sie mir, sie wird zu einer Frau von außergewöhnlicher Anziehungskraft heranwachsen. Leider ist das Leben solcher Frauen voller Gefahren. Doch hat die Vorsehung hier ausnahmsweise einmal Gerechtigkeit walten lassen und ihnen zur Selbstverteidigung natürliche Waffen verliehen. Zu einem Löwen gehören Klauen«, sagte sie lächelnd, »und zu der weiblichen Frau die Gabe, alles durchdringen zu können – sagen Sie, mögen Sie Eve?«

Julian überraschte diese Frage. Wieder ganz der naive Schuljunge, antwortete er: »Sie ist meine Cousine. Ich habe nie viel über sie nachgedacht. Sie ist noch ein Kind. Außerdem habe ich sie noch gar nicht gesehen. Ich bin erst heute Morgen aus England gekommen.«

Mehr als je zuvor waren sie vom Rest der Gesellschaft ausgeschlossen. Madame Lafarge, die gerade mit Don Rodrigo Valdez sprach, dem spanischen Botschafter mit dem lustigen Vogelkopf, warf der Sängerin ab und an verächtliche Blicke zu, sonst verhielt man sich ihr gegenüber völlig gleichgültig. Das Sonnenlicht, das durch die Ritzen der Jalousien drang, war schwächer geworden, die vielen Kerzen übernahmen endgültig die Herrschaft. Einige Gäste waren schon gegangen. Eine Gruppe aufgeregter junger Männer scharte sich um Christopoulos; ihren Gesten war der Gegenstand ihres Gesprächs »örtliche Politik« deutlich anzumerken.

»Ich glaube nicht, dass man noch ein Lied von mir erwartet«, sagte Kato mit einem erneuten Anflug von Ironie. »Kommen Sie mit Eve am Mittwoch zu meinem Konzert? Oder, noch besser, kommen Sie am Mittwochabend nach dem Konzert zu mir nach Hause? Ich werde allein sein, und ich würde mich gern ein wenig mit Ihnen unterhalten.«

»Mit mir?«, gab er unwillkürlich zurück.

»Vergessen Sie nicht, dass ich von den Inseln komme«, erwiderte sie. »Die Inseln sind meine Heimat, und wenn es in meiner Heimat Probleme gibt, kann ich nicht gleichgültig bleiben. Sie sind sehr jung, Mr Davenant, und Sie sind nicht oft in Herakleion, aber Ihre Zukunft, ich meine, wenn Sie mit Oxford und England fertig sind« – sie holte weit mit den Armen aus, um die fernen Länder zu beschreiben – »liegt auf den Inseln. Sie werden noch viel über sie hören. Einiges davon würde ich Ihnen gern selbst erzählen. Werden Sie kommen?«

Die Künstlerin als Patriotin! Natürlich würde er kommen, er fühlte sich geschmeichelt, ernst genommen, umworben. Mit neunzehn Jahren von einer Sängerin mit Weltruhm eingeladen ... Beliebt zu sein, war für ihn eine neue Erfahrung, die ihm eine bislang fremde Größe zu verleihen schien.

»Ja, aber zuerst komme ich mit Eve zum Konzert.«

William Davenant, der sich, erleichtert nach Erledigung seiner monatlichen Pflichten, auf die Suche nach seinem Sohn begeben hatte, trat zu ihnen und verbeugte sich vor Madame Kato, die er sowohl als Sängerin kannte und schätzte wie auch als bedeutende Person in der komplizierten Politik des winzigen Staates Herakleion. Sie hatten im Laufe ihres Lebens viele Stunden mit vertraulichen Gesprächen verbracht, in denen er seine Geistesabwesenheit und sie ihren erworbenen gesellschaftlichen Schliff abgelegt hatte. Er schätzte sie als Ratgeberin in praktischen Fragen und sprach seinem Bruder gegenüber von ihr stets mit Bewunderung.

»Eine bemerkenswerte Frau, Robert, eine wahre Patriotin; geschlechtslos, glaube ich, soweit es ihren Patriotismus betrifft. Malteios, sagst du? Nun, ich weiß. Aber glaube mir, sie benutzt ihn nur für ihre eigenen Ziele! Das können keine geschlechtslosen Ziele sein? Verdammt, man nimmt die Waffen, die einem gerade zur Verfügung stehen. Sie denkt nicht an ihn, nur an ihr unglückliches Land. Sie ist eine Kraft, mit der man rechnen muss. Vergiss ihr Geschlecht! Sicher, das fällt leicht bei einer Frau, die aussieht wie eine Kröte. Du machst den Fehler, die Menschen zu ignorieren, obwohl es Menschen sind, mit denen du zu tun hast. Hör doch, wie sie über sie sprechen: Sie ist eine Inspiration für sie, eine Jeanne d'Arc der griechischen Inseln. Sie arbeitet für sie in Paris, in Berlin und London; sie setzt ihr Geschlecht ein, für sie und nur für sie. Ihr ganzes Leben ist ihnen gewidmet. Sie schenkt ihnen ihre Stimme und ihr Genie.«

Madame Kato wusste nicht, dass er hinter ihrem Rücken so über sie sprach. Hätte sie es gewusst, weder seine Meinung noch die zu ihrer Formulierung notwendige Beobachtungsgabe hätten sie in Erstaunen versetzt, denn sie hatte in seinen Äußerungen stets einen scharfsinnigen, besonnenen Verstand erkannt, einen Mann, der wenig sprach, ernsthaft zuhörte und sich schließlich nüchtern zu einer wohlabgewogenen Meinung bekannte. Madame Lafarge und all die anderen Damen, denen er in der Öffentlichkeit höflichen Tribut zollen musste, hielten ihn für beschränkt und schwerfällig – ein echter Engländer. Die Männer misstrauten ihm und seinem Bruder Robert. Im Süden erzeugt die Schweigsamkeit ebenso großes Misstrauen wie die Schwatzhaftigkeit im Norden.

Die Salons leerten sich. An den heruntergebrannten Kerzen hatten sich lange Zapfen aus Wachs gebildet, die langsam schmolzen und auf das Glas der Kronleuchter tropften. Auf den niedrigen Tischchen standen zahllose Gläser mit bunten Sirupresten. Madame Lafarge wirkte erhitzt und müde, ihre sonntägliche Energie war geschwunden, geistesabwesend schenkte sie den üblichen Abschiedskomplimenten des alten Christopoulos ihr Ohr. Vom angrenzenden Zimmer drang noch immer das Lachen der Schwestern Christopoulos herüber; widerwillig schickten sie sich an, ihr Gesellschaftsspiel zu beenden.

»Komm, Julian«, sagte William Davenant, nachdem er sich höflich von Madame Kato verabschiedet hatte.

Gemeinsam gingen sie die Treppe hinunter und traten hinaus in den Vorhof, wo sie nach der Kühle des Hauses nun wieder die Hitze des Tages begrüßte – nicht die gleißende Hitze der Sonne, sondern die drückende Schwüle der Luft, während der glühenden Nachmittagsstunden aufgesogen. Der prächtige Lakai reichte ihnen ihre Hüte. Sie verließen die französische Gesandtschaft und schlenderten langsam die bevölkerte Straße hinunter.

2

Das Stadthaus der Davenants stand an der *platia*, im rechten Winkel zum Club. Nach dem Tod des alten Mr Davenant (»Präsident Davenant«, wie sein Spitzname lautete) war der Familienbesitz unter den beiden Söhnen aufgeteilt worden. In Herakleion meinte man, die Brüder hätten um das Landhaus gelost, in Wirklichkeit war die Teilung jedoch in gegenseitigem Einvernehmen zustande gekommen. Es erschien nun einmal am sinnvollsten, William Davenant, den verwitweten, älteren Bruder mit seinem einzigen Sohn, der drei Viertel des Jahres in einem englischen Internat verbrachte, im Stadthaus unterzubringen, das nur fünf Minuten vom Zentralbüro entfernt lag. Für Robert, seine Frau und seine kleine Tochter schien die Abgeschiedenheit des Landhauses und des großen Gartens passender zu sein. Im Übrigen herrschte zwischen beiden Häusern ein so reges Hin und Her, dass sie im Laufe der Zeit praktisch austauschbar wurden.

In der Rue Royale – Herakleion empfand sich als kosmopolitisch, sodass es seiner Hauptstraße einen französischen Namen verliehen hatte – wimmelte es zu dieser Tageszeit von Menschen. Nachdem sie den ganzen Tag der glühenden Hitze wegen hinter geschlossenen Fensterläden in ihren Häusern eingesperrt gewesen waren, suchten sie am Abend nach Ablenkung und kühlender Erfrischung. William und Julian Davenant stießen mehrfach mit anderen Menschen zusammen, als sie sich langsam ihren Weg entlang des Bürgersteigs bahnten und sich an den kleinen grünen Tischen vorbeischlängelten, die man vor den unzähligen Cafés aufgestellt hatte. An diesen Tischen saßen Menschen der verschiedensten Nationen, die sich während des Sommers in Herakleion einfanden: alte Spieler, deren schlechter Ruf sie aus Monte Carlo vertrieben hatte, junge Levantiner, Einheimische, die ihren Absinth schlürften, Türken mit rotem Fez, ja sogar einige abenteuerlustige Südamerikaner. Die Straßenbahnen quietschten disharmonisch in ihren Eisenschienen, und vom Kino war das unaufhörliche Bimmeln der Glocke zu hören. Zwischen Straßenbahnschienen und Bordstein zockelten die Mietdroschken dahin, um diese Tageszeit zumeist mit den Familien der Levantiner besetzt. Neben den Männern unter ihren breiten Strohhüten saßen korpulente Frauen, trotz der Hitze in schlichtes Schwarz gekleidet, und fächelten ihre stark gepuderten Gesichter. Ab und zu eilte in leuchtender Livree ein Lakai aus einer diplomatischen Vertretung vorbei.

Während sie sich einen Weg durch die Menschenmenge bahnten, richtete Mr Davenant das Wort an seinen Sohn.

»Wie ich diese Partys hasse! Oft wünsche ich, ich könnte mich aus diesem Leben ganz zurückziehen, und Gott weiß, dass ich nur hingehe, um zu hören, was die Leute reden. Natürlich merken sie das, und sie werden es mir nie verzeihen. Um Herakleion wieder zu versöhnen, wirst du eine Griechin heiraten müssen, Julian.«

»Alexander Christopoulos hat mich heute angesprochen«, sagte Julian. »Er meinte, ich sollte mit ihm nach Paris gehen, mir die große weite Welt anschauen.«

Ihm wurde nicht bewusst, dass er davor zurückschreckte, auch von dem zweiten Gespräch zu berichten, von Madame Kato, die ihn auf das gefährliche Thema der Inseln angesprochen hatte.

Sie hatten das Ende der Rue Royale erreicht und bogen nun ab zur *platia*, wo die breite Toreinfahrt des Clubs die weiße Häuserfront durch ein riesiges schwarzes Maul verschandelte. An drei Seiten der *platia* standen große Häuser, ererbte Residenzen wohlhabender griechischer Familien. Direkt neben dem Club lag das Haus der Familie Christopoulos, es folgte das Haus des Premiers, Seiner Exzellenz Platon Malteios, und dann kam das italienische Konsulat mit dem gemalten Wappenschild über der Tür. Die Mitte des freien, rechteckigen Platzes war mit einem kunstvollen Mosaik gepflastert; an die offene vierte Seite grenzte der Uferkai.

Vom Haus der Davenants aus hatte man einen freien Blick über das Meer. Vom Balkon seines Schlafzimmers im zweiten Stock konnte Julian die Inseln sehen, gelbliche Landzungen mit kleinen weißen Häusern; bei besonders guter Sicht konnte er sogar die Fenster auf Aphros, der größten Insel, zählen, die Terrassen auf den Berghängen erkennen. Als er zum ersten Mal aus England zurückgekommen war, war er als Erstes in sein Schlafzimmer gelaufen, hatte von seinem Balkon über die *platia* mit den vielen knallbunten Sonnenblenden hinweg auf das blaue Meer geschaut, mit den Augen die kleinen gelblichen Flecke im Wasser gesucht.

Vor dem Haus der Davenants warteten bereits zwei gesattelte Pferde. Sie standen unter der Aufsicht des dicken Pförtners Aristoteles, eines Insulaners, der seine Landestracht, den kurzen Bolero und die gefältete Fustanella, trug.

Die Pförtner der anderen Häuser hatten sich, offenbar zu einem erregten Gespräch, um ihn versammelt, doch als Mr Davenant mit seinem Sohn näher kam, traten sie respektvoll zur Seite und wandten sich wieder ihren eigentlichen Aufgaben zu.

Ihr Weg führte am Ufer entlang, dann die jetzt verlassen daliegende Steineichenallee hinunter. Die Hufe der Pferde traten sanft in den dichten Staub, die Straße glühte unter den Schatten der alten Bäume, und das Meer schimmerte fast violett. Die Sonne war längst untergegangen, nur ganz hinten am Horizont leuchteten noch die letzten hellen Streifen. An der Spitze des Piers blinkte ein rot-grünes Licht, das die Seeleute nach Sonnenuntergang vor gefährlichen Untiefen warnen sollte.

Am Ende der Allee erreichten sie offenes Land. Zu ihrer Linken lag noch immer das Meer, zu ihrer Rechten der fruchtbare Flachlandstreifen, den die Landarbeiter der Davenants mit großer Sorgfalt bebauten. Zwischen den niedrigen Pflöcken schwangen sich dicht mit Trauben behangene Zweige. William Davenant betrachtete sie kritisch und dachte: »Gute Ernte dieses Jahr.« Julian Davenant, der gerade erst aus England zurückgekommen war, sah ihre Schönheit und Pracht mit neuen Augen. Er ritt locker im Sattel, seine langen Beine baumelten an den Seiten herab. Er wirkte ganz und gar englisch, obgleich er in einem der großen, prächtig ausgemalten Zimmer geboren war, deren Fenster auf die *platia* von Herakleion hinausgingen, und bis zu seinem zehnten Lebensjahr in diesem Land aufgewachsen war. Solang er sich erinnern konnte, hatte er endlosen Diskussionen über die Weinernte zugehört. Er wusste, dass seine Familie seit drei Generationen in diesem winzigen Staat die wohlhabendste Familie war, wohlhabender als die griechischen Bankiers, und er wusste, dass in der Politik dieses Staates keine Entscheidung gefällt wurde, in der der Einfluss seiner Verwandten keine Rolle gespielt hätte. Sein Großvater hatte, nachdem die Regierung ihm ein wichtiges Zugeständnis verweigert hatte, seine Inseln zum unabhängigen Staat erklären und sich zum Präsidenten wählen lassen – eine Entwicklung, die, so absurd sie letztlich auch gewesen sein mag, die illustre Regierung Herakleions auch heute noch in Angst und Schrecken versetzen konnte. Was einmal geschehen ist, könnte sich jederzeit wiederholen ... Das erwünschte Zugeständnis in der Tasche, hatte Julians Großvater das neue ehrenvolle Amt des Präsidenten freiwillig niedergelegt. Aber wer konnte sicher sein, dass seine Kinder und Kindeskinder nicht eines Tages eine Wiederholung dieses Experiments versuchen würden?

Diese Vorkommnisse hatten im Lebensplan des Jungen immer eine große Rolle gespielt, ohne dass er viel darüber nachgedacht hätte. Er ging einfach davon aus, dass er eines Tages den Anteil seines Vaters am Familienunternehmen erben würde. Gleichzeitig würde er damit zu einem der Oberhäupter dieser weitverzweigten Familie, die sich entlang der Mittelmeerküste niedergelassen hatte. Neben den Davenants in Herakleion gab es Davenants in Smyrna, Davenants in Saloniki, Davenants in Konstantinopel, ganze Kolonien von Davenants. Insgesamt sollten es ungefähr sechzig Familien sein. Julian kannte sie nicht alle. In vielen Fällen wusste er nicht einmal, wie er eigentlich mit ihnen verwandt war.

Jedes Mal, wenn er auf seinem Weg zum Internat – oder später nach Oxford – durch London kam, wurde von ihm ein

Anstandsbesuch bei seinem Großonkel, Sir Henry, erwartet. Sir Henry bewohnte ein riesiges Haus am Belgrave Square. Dort, in seinem Arbeitszimmer im Erdgeschoss, pflegte er Julian vor dem gemeinsamen Mittagessen zu empfangen. An den Wänden dieses Zimmers hingen gerahmte kartographische Darstellungen von den verschiedenen Besitztümern der Davenants, und während er auf Sir Henry wartete, studierte Julian den Plan von Herakleion, fuhr mit dem Finger die Uferlinie nach, die Einbuchtung bei der *platia*, fuhr über den Rennplatz, die Steineichenallee, das Landhaus seines Onkels; in einer Ecke des Plans waren die Inseln noch einmal vergrößert eingezeichnet. Er vertiefte sich so sehr in ihre Darstellung, dass er gar nicht merkte, wie Sir Henry ins Zimmer trat, bis die Hand des alten Mannes schwer auf seine Schulter fiel.

»Ha! Schaust dir wohl die Karte an, wie? Ist dir vertraut, was? Ich kenne das auch alles in- und auswendig, mein Junge. Ich bin nie da gewesen, und trotzdem kenne ich es. Ich kenne mich überall aus. Als hätte ich es mit eigenen Augen gesehen.«

Er kennt es nicht wirklich, dachte Julian – er fühlt nicht die Hitze der Sonne auf seiner Haut, sieht nicht die flatternden bunten Sonnenblenden, die Ladenschilder in kyrillischer Schrift.

Sir Henry begann mit seinem üblichen Vortrag.

»Du gehörst nicht dorthin, Junge, vergiss das nie. Du gehörst hierher. Du bist Engländer. Nutze die Reichtümer dieses fernen Landes für deine eigenen Zwecke, aber identifiziere dich nicht damit. Setze dich durch. Sorge dafür, dass sie deine Methoden verwenden. Das ist die Stärke der englischen Kolonisation.«

Der alte Mann, der seine gichtkranken Hände auf einen Krückstock stützen musste, klopfte mit dem Stock auf den Boden, schnaubte geräuschvoll und schaute seinen Großneffen an.

»Jawohl, daran musst du immer denken. Setze dich durch! Aber was für ein hübsch gewachsener Junge du geworden bist. Wie alt bist du jetzt? Neunzehn? Wohl ein bisschen zu schnell aufgeschossen, wie? Musst dir die Haare schneiden lassen. Diese ausländischen Sitten billige ich nicht. Große Hände hast du, breite Schultern. Aber du musst noch ein bisschen kräftiger werden. Kannst du reiten?«

»Wenn ich in Herakleion bin, reite ich jeden Tag«, erwiderte Julian ein wenig verwirrt.

»Nun gut. Wir wollen zu Mittag essen. Behalte nur immer einen klaren Kopf. Dein Großvater hat sich verleiten lassen. Ein großer Narr. Ein Wunder, dass er nicht ganz und gar den Verstand verloren hat. Präsident! Was für ein ausgemachter Blödsinn. Ganz und gar nicht praktisch, Sir, ganz und gar nicht praktisch.« Sir Henry schnaubte erneut. »Von dir wollen wir nie solchen Blödsinn hören, mein Junge. Was willst du trinken? Hier, ich gebe dir vom Besten: Herakleion 1895. Das beste Jahr, das wir je hatten. Hoffe, du weißt guten Wein zu schätzen. Schließlich sollst du mal Weinbauer werden.«

Er kicherte über seinen eigenen Witz. Julian trank den Wein, der an den Hängen des Mylassa-Gebirges oder auf den Inseln gereift war, und wünschte, der alte Mann hätte ihn nicht so unverfroren einen Weinbauer geheißen. Er mochte Sir Henry, obgleich er jedes Mal, wenn er ihn verließ, das Gefühl hatte, von einem kräftigen Wind durchgerüttelt worden zu sein.

Er dachte an Sir Henry, während sie weiterritten, und er bemitleidete den alten Mann, für den diese schweren, funkelnden Früchte nur eine staubige Flasche bedeuteten, ein rotes oder blaues Siegel und ein Datum in goldenen Zahlen aufs schwarze Etikett geprägt. Mit dem Untergang der Sonne wurde das Licht milder, die Luft schien jetzt fast greifbar zu sein, schwere, honigsüße Wärme hing über der Straße. Julian nahm seinen grauen Filzhut ab und hängte ihn über die Spitze seines Sattels.

Sie kamen durch ein kleines Dorf, das aus etwa zwanzig baufälligen, willkürlich zusammengewürfelten Häusern bestand. Wie in der Rue Royale saßen die Bauern trinkend an runden Tischen, lauschten der Musik eines Grammophons, applaudierten und lachten. In der Nähe spielte ein halbes Dutzend Männer Boule. Als sie Mr Davenant sahen, liefen sie ihm mit erhobenen Händen entgegen. Er zügelte sein Pferd.

Julian versuchte, dem wirren Durcheinander von Worten einen Sinn zu entnehmen: Irgendjemand war verhaftet worden, offenbar Vassilis Bruder. Vassili war der hochgewachsene Lakai in der französischen Gesandtschaft. Er hörte, wie sein Vater mit beruhigender Stimme versprach, sich um die Angelegenheit zu kümmern; falls es nötig sein sollte, würde er am nächsten Morgen mit dem Premierminister sprechen. Eine Frau stürzte aus dem Café und umschlang mit beiden Armen Julians Knie. Man hatte ihr den Geliebten genommen. Würde er, Julian, ein Gnadengesuch vorbringen? Würde er seinen Vater bitten, sich für sie einzusetzen? Er versprach, was von ihm verlangt wurde, und verspürte dabei eine unbekannte, seltsame Erregung. Noch vor zehn Tagen war er in Oxford gewesen; hier hatte Kato mit ihm gesprochen wie mit einem erwachsenen Mann, jetzt klammerte sich in der Abenddämmerung eine schluchzende Frau an seine Knie. Herakleion war ein Ort, an dem alles, Phantastisches und Absurdes, geschehen konnte.

Als sie Seite an Seite weiterritten, begann sein Vater laut zu denken. Oft geistesabwesend, ließ er seine Überzeugungen meist nur auf diese indirekte Weise laut werden. Lange Zeiträume, mehrere Monate des Schweigens, in denen sein Geist brachzuliegen schien, fanden plötzlich in einem dieser lauten Selbstgespräche ihr Ventil. Julian hatte diesen Zug von seinem Vater geerbt; auch seine geistige Entwicklung war nicht kontinuierlich, sondern in einander abwechselnden Phasen des Stillstands und der plötzlichen Entwicklungsschübe verlaufen.

»Es war ein großer Fehler von uns, ganze Familien von den Inseln hierher aufs Festland zu bringen. Die Insulaner haben sich immer als autonome Einheit betrachtet, wie sie es, historisch gesehen, ja auch tatsächlich sind. Einhundert Jahre reichen nicht aus, um sie zu überzeugten Bürgern Herakleions zu machen. Ehrlich gesagt, es wundert mich nicht, dass die Behörden uns hier nicht mögen. Wir haben eine Gruppe unzufriedener Menschen importiert, die unter der bis dahin zufriedenen Festlandbevölkerung Unruhe stiftet. Am besten wäre es, wir würden die gesamte Bagage wieder zurück auf die Inseln bringen. Heute wurde auf den Inseln ein Mann verhaftet, und was passiert? Er ist Vassilis Bruder, der Bruder eines Insulaners, der in Herakleion lebt. Vassili verbreitet die Nachricht, und in Windeseile macht sie in der Stadt und auf dem Land die Runde. Sogar hier draußen hat sie uns schon ereilt. In jedem Café der Stadt sitzen in diesem Augenblick die Insulaner zusammen und murren; einige werden sich vielleicht betrinken, und die Stadtpolizei schreitet ein; eine Schlägerei von Betrunkenen bekommt im Handumdrehen politische Dimensionen; einige rufen nach ›Freiheit!‹, andere schlagen sich die Schädel ein, und morgen sitzen zwanzig Insulaner im Gefängnis. Sie werden ihre Gefangennahme auf die allgemeine Feindseligkeit gegen ihr Volk zurückführen, nicht auf ihr ungebührliches Betragen. Vassili wird morgen in Herakleion zu mir kommen. Er wird mich bitten, meinen Einfluss auf Malteios geltend zu machen, um seinen Bruder freizubekommen. Ich werde zu Malteios gehen, der eine liebenswürdige Miene aufsetzen und mir ausweichende Antworten geben wird ... Das ist alles schon hundertmal passiert. Ich meine, wir sollten die ganze Truppe wieder dahin zurückschicken, wo sie hergekommen ist.«

»Aber sie werden doch wirklich ungerecht behandelt, oder?«, fragte Julian. Sein Tonfall ließ eher vage Spekulation als aufrichtiges Interesse erkennen.

»Ja, das denken viele Leute. Zugegeben, die Ordnungskräfte sind streng, aber sie werden auch ständig provoziert. Und du weißt, dein Onkel und ich machen auf private Weise wieder gut, was ihnen an Ungerechtigkeit widerfahren ist. Neunzig Prozent aller Männer auf den Inseln stehen bei uns in Brot und Arbeit. Sie sind uns und wir sind ihnen verbunden. Materielle Bande wirken stärker als bloße Gefühle. Sie lindern ihre Unzufriedenheit und vermeiden viele Spannungen mit Herakleion.«

»Das sagst du natürlich nicht zu Malteios«, sagte Julian.

»Mein lieber Junge! Wo denkst du hin? Malteios ist Präsident von Herakleion. Natürlich erwähnen wir solche Dinge nicht. Aber er weiß es, und er übersieht es geflissentlich und notgedrungen. Unsere Übereinkunft mit Malteios ist für uns voll und ganz zufriedenstellend. Es herrscht der Grundsatz freundlichen Respekts.«

Julian sprach selten seine Meinung aus; jetzt tat er es.

»Wenn ich Insulaner wäre – das heißt Mitglied einer sklavisch unterdrückten Minderheit –, wäre ich wohl kaum damit zufrieden, auf meine Freiheit zu verzichten und diesen Verlust dann unter der Hand von jemandem ausgleichen zu lassen, dessen Taktik doch nur darin besteht, meine natürliche Unzufriedenheit zu unterdrücken.«

»Was für lächerliche Phrasen. Was für lächerlichen Gefühlen du dich manchmal hingibst, Julian. Nein, nein, die gegenwärtige Regelung ist so zufriedenstellend, wie wir es nur erwarten können – abgesehen davon, dass es ein Fehler war, allzu vielen Insulanern die Übersiedlung aufs Festland zu erlauben.«

Sie bogen in die von mächtigen, scharf duftenden Eukalyptusbäumen gesäumte Zufahrt des Landhauses ein. Das zweistöckige, niedrige, von Glyzinien und Bougainvilleen überwucherte Haus schimmerte weiß im Dämmerlicht. Die Fensterläden waren zurückgeklappt, und im oberen Stockwerk klafften die offenen Fenster wie viereckige schwarze Löcher. Unten erstreckte sich eine breite Veranda über die ganze Front des Hauses; hohe, von gelbem Licht erfüllte Terrassentüren führten zu den Zimmern im Erdgeschoss.

»Holà!«, rief Mr Davenant mit lauter Stimme.

»Malista, Kyrie«, antwortete eine Männerstimme, und ein Diener in der weißen Fustanella der Inseln, mit schwarzen Wickelgamaschen und roten, an den Zehen gebogenen und mit riesigen Rosetten besetzten Schuhen, kam, um die Pferde entgegenzunehmen.

»Sie haben Vassilis Bruder verhaftet, Kyrie«, sagte er, als Mr Davenant ihm die Zügel reichte.

Julian stand bereits im Salon zwischen den Chintz-Sofas, niedrigen Tischchen und allgegenwärtigen vergoldeten Stühlen. Vier dicke, in einer Imitation von blauem Lasurstein bemalte Säulen teilten den Raum in zwei Hälften. Aus den korinthischen Kapitellen der Säulen quollen rote, rauschgoldene Flammen, deren realistisch gemalter grauer Rauch sich über die gesamte Decke verteilte.

Julian stand am Fenster und schaute geistesabwesend in den Garten hinaus, wo man bereits den Abendbrottisch für sechs Personen gedeckt hatte. Große Kübel mit Oleander und Schmucklilien säumten die Veranda, im prächtigen Garten schimmerten die Früchte der Zitronenbäume, und irgendwo rauschte das Meer in der Abenddämmerung. Der Abend war ruhig und heiß; es herrschte die Gelassenheit beständigen Sommerwetters, die Sterne leuchteten groß und klar wie funkelnde Pailletten. Solche Gelassenheit sucht man vergebens an einem Sommerabend in England, wo das heutige Gastspiel des Sommers durch den morgigen Einzug des Regens jäh beendet werden kann. Dort entblättert die Rose sich auf dem Höhepunkt ihrer Schönheit unter den Launen eines plötzlichen Sturms. Im Süden hingegen hängen die Zitronen dick und schwer im metallischen Grün ihrer Blätter und sehen in aller Ruhe dem reifen Ende ihrer Existenz entgegen, der dunkleren Tönung ihrer goldenen Farbe, der vollendeten Rundung ihrer prallen Pracht. Selbstzufriedene Gewissheit erfüllt diese Früchte, die nicht den Launen der Elemente ausgesetzt sind, sondern sich ungestört fortentwickeln, bis sie endlich in die Hand und den Korb des Pflückers gelangen. Sicher, hie und da bricht ein Zweig unter der lastenden Schwere, und mit einem melancholischen, dumpfen Schlag, der wie ein Seufzer des Bedauerns klingt, fallen die grüngoldenen Früchte auf den Boden, rollen noch ein Stück und bleiben dann liegen. Die kleine Plantage erstreckte sich in ordentlichen Reihen von der Veranda, wo die Fenster des Hauses rechteckige gelbe Lichtflecke auf den Boden warfen, bis ans Ende des Gartens, wo das Meer träge gegen die Felsen schlug.

Gleich würde er Eve sehen, seine Augen würden ihre spöttischen Augen treffen, sie würden einander anlächeln im Vertrauen auf ihre seit den Kindertagen bestehende Freundschaft. Sie war ihm vertraut, so vertraut, dass er sich kaum mehr an die Zeit erinnern konnte, als sie noch zu klein, zu widerspenstig und kindlich gewesen war, um ein Teil seines Lebens zu sein. Sie war ihm so vertraut wie das Haus an der *platia* mit dem großen, spärlich möblierten Salon und den Wandfresken, die romantische Flusslandschaften mit sich umherschwingenden Affen und abgebrochenen Säulen darstellten; so vertraut wie die ewigen Gespräche über die kommende Weinernte und die absurde Politik Herakleions, die stets im Wandel begriffen war und doch auf monotone, abstoßende Weise stets auf der Stelle trat. In seinem Leben in England, seinem prosaischen Leben, spielte Eve keine Rolle; sie war Teil seines Lebens an der griechischen Küste, seines irrealen, phantastischen Lebens, in dem die unwahrscheinlichsten Dinge den Nimbus der Unbefangenheit besaßen, Romantik im Gewand der Alltäglichkeit auftrat. Nach einer

Woche in Herakleion konnte Julian das Reale vom Irrealen nicht mehr unterscheiden.

Es war rätselhaft, denn die Menschen um ihn herum, die doch um so vieles älter und klüger waren, schienen die Situation ganz selbstverständlich hinzunehmen und betrachteten sie mit einem Ernst, der Julian in Momenten nachlassender Aufmerksamkeit glauben ließ, dass es sich bei diesem Land tatsächlich um ein reales Staatsgebilde handelte, dass seine Politiker – Platon Malteios, Gregori Stavridis und all die anderen – wirkliche Staatsmänner waren, die nüchtern ein vernünftiges Ziel verfolgten. Dass Herakleions Aufstände Revolutionen waren, dass es sich bei seinen Splittergrüppchen um politische Parteien handelte und bei seinen ständig miteinander schimpfenden und feilschenden Parlamentsmitgliedern um wirkliche Senatoren. Dass die vierhundert wohlgenährten Soldaten, die in regelmäßigen Abständen auf der *platia* unter dem Befehl eines Generals paradierten, dessen Uniform von einem Theaterschneider in Budapest entworfen worden war, tatsächlich eine richtige Armee darstellten. Dass die *platia* ein Forum war, dass Herakleion eine glänzende Gesellschaft hatte, deren ewige Tändeleien und Affären die Würde großer Leidenschaft besaßen. Dass seine Tante, die sich in jeder Diskussion lautstark zu Wort meldete und jedem widersprach, auch sich selbst – was außer ihr natürlich nie jemand gewagt hätte –, tatsächlich eine wichtige politische Rolle spielte und den Männern, in deren Händen der Fortgang der Geschicke lag, eine kluge Ratgeberin war. In bestimmten, vergesslichen Momenten war er versucht, all dies zu glauben, zumal sein Vater und sein Onkel Robert – zwei unnachgiebige, nüchterne Geschäftsmänner –

daran zu glauben schienen. In anderen Momenten, in denen sein Gefühl für Proportionen genauer war, sah er in Herakleion in erster Linie eine passende Szenerie für Eve.

Er war dabei, sich wieder in dieses Leben einzufügen, das, wenn er mit dem Dampfschiff dreimal im Jahr nach England fuhr, jedes Mal in ihm so schnell verblasste wie eine dem Sonnenlicht ausgesetzte Fotografie. Zuerst verschwanden die stereotypen politischen Redewendungen; er kannte sogar die genaue Reihenfolge: »Bürgerkrieg«, »unabhängiger Archipel«, »Sturz der Regierung«, »Bedrohung der Malteios-Partei«, »Intrige der Stavridisten« ... lauter vertraute Phrasen, die er, allein durch die Macht ständiger Wiederholung, ohne weitere Analyse akzeptierte. Mit dem politischen Jargon verschwanden die vertrauten Gestalten, die ihm in Herakleion fast täglich begegneten: Sharp, der Chefbuchhalter seines Vaters; Aristoteles, der dicke Pförtner, der seine gewaltige Leibesfülle mit einer eindrucksvollen Fustanella bedeckte; Madame Lafarge, die so proper und steif wie ein frisch gepolstertes Sofa auf ihrem Landauer thronte; die jungen Männer vom Club, die sich so betont lässig und freizügig gaben. Mit den vertrauten Gestalten verschwanden die Landschaftsbilder, und als Allerletztes verschwand schließlich Eve, bis er sich selbst an den schläfrigen Klang ihrer Stimme und an ihre wachen, spöttischen Augen, in denen ein undurchdringliches Geheimnis lag, nicht mehr erinnern konnte. Er war traurig, wenn auch diese letzten Erinnerungen zu verblassen begannen. Er klammerte sich an sie, weil sie ihm so lieb waren, doch sie rannen ihm durch die Finger wie Wasser. Und ihre Vergänglichkeit trug umso mehr dazu bei, ihn von ihrer Irrealität zu überzeugen.

Und dann England – beständig, vernünftig, ausgewogen. Das ehrwürdige, selbstzufriedene Oxford, das die junge Elite des Landes ausspuckte wie eine tüchtige Maschine. Das gesetzestreue England, wo die Männer sich langsam hinaufarbeiteten und den Zenit ihrer Macht und Ehre erst mit der Reife des Alters erlangten. Das stolze London mit seinen Häusern aus Stein. Wo war Herakleion, diese aus Lehm erbaute, ordinäre Stadt, die Stadt der ständig bimmelnden Glocken, der Revolutionen und unzähligen Premierminister, die an einem Tag ernannt und am selben Tag wieder gestürzt werden konnten? Wo war Herakleion, und wo war die Küste der gelben Inseln, umspült von der blauen See. Wo?

Eve war nie in England gewesen, und Julian konnte sie sich auch nicht in England vorstellen. Sie sollte weiterleben, wie sie immer gelebt hatte, umgeben von Weinreben und Magnolienbäumen, umsorgt von einer alten Frau, die zwar Engländerin war, doch so viele Jahre ihres Lebens in Herakleion verbracht hatte, dass ihr Englisch den seltsam lispelnden, südlichen Akzent der Griechen angenommen hatte, obgleich sie selbst kein Wort Griechisch sprach. Die alte Nana, die die völlige Vertrautheit mit der einen Sprache verloren hatte, ohne eine andere Sprache dabei zu gewinnen, war die ideale Gesellschafterin für Eve.

Von der Veranda trat leichten Schrittes ein junger griechischer Priester durch eine der Türen ins Zimmer, blinzelte und lächelte im hellen Lampenlicht. Er war mit einer langen schwarzen Soutane und einer schwarzen Kappe bekleidet, das rote Haar hatte er nach der Sitte seiner Kirche am Hinterkopf zu einem Knoten zusammengebunden. Sein Körper wirkte viel zu muskulös und maskulin in dem weiblichen

Gewand, das er in Ausübung seines Berufes tragen musste, und beim Gehen stolperte er manchmal über seine Soutane; dann hob er sie ungeduldig mit einer Hand, auf der dichte Büschel roter Haare wuchsen. Vater Paul hatte sich zu einer Art Privatseelsorger der Davenants entwickelt. Eve unterstützte ihn, weil sie ihn für pittoresk hielt, und Mrs Robert Davenant schätzte ihn als treuen Statthalter im Umgang mit den Bauern und Dorfbewohnern. Er ging in ihrem Haus völlig frei ein und aus.

Nach und nach bevölkert sie sich wieder, meine verlorene griechische Welt, dachte Julian.

England und Oxford wurden zur Seite gelegt. Sie wurden nicht vergessen, wurden nicht undeutlich oder blass wie Herakleion auf der Reise nach England. Er legte sie nur beiseite, wie man warme Winterkleidung im Sommer in einem sicheren Schrank verstaut. Er war wieder zurückgekehrt in dieses Königreich aus Lehmbauten und Abenteuern. Auch die Bilder von Eve kehrten zurück, die Erinnerungen an ihre seltsam umschatteten Augen und ihren roten Mund, an ihre Frivolität, hinter der sich eine Kraft verbarg, die nicht frivol genannt werden konnte. Es gab Frauen, die in erster Linie hübsch waren; andere waren in erster Linie mütterlich. Frauen wie Mrs Robert Davenant waren tüchtig, gebieterisch, erfolgreich, eisern; Frauen wie Kato wurden von der Flamme eines idealistischen Ziels verzehrt, die ihren Mitmenschen heiß aus jedem ihrer Worte entgegenschlug und unnachgiebig in ihren Augen brannte; und schließlich gab es dann noch die aufgeblasenen, unbedeutenden Frauen. Julian hatte das Gefühl, Eve in keine dieser Kategorien pressen zu können. In seinen Vorstellungen erschien sie ihm verwöhnt, kultiviert, geistreich, erlesen, feurig, couragiert, nicht zu fassen, aufreizend, quälend, von praktischen Überlegungen wie Pünktlichkeit, Zweckmäßigkeit und Verlässlichkeit weit entfernt – ein Wesen, das seit seinem dritten Lebensjahr Huldigung und Schutz für sich erpresst hatte ...

Er hörte hinter sich ihre unverwechselbare Stimme und drehte sich erwartungsvoll um.

3

Doch erst bei seinem ersten Besuch in der Wohnung der Sängerin empfand sich Julian wieder vollständig als Bürger von Herakleion – ja, er fühlte sich dem Machtzentrum der Intrigen und Ambitionen näher als je zuvor. Kato empfing ihn allein, und die Art, wie sie freundschaftlich seine Hand ergriff, vertrieb die Schüchternheit, die er noch bei ihrem Konzert empfunden hatte. Ihre energische Einfachheit ließ ihn die Begeisterung und den Applaus vergessen, mit dem sie das Publikum am Nachmittag noch überschüttet hatte. Ihre kameradschaftliche, fast männliche Freundlichkeit und die Schärfe ihres Intellekts lösten bald seine Zunge, verliehen seinen Gedanken Flügel und gaben ihm die Kraft, sich selbst auszudrücken. Kato sah ihm mit ihren kleinen, hellen Augen zu und nickte oder murmelte zustimmend, während er sprechend im Zimmer auf und ab ging.

»Kommt man denn je zu einer klaren, endgültigen Vorstellung von den eigenen Zielen? Damit meine ich natürlich nicht die persönlichen Ziele; die zählen nicht.« (»Wie jung er ist«, dachte Kato.) »Es geht mir nur um die klare Wahrnehmung. Klar zu sehen, was man schaffen und was man zerstören will. Und wenn diese Klarheit nicht eintritt, muss man sich dann sein ganzes Leben im Dunkeln abmühen? Kleine Mosaikstücke einfügen, ohne jemals zurücktreten zu können, um den gesamten Plan zu überblicken ... Man lehnt sich instinktiv gegen Autoritäten auf. Man kämpft um Freiheit. Warum? Was steckt hinter diesem Instinkt? Warum werden wir mit einer instinktiven Antipathie gegen Ordnung und Zivilisation geboren, wo diese doch Waffen und Schutzschilde sind, die wir Menschen zu unserem Vorteil errichtet haben? Das scheint mir alles höchst unlogisch zu sein! Warum lehnen wir alle, jeder Einzelne, die Erfahrung der anderen ab, warum ziehen wir es vor, eigene Erfahrungen zu sammeln? Warum kämpfen wir gegen die Regierung? Warum will ich die Unabhängigkeit von meinem Vater? Warum wollen die Inseln die Unabhängigkeit von Herakleion? Warum will Herakleion die Unabhängigkeit von Griechenland? Was bedeutet dieser Instinkt, allein für sich stehen, man selbst sein zu wollen, isoliert, frei, individuell? Warum treibt unser Instinkt uns zum Individualismus, wo das eigentliche Wohl der Menschheit doch allem Anschein nach im solidarischen Handeln liegt? Wo doch das soziale System in seiner elementarsten Form dadurch entsteht, dass Menschen sich zum gegenseitigen Schutz und Trost zusammenschließen? Kaum haben wir eine gewisse Solidarität erreicht, eine Hierarchie, ein soziales System, die Zivilisation, wollen wir sie wieder loswerden. Ein Teufelskreis! Das Rad dreht sich und bringt uns zurück zu unserem Ausgangspunkt.«

»Ja, Sie haben recht«, antwortete Kato. »Sicherlich schlummert selbst in der Seele des vehementesten Fürsprechers von Recht und Ordnung ein stilles Mitgefühl für die Rebellen.« Julians Verallgemeinerungen amüsierten sie, und sie war klug genug, nicht allzu abrupt auf das Thema zu kommen, das sie an diesem Abend anschneiden wollte. Er reizte sie zum Lachen; sie fand ihn rührend, jung, sowohl in seinen Ideen als auch in seinen Worten. Und doch erkannte sie die

Kraft, die in ihm steckte und die sie für ihre Ziele einzusetzen gedachte. »Sie führen Argumente zugunsten der Gesellschaft an, und doch werden Sie Ihr Leben, oder zumindest Ihre Jugend, damit verbringen, sich gegen diese Gesellschaft aufzulehnen. Jugend stirbt in dem Moment, in dem man aufhört, sich zu widersetzen. Und außerdem«, fügte sie, ihn genau musternd, hinzu, »wird bald die Zeit kommen, in der Sie aufhören werden zu argumentieren und anfangen zu handeln. Glauben Sie mir, man legt sehr rasch alle weiteren Überlegungen ab und lernt, sich mit dem praktischen Geschäft des Augenblicks zufriedenzugeben. Das eigene Stückchen aus dem Mosaik, wie Sie es umschrieben haben.«

Julian fühlte sich auf angenehme Weise ernüchtert, doch nicht getadelt; er mochte Katos eindringliche Art, ihr lebhaftes, intelligentes Mitgefühl und ihren Standpunkt, der ohne jeden Zynismus auskam.

»Zu *einer* Schlussfolgerung bin ich aber gekommen«, sagte er. »Allein der Schmerz an sich ist schlecht, und wer den Schmerz lindert oder gar auszumerzen vermag, muss auf dem richtigen Weg sein. Der Kampf gegen den Schmerz ist den Einsatz auf jeden Fall wert. Und was die Inseln angeht …« Er hielt inne.

Kato unterdrückte ein Lächeln. Seine jugendlichen, dogmatischen Aussagen, die mit einer Konzentration und einer Heftigkeit vorgetragen wurden, die jeden Spott völlig entwaffneten, rührten sie immer mehr. Außerdem schmeichelte ihr sein unbedachtes Vertrauen. Aus den Erzählungen anderer kannte sie ihn nur als missmutig und unkommunikativ, mit einer Neigung zu groben Späßen und einem typischen

Schuljungenhumor. Besonders Eve hatte ihn als unzugänglich beschrieben.

»Man muss versuchen, auf dem richtigen Weg vorwärtszugehen«, schloss er stirnrunzelnd, mit geistesabwesendem Blick. Sehr geschickt begann Kato, über die Inseln zu sprechen ...

Bestimmte Ereignisse, die Madame Kato in ihrem Gespräch mit Julian vorhergesagt hatte, traten so plötzlich und unerwartet ein, dass der Beobachter, der nicht nur nach den Ursachen, sondern auch nach der Chronologie der Geschehnisse fragte, völlig verwirrt wurde. Sie brachen herein wie ein Sommersturm, der nach entferntem Donnergrummeln und harmlosem Wetterleuchten kurz und heftig über das Land fegt. Man hatte die Warnungen nicht verstanden, denn der Donner hatte so häufig gegrollt, und die Blitze waren so zahlreich über den Himmel gezuckt, dass die Menschen, auch als der Wirbelsturm längst vorübergezogen war, noch ärgerlich überrascht wirkten. Sie starrten einander verwundert an, kratzten sich die Köpfe unter den Strohhüten oder lehnten unten am Kai, erkundeten die Zwischenräume ihrer Zähne mit den stets griffbereiten Zahnstochern und starrten über das Meer zu den Inseln hinüber, von wo der Sturm aller Erfahrung nach gekommen war – als könnte die intensive, stirnrunzelnde Betrachtung der gelben Flecke am Horizont schließlich eine Erleuchtung bringen. Die Männer hockten in kleinen Gruppen auf Stühlen vor den Cafés, stützten die Ellenbogen auf die Tische, entwickelten mit flüsternder Heftigkeit eigene Theorien und unterstrichen jedes kostbare Argument mit einer emphatischen Bewegung ihrer langen

Zigarren. Vor dem Casino standen weitere Grüppchen herum, zeigten auf die zerbrochenen Fenster, die Glassplitter und die roten Gardinen, die in den Fensterhöhlen flatterten. »Hier haben sie angehalten«, sagte jemand. »Von hier aus haben sie die Bombe geworfen«, sagte ein anderer. Und all jenen, die zufällig Zeugen des Geschehens geworden waren, lauschte man mit einem Respekt, wie ihn diese nie zuvor in ihrem Leben erfahren hatten und auch nie wieder erfahren würden.

Keiner in der Gesellschaft von Herakleion, der das Geschehen nicht mit großem Eifer, ja fast mit einer gewissen Dankbarkeit diskutiert hätte. Ein Verbrechen bleibt ein Verbrechen, auch wenn es einen eher pittoresken, operettenhaften Charakter zeigte, doch der Reiz eines aufregenden Ereignisses war gleichwohl nicht zu verachten. Zwar gaben sich die Botschafter alle Mühe, den Vorfall in den Depeschen an ihre Regierungen herunterzuspielen und als Machwerk einer willkürlich zusammengewürfelten Räuberbande anzuprangern, nicht jedoch als sorgfältig geplante Tat von politischer Tragweite. Doch in Herakleion, wo kein sardonisches Abteilungsleiterauge über sie wachte und abschätzig betrachten konnte, so wie ein erwachsener Mensch die oberflächlichen Unterhaltungen eines Kindes, nahmen sie das Ereignis zum willkommenen Vorwand, ihren Scharfsinn unter Beweis zu stellen. Auf den diplomatischen Dinnerpartys gab es kaum ein anderes Thema. Unzählige Teepartys veranlassten die Frauen, geistreiche Bemerkungen, die sie gerade irgendwo aufgeschnappt hatten, als eigene Ideen von Haus zu Haus zu tragen. Auf diese Weise wurden sie allgemeines Gut, bis die eigentlichen Urheber entrüstet Anspruch auf sie erhoben. Von den Salons der französischen Gesandtschaft bis hinunter zu den Cafés im Dorf, wo die Nadel des Grammophons unnütz über die Schallplatten kratzte und die Kugeln unbenutzt auf der Boulebahn lagen, gab es nur ein einziges Thema. Doch niemand wusste, welche Haltung die Davenants in der Abgeschiedenheit ihres Landhauses dem Vorfall gegenüber einnahmen. Welche ausgesprochene oder unausgesprochene Übereinkunft herrschte zwischen den unergründlichen Brüdern? Welche versteckten Hinweise oder offen ausgesprochenen Urteile entschlüpften William Davenant, wenn er sich nach dem Essen mit einem Glas Wein aus eigenem Anbau im Sessel zurücklehnte? Welche Indiskretionen beging er in der sicheren Gesellschaft seiner tüchtigen, energischen Schwägerin, des unbedeutenden Robert, des schweigsamen Julian oder der gleichgültigen Eve? Für die neugierigen Gemüter Herakleions wären sie der reinste Ohrenschmaus gewesen.

Natürlich wurde allgemein angenommen, dass die Schandtat auf das Konto der rebellischen Insulaner ging, und es wurde grimmig bedauert, dass die Übeltäter aus Mangel an Beweisen nicht dingfest gemacht werden konnten. Eigentlich hatte es zum Zeitpunkt der Ereignisse keine besonderen Schwierigkeiten gegeben – nur die stereotypen Klagen, die schon niemand mehr hören konnte. Vassilis Bruder, ein unbedeutender kleiner Landarbeiter, war wieder auf freien Fuß gesetzt worden. Monsieur Lafarge hatte sich für den Bruder seines Lakaien eingesetzt und war in dieser Sache beim Premier vorstellig geworden, und Malteios hatte seiner Bitte mit der ihm eigenen weltmännischen Liebenswürdigkeit stattgegeben. Schon eine Stunde später hatte man den Burschen in einem Ruderboot nach Aphros fahren sehen. Es war also eigentlich alles zum Besten bestellt. Doch vierundzwanzig Stunden nach diesem Akt der Gnade ...

Die Elite von Herakleion dinierte an jenem Abend in der französischen Gesandtschaft in Gesellschaft zweier Ehrengäste – eines hochrangigen albanischen Staatsmanns, der nur seine eigene Sprache verstand, und eines höchst ungewöhnlichen Engländers, eines begeisterten Anhängers der Regionen des Nahen Ostens. Den Ländern, die er bereiste, galt er als Experte, als einer, der in England das Vertrauen von Kabinett und Unterhaus besaß, diesen Institutionen selbst erschien er jedoch als Spinner und unerträgliche Nervensäge. Seine Sprache bevorzugte den sparsamen Telegrammstil: Die meisten Präpositionen, Pronomen und Verben fielen bei ihm einfach unter den Tisch. Diese Marotte verlieh seinen unverständlichen Meinungsäußerungen etwas Geheimnisvolles und trug wesentlich zu seinem Ansehen bei. Er und der Albaner hatten vor dem Dinner plaudernd ein wenig abseits gestanden, der Engländer hatte, von krampfartigem, unvorteilhaftem Fuchteln seiner Arme und Beine begleitet, unaufhörlich auf den Albaner eingeschwätzt, der – nicht in der Lage, ein einziges Wort in die Diskussion einzuwerfen – höflich den Kopf mit dem roten Fez neigte und von Zeit zu Zeit anerkennend nickte.

Beim Dinner dann saß Madame Lafarge zwischen den beiden Ehrengästen, lauschte den Worten des Engländers, als verstünde sie, was er sagte, und wandte sich gelegentlich dem Albaner zu, um ihm freundlich und bedauernd zuzulächeln. Sobald er sah, dass sie ihm ihre Aufmerksamkeit schenkte, verbeugte er sich und hob sein Glas mit dem süßen Champagner, um auf ihre Gesundheit zu trinken. Damit fand ihr Gedankenaustausch sein notgedrungenes Ende.

Während sie noch speisten, wurde Monsieur Lafarge eine schriftliche Nachricht überbracht. Er stieß einen Schrei aus, der die Tischgespräche verstummen ließ; nur die Stimme des Engländers war noch zu hören.

»Türkei!«, sagte er gerade. »Ganz andere Sache! Ah, Geist von Abdul Hamid!« Nach einer kleinen Pause fügte er, traurig den Kopf schüttelnd, hinzu: »Weltverrat, Weltverschwörung ...«

»O ja«, erwiderte Madame Lafarge verzückt, »wie wahr das ist! Wie recht Sie haben!«

Ihr wurde bewusst, dass alle anderen schwiegen, und sie hob fragend den Kopf.

Lafarge erklärte: »Es hat einen bedauerlichen Vorfall im Casino gegeben, aber es besteht kein Grund zur Beunruhigung. Menschen sind nicht zu Schaden gekommen. Ich werde einen Boten schicken, damit wir weitere Einzelheiten erfahren. Auf diesem Zettel steht ...«, er überflog noch einmal die wenigen Zeilen, »... dass niemand verletzt worden ist. Es war ein Raubüberfall, ein dreistes, leider erfolgreiches Verbrechen. Es wurde sogar eine Bombe geworfen.«

»*Mais ils sont donc tous apaches?*«, schrie Condesa Valdez. Lafarge fuhr fort: »Es heißt hier, der Schaden betreffe hauptsächlich den Innenhof und beschränke sich auf zerbrochene Fenster, zerrissene Vorhänge und gesprungene Spiegel. Der Fußboden sei mit Glassplittern übersät. Ich hoffe, dass uns in Kürze genauere Informationen vorliegen werden.« Er versuchte, die ängstliche Runde mit dem zuversichtlichen Lächeln eines souveränen Gastgebers zu beruhigen.

Es trat entsetztes Schweigen ein, das durch einzelne Ausrufe unterbrochen wurde.

»Das ist doch wieder einmal typisch für Herakleion«, rief Alexander Christopoulos auf der dringenden Suche nach einem geistreichen, sarkastischen Kommentar. »Selbst mit einer Bombe bringen wir nur ein paar Fensterscheiben zum Klirren.«

Daraufhin war die weinerliche Stimme der dänischen Exzellenz zu hören: »Ein Raubüberfall! Eine Bombe! Und das bei hellem Tageslicht! In was für einen Ort bin ich hier geraten? Was ist das für ein Räubernest?«

»Da stecken bestimmt wieder diese Inseln dahinter!«, rief Madame Delahaye mit dem ihr eigenen Mangel an Taktgefühl. Ihr Ehemann, der französische Militärattaché, runzelte tadelnd die Stirn; die anderen Diplomaten schauten betreten auf ihre Teller.

In diesem Moment witterte der Engländer seine große Chance: »Sehr aufschlussreich! Gehört alles zusammen – Anarchie – Verschwörung – keine starke Hand – freie Völker. Zu viele, zu viele. Kleine Nationalitäten. Hunde! Halsabschneider! So?« Mit einem ausdrucksvollen Zischlaut fuhr er sich mit dem Finger quer über den Hals. »Machen alle nur Schwierigkeiten. Jugoslawen – pah! Polen – pfui! Östliches Großreich, das ist die Lösung. Türken einziges gutes Volk«, der Albaner, der glücklicherweise kein Englisch verstand, lächelte liebenswürdig und rührte in seinem Champagner, »Türken großes Volk. Armenier erledigt. Herakleion viel zu klein. Nicht mal ein Splitter. Nur der Splitter eines Splitters.«

»Und die Inseln«, rief die dänische Exzellenz fröhlich, »wollen der Splitter eines Splitters eines Splitters sein.«

»Ja«, nickte Madame Lafarge eifrig. Ihr war bei den allzu deutlichen Worten des Engländers ein wenig mulmig geworden. »Fru Thyregod hat wie immer den Nagel auf den Kopf getroffen. *Elle a trouvé le mot juste*«, fügte sie hinzu, denn sie hoffte, indem sie das Gespräch zurück ins Französische brachte, die Redseligkeit des Engländers ein wenig eindämmen zu können.

Draußen in der Stadt stand der Kai im Mittelpunkt des Interesses. Eine große Menschenmenge hatte sich dort versammelt und störte mit ihrem Lärm den abendlichen Frieden. Weit, weit draußen sah man einen winzigen Punkt auf dem beigegrauen Wasser, das kleine Boot, mit dem die drei Übeltäter geflüchtet waren. In noch größerer Ferne sah man, noch verschwommener, eine Ansammlung von Fischerbooten, die vor der Insel kreuzten. Das grüne Licht glühte am Ende des Piers. Am Kai gestikulierte und schrie die Menge und zeigte auf das Wasser hinaus, das unter dem sinnlosen Kugelregen aus den Karabinern der Polizei aufspritzte. Der Polizeichef war zur Stelle und gab die Befehle. Das Motorboot der Polizei sollte herbeigeholt werden. Die Menge jubelte; niemand wusste, wer die Übeltäter waren, doch bald würde man sie in Handschellen ans Ufer zurückkehren sehen.

Zu diesem Zeitpunkt erreichte die Gesellschaft der Dinnerparty den Kai, die Frauen zitternd und aufgeregt in leichte Mäntel gehüllt, die Männer mit amüsiert-distanzierten Mienen. Der Polizeichef gesellte sich zu ihnen, und auch Vater und Sohn Christopoulos traten hinzu. Auch wenn niemand offen darüber sprach, war doch allgemein bekannt, dass der Familie Christopoulos wesentliche Anteile des Casinos gehörten – eine Tatsache, die die Aufregung des gelbgesichtigen kleinen Bankiers zu erklären vermochte.

»Die Behörden müssen bessere Vorsorge treffen«, sagte er

immer wieder zu Madame Lafarge. »Wenn dieses Beispiel Schule macht, werden schon bald die Spitzbuben aus dem Landesinneren zu uns kommen und ähnliche Anschläge verüben. Es wird ihnen viel zu leicht gemacht.«

Er starrte den Polizeichef an.

»Bessere Vorsorge«, murmelte er. »Sie müssen eine bessere Vorsorge treffen.«

»Diese Schießerei ist doch lächerlich«, ergriff Alexander ungeduldig das Wort. »Das Boot ist inzwischen mindestens drei Meilen von der Küste entfernt. Wen wollen Sie mit Ihren Kugeln treffen? Die Fische? Außerdem wird es langsam dunkel. Wann ist das Motorboot endlich startbereit?«

»Es wird jeden Moment hier sein«, sagte der Polizeichef und erteilte seinen Männern, die weiterhin völlig sinn- und ziellos um sich schossen, mit gereizter Stimme weitere Befehle.

Trotz der zuversichtlichen Äußerungen des Polizeichefs: Das Motorboot war nirgends zu sehen. Der Engländer ließ einen Schwall ausführlicher Erörterungen auf Madame Lafarge niederprasseln, die ihm in regelmäßigen Abständen inbrünstig zustimmte. Die dänische Exzellenz flüsterte und kicherte mit dem jungen Christopoulos. Die sozialen Unterschiede traten überdeutlich hervor: Die Gruppe der Diplomaten hielt sich abseits von der Menge, die Menge hielt sich vom Pöbel entfernt. Doch über alle gemeinsam senkte sich die Abenddämmerung, die ersten Sterne waren zu sehen, und das kleine Ruderboot war von den Fischerbooten mit den dreieckigen Segeln nicht mehr zu unterscheiden.

Schließlich legte dröhnend, lärmend und Respekt erheischend das Motorboot der Polizei am Rand der Stufen an. Der

Polizeichef sprang hinein. Alexander folgte ihm, nicht ohne vorher versprochen zu haben, nach seiner Rückkehr sofort zur französischen Gesandtschaft zu kommen und genau zu erzählen, was in der Zwischenzeit geschehen war.

In Madame Lafarges Salon mit den großen Spiegeln gab er drei Stunden später seinen Bericht. Die vergoldeten Stühle wurden um ihn herum zu einem Kreis zusammengezogen. Die dänische Exzellenz betrachtete ihn entzückt mit ihren hervorstehenden blauen Augen.

»Natürlich wussten wir, dass sie trotz unseres verspäteten Starts keine Chance gegen ein Motorboot hatten, nicht die geringste Chance. Sie konnten nicht darauf hoffen, Aphros vor uns zu erreichen. Wir waren davon überzeugt, dass es nur eine Frage von Minuten sein könnte, bis wir sie eingeholt hatten. Und wir waren uns einig, dass die Männer verrückt sein mussten, falls sie geglaubt hatten, sie könnten ihre Flucht auf diese Weise bewerkstelligen. Sterghiou und ich saßen im Heck, rauchten und besprachen die Lage. Was uns ein wenig bedrückte, war, dass wir das Boot, das wir verfolgten, nicht mehr sehen konnten, aber Sie wissen ja, wie schnell die Dunkelheit hereinbricht, also schenkten wir dieser Tatsache wenig Aufmerksamkeit.

Bald erreichten wir die Fischerflotte von Aphros. Die Fischer riefen uns zu, wir sollten ihren Netzen fernbleiben, was uns einfiele, die kostbaren Fischschwärme zu vertreiben. Wir stellten den Motor ab, um uns nach dem Verbleib des Ruderboots zu erkundigen. Ein Ruderboot? Sie machten erstaunte Gesichter. Sie hätten kein Ruderboot gesehen – überhaupt kein Boot, ausgenommen natürlich ihre eigenen Boote. Die Frage wurde rufend weitergegeben, an jeden Fischer der Flotte. Niemand hatte ein Ruderboot gesehen. Natürlich logen sie. Es war vollkommen klar, dass sie nicht die Wahrheit sagten. Aber es war nun mal eine Tatsache« – er legte eine wirkungsvolle, kleine Pause ein –, »dass weit und breit nicht die Spur von einem Ruderboot zu sehen war.«

Ungläubiges Staunen machte sich im Publikum breit.

»Nicht die Spur!«, wiederholte Alexander genüsslich. »Das Meer war vollkommen still, nicht die kleinste Welle regte sich, und auch die Fischerboote bewegten sich kaum von der Stelle, obwohl sie unter vollen Segeln standen. Das Meer war so ruhig, dass wir ihr Spiegelbild auf dem Wasser sahen. Es waren insgesamt vielleicht zwanzig Boote – zwanzig Bootsbesatzungen, die aus lauter höflichen Lügnern bestanden. Wir waren völlig verdutzt. Was soll man machen, wenn man von lauter weibisch lächelnden Lügnern umgeben ist, die sich lässig gegen ihre Bootsmasten lehnen und auf alle Fragen mit idiotischer Ahnungslosigkeit reagieren? Alles leugnen, alles abstreiten, das war ihre Strategie. Sie hatten nichts gesehen. Sie hätten doch blind sein müssen, um nichts zu sehen? Es täte ihnen sehr leid, aber sie hätten wirklich nichts gesehen. Die Herrschaften sollten sich nur selbst umschauen, dann würden sie sehen, dass weit und breit auf dem Meer kein Ruderboot in Sicht sei.

Dass das Boot in der zur Verfügung stehenden Zeit Aphros erreicht hatte, war eher unwahrscheinlich.

Sterghiou wurde immer wütender. Ich habe nichts gesagt, aber ich glaube, meine stillschweigende Kritik war ihm mehr als unangenehm. Er und seine Polizei sind vielleicht in der Lage, den Verkehr in der Rue Royale zu regeln, aber einem Zwischenfall dieser Art sind sie schlichtweg nicht gewachsen. Von Anfang an haben sie nur Fehler gemacht. Es hat mindestens zwanzig Minuten gedauert, bis sie ihr Motorboot endlich flottgemacht hatten. Und ich glaube, Sterghiou war besonders wütend, weil ich ihn begleitet habe und Zeuge seiner Niederlage geworden bin.

Wie auch immer, er musste irgendetwas unternehmen. Also befahl er seinen Männern, nacheinander alle Fischerboote zu durchsuchen. Es dauerte eine ganze Weile, bis wir die Runde gemacht hatten, ein kurzes Aufheulen des Motors, dann wieder Stille, wenn wir längsseits gingen und die Polizisten an Bord der Boote sprangen. Natürlich fanden sie nichts. Ich habe die Gesichter der Insulaner während dieser Untersuchung beobachtet. Sie saßen auf den Planken ihrer Boote, machten sich an ihren Netzen zu schaffen und taten so, als würden sie die Polizisten gar nicht wahrnehmen, die ihre Boote auf den Kopf stellten. Aber ich konnte ihr verstohlenes Grinsen erraten, und ich schwöre, ich hab einige gesehen, die sich zugezwinkert haben. Hätte ich das Sterghiou erzählt, er hätte sie vom Fleck weg verhaften lassen, so verzweifelt war er, aber man kann einen Menschen nicht verhaften, weil er einem anderen zugezwinkert hat, schon gar nicht nach Einbruch der Dunkelheit.

Tja, und dabei ist es geblieben. Wir haben nichts gefunden und waren gezwungen, zurückzukehren und der unverschämten Fischerflotte von Aphros das Schlachtfeld zu überlassen. Ohne Zweifel haben sie das Beste aus der Situation herausgeholt. Wir mussten uns natürlich auch noch bei ihnen bedanken.«

»Haben Sie eine Theorie, Alexander?«, fragte erwartungsgemäß ein Mitglied der Runde.

Alexander zuckte mit den Schultern.

»Meiner Meinung nach ist das ganz offenkundig. Mit ein paar Messerstichen lässt sich ein Ruderboot rasch versenken, und durch ein weißes Hemd und eine Fustanella wird aus einem ehrbaren Bankräuber im Handumdrehen ein ganz normaler Inselbewohner. Wer weiß, ob die beiden Burschen, die ich einander zuzwinkern sah, nicht genau die Männer waren, nach denen wir suchten? Insgesamt ein höchst geschickter Plan – viel zu geschickt für den armen Sterghiou.«

4

Geschehnisse wie diese ereigneten sich, erregten Aufsehen, gingen vorüber und wurden vergessen. Sie ließen die Wellen in Herakleion für kurze Zeit ein wenig höherschlagen, sodass die Ereignisse Julian Davenant, dem neunzehnjährigen Studenten, der kurz vor seinem zwanzigsten Geburtstag stand, stärker ins Bewusstsein drangen. Als er aus England gekommen war, hatte er nur Reiten, Segeln und die Falkenjagd im Kopf gehabt, doch fand er sich diesmal gleich von Anfang an in eine Vielzahl von Problemen verstrickt, die ihn bis dahin, ferngehalten durch den Schleier bewusster Gleichgültigkeit, nur als vages, wenn auch hartnäckiges Echo erreicht hatten. Seine Gleichgültigkeit wurde jetzt einfach ignoriert. Die Menschen scharten sich um ihn, schrien und zerrten an ihm. Er durfte kein Kind mehr sein. Die lichte Welt seiner Jugend bevölkerte sich mit einer ganzen Reihe widersprüchlicher Gestalten. Sie bedrängten und rügten ihn, klagend, vorwurfsvoll, hartnäckig, verschlagen – ein Reigen lautstarker, aufdringlicher Geschöpfe, von denen jedes seine eigenen Ziele verfolgte, jedes der beste Verteidiger der eigenen Theorien war, ein Gewirr von Intrigen spann; Menschen, die ihn am Ellenbogen fassten und verschwörerisch beiseitenahmen, ihm eindringliche Vorträge hielten, in die sie geschickt die Namen Dritter einflochten; Menschen, die ihm schmeichelten; Menschen, die seine Neutralität betonten und mit sanfter Überheblichkeit von seinem jugendlichen Alter sprachen;

Menschen, die ihn einfach nicht in Ruhe ließen und ihm durch ihre Nachstellungen klarmachten, dass er im Begriff war, den Schauplatz des Lebens als erwachsener Mann zu betreten.

Derart bedrängt, nahm Julian seinerseits Zuflucht zu einer Schweigsamkeit, die seine Verfolger nur umso eifriger anstachelte. Seine Meinungen waren im Club, wo die Männer sich im Moment seines Erscheinens auf ihn stürzten, noch immer unbekannt. In grauen Flanell gekleidet, die Beine lässig über die Lehne eines bequemen Ledersessels gelegt, die Augen traurig dem nächsten Fenster zugewandt, saß er da, während irgendein Grieche, Diplomat oder sonstiger Gast wild gestikulierend auf ihn einredete. Sie ahnten nicht, dass sie ihm trotz ihres Getöses unwirklich, prahlerisch und zugleich völlig unbedeutend vorkamen.

William Davenant war sich der Attacken bewusst, denen sein Sohn ausgesetzt war, doch sagte er nichts, denn er hatte sich entschlossen, dem natürlichen, vielgestaltigen Prozess seiner Entwicklung freien Lauf zu lassen. Er sah Julian ernst und unbeweglich in der Brandung verschiedener Philosophien und Nationalitäten stehen, sah, wie er aufgrund seiner frühreifen Intuition die Reden der Scharlatane verwarf und sich die raren Momente wirklicher Erfahrung aneignete. Er wusste nicht, welche Gedanken den Jungen bewegten. Er hatte die visionären Tumulte vergessen, die einen Neunzehnjährigen umtreiben, wenn der Sturm des Lebens zum ersten Mal über die sanften, lichten Gründe der Jugend fegt. Selbst zu einem nüchternen Mann herangereift, hatte er sie so gründlich vergessen, dass er nicht mehr an den oberflächlichen Wechsel der Überzeugungen, die Entwurzelung alter

Glaubenssätze, die fanatische Übernahme neuer Bekenntnisse glaubte. Er bedachte kaum die mögliche Wirkung einer unbewussten Aufnahme bruchstückhaft vermittelter Ideale aus Gesprächen mit den Repräsentanten des Zwergstaates, den melodramatischen Kämpfern gegen die Unterdrückung und im Umgang mit dem professionellen Zynismus südländischer Abenteurer. Er bedachte es nicht, sonst hätte er nicht so bereitwillig die weitere Entwicklung in Kauf genommen. Wenn er sich manchmal fragte, was Julian wohl aus dem Gerede machte, das längst zu einem phrasenhaften Jargon erstarrt war, beruhigte er sich stets, indem er an die schweigsame Unnahbarkeit des Jungen dachte.

»Das alles kann seinen Horizont nur erweitern«, sagte er dann. »Es wird ihm nicht schaden. Es geht nicht tief. Gischt, die sich an einem Felsen bricht.«

So hätte es auch Sir Henry sagen können, für den die schweren, sonnendurchglühten Früchte in den Weinbergen Herakleions nur die mehr oder minder gute Ernte eines bestimmten Jahrgangs darstellten, abgefüllt in einer etikettierten Flasche.

Aus kindlicher Neugier war Julian gelegentlich ins Parlament gegangen und hatte sich das Parteiengezänk angehört. Er hatte auf der Galerie gesessen, die Arme vor sich auf das Messinggeländer gestützt, und hatte hinuntergeschaut auf die langen, mit rotem Tuch bedeckten Tische, auf die Papiere und sorgfältig angespitzten Bleistifte, die vor jedem Sitzplatz lagen. Er hatte gesehen, wie die Abgeordneten in ihren eleganten Gehröcken den Saal betraten und sich korrekt mit einem Handschlag begrüßten, obwohl sie wahrscheinlich den ganzen Vormittag miteinander im Club verbracht hatten. Der Club war der wichtigste Treffpunkt einflussreicher Griechen und Diplomaten, während sich das zwielichtige Pack der übrigen Fremden die Zeit in den Spielzimmern des Casinos oder dem *jardin anglais* vertrieb. Julian hatte beobachtet, wie sich die Abgeordneten, erwartungsvoll hüstelnd und räuspernd, auf ihren Plätzen niederließen. Dann wurde es ganz still im Saal. Als Letzter kam der Premier herein und nahm auf dem wuchtigen Sessel in der Mitte des Raumes hinter einem riesigen Tintenfass Platz. Dabei hob er sorgfältig die Hosenbeine an den Knien und strich mit den Fingerspitzen ein paar vorwitzige Barthaare von den rosigen Lippen. Julians Aufmerksamkeit schweifte schnell von den Formalitäten ab, die zur Eröffnung einer jeden Parlamentssitzung gehörten, und wandte sich den Bildern an den Wänden zu: Aristidi Patros, der erste Premier nach Durchsetzung der Unabhängigkeit von Griechenland, geboren 1760, gestorben 1831, war Premier der Republik Herakleion von 1826 bis 1830; Pericli Anghelis, General, 1774 bis 1847; Constantin Stavridis, Premierminister von 1830 bis 1835 sowie von 1841 bis 1846 (seine zweite Amtszeit endete mit einem Attentat). Die Porträts der anderen Premiers hingen unter der Galerie, sodass Julian sie nicht sehen konnte. Am Ende des Saales, über den hohen Flügeltüren, war ein großes, aufwendiges Gemälde aus dem Jahre 1840 angebracht, das ganz von der romantischen Strömung jener Zeit durchdrungen war. Es stellte die Erklärung der Unabhängigkeit auf der *platia* von Herakleion am 16. September 1826 dar (der Jahrestag dieses unvergesslichen Ereignisses wurde in Herakleion bis heute mit einem turbulenten Fest gefeiert). Patros, der erste Premier, nahm den Vordergrund des Gemäldes ein. Dargestellt in der Pose des elegant gekleideten jungen Mannes von göttlicher Schönheit, deklamierte er, eine Pergamentrolle in der Hand, den Text der Unabhängigkeitserklärung. Hinter ihm standen die Abgeordneten in eng geschlossenen Reihen, und auf der linken Seite, übersichtlich angeordnet wie ein Opernchor, jubelten die Bauern und warfen aus ihren Körben Blumen auf den Boden zu seinen Füßen. Zahlreiche Frauengesichter drängten sich an den Fenstern der vertrauten Häuser auf der *platia*, und überall flatterten die orange-grünen Fahnen der neuen Republik.

Julian hatte es immer als ungerecht empfunden, dass sein Großvater, der immerhin zwölf Monate lang als Präsident den Archipel Hagios Zacharie regiert hatte, nicht mit einem Porträt vertreten war.

Er hatte versucht, den Debatten zu folgen, die nach den Eröffnungsformalitäten begannen, hatte versucht, den Wortgefechten der Opponenten zu lauschen; dem geschwätzigen Patriotismus, der das Streben nach persönlichen Vorteilen nur unzulänglich übertünchte; der Prahlerei von Panaïoannou, dem Oberbefehlshaber der vierhundertköpfigen Armee, dessen himmelblaue Uniformjacke und weiße Kniebundhose im Vergleich mit den schwarzen Gehröcken der anderen Abgeordneten in einem Glanz erstrahlte, der seiner theatralischen Eitelkeit nur allzu förderlich war; und gelauscht hatte er der bombastischen Eloquenz, der erstaunlichen, trügerischen Würde, mit der der Premier die Wendungen der uralten, klassischen Sprache auszuschmücken verstand. Malteios gebrauchte so gewichtige, wohlklingende Worte und schlug dazu mit der Faust so energisch auf den rot betuchten Tisch, dass es schwerfiel, nicht an die Überzeugungskraft seiner Argumente zu glauben. Am besten gefielen Julian die Momente, in denen sich nach ein- oder mehrstündiger Debatte die Gemüter so erhitzt hatten, dass man die Würde – das heißt, den Anschein von Nüchternheit und Vernunft, der dem Beginn der Sitzung noch innegewohnt – in einer Art kindlichem Trotz endgültig fallen gelassen hatte.

»Es sind mal wieder die Fetzen geflogen«, berichtete Julian, der sich köstlich amüsiert hatte, später.

»Christopoulos hat Panaïoannou einen Feuerschlucker genannt, und Panaïoannou nannte Christopoulos einen raffgierigen Fatzke. ›Wo wären Sie ohne mein Geld?‹ ›Wo wären Sie ohne meine Armee?‹ ›Armee! Könnte der tapfere Herr General dem Hohen Hause einmal mitteilen, wie viele Angehörige seiner Truppen beim letzten Unabhängigkeitstag vor Erschöpfung auf der *platia* zusammengebrochen sind und ins Krankenhaus transportiert werden mussten?‹ Und so weiter und so fort. Die Angriffe wurden so persönlich, dass ich schon dachte, der General würde Christopoulos jeden Moment fragen, wie viele unverheiratete Töchter er zu Hause sitzen habe.«

Malteios, Präsident der kleinen Republik und der bedeutendste und erfahrenste Politiker Herakleions, war sich indes nicht zu schade, eine allgemeine Erörterung der politischen Lage mit dem jungen Erben der Familie Davenant auf sich zu nehmen, da sich auf Julian, wie man allgemein annahm, bereits die Hoffnungen der Insulaner richteten. Der Präsident gehörte zu denen, die strikt davon abrieten, ihn in die Sache hineinzuziehen. Das Eingreifen des eigensinnigen, zweifellos schwärmerisch veranlagten Jungen müsse zu Problemen, wenn nicht gar zu Schlimmerem führen. Nach einem inoffiziellen Dinner mit den Brüdern Davenant auf deren Landsitz außerhalb der Stadt schlenderte er mit leutseliger Miene, eine lange Zigarre im Mund, zu dem Klavier an der gegenüberliegenden Seite des Salons, wo Eve und Julian in einem Stapel Noten blätterten.

»Dürfte ein alter Mann«, sagte er mit besonnener, doch charmanter Liebenswürdigkeit, »einen Moment lang die Jugend stören?«

Er setzte sich, nahm die Zigarre aus dem Mund und plauderte ein wenig über die Vorzüge der Jugend. Dann lenkte er das Gespräch auf Julians Fortkommen in Oxford und von dort auf seine Zukunft in Herakleion.

»Nicht ganz ohne Problemchen, wie Sie – ich hoffe, eines noch recht fernen Tages – herausfinden werden. Mein Freund und Gegner Gregori Stavridis und ich werden vielleicht schon in die Geschichte eingegangen sein«, sagte er, stieß ein wenig Rauch aus und lächelte Julian zu, »wenn Sie Ihren Platz in Herakleion einnehmen und Ihren Einfluss auf Ihre schwierigen, widerspenstigen Inseln geltend machen. Diese Inseln sind wirklich heikel, das kann ich Ihnen versichern«, fuhr er kopfschüttelnd fort. »Dabei bin ich von Natur aus ein versöhnlicher Mensch und nehme niemandem so schnell etwas übel; in Gregori Stavridis würden die Inselbewohner einen gestrengeren Meister finden als mich. Solange ich denken kann, sind die Inseln ein Zankapfel zwischen Gregori Stavridis und mir gewesen. Andererseits liegen sie wie ein Gürtel neutralen Territoriums zwischen uns. In anderen Punkten mögen wir uns einigen; in diesem Punkt wird es nie eine Übereinstimmung geben. Er drängt den Senat zu einer Politik der Strenge, mit der ich mich einfach nicht anfreunden kann. Ich möchte nach Kompromissen suchen, den Frieden bewahren, er jedoch ist auf gewaltsame Aktionen aus. Auf diese Art und Weise dringt er ständig sozusagen vom Westen her in die neutrale Zone ein, sodass ich gezwungen bin, vom Osten her dagegenzuhalten; bisher haben wir es noch vermieden, in der Mitte aufeinanderzuprallen.« Mit dem kalten Ende seiner Zigarre entwarf Malteios in seiner anschaulichen Ausführung die Fronten. »Er will die Inselbewohner bezwingen, und ich will sie davon überzeugen, zufrieden und friedfertig zu sein.«

Julian hörte aufmerksam zu. Er wusste, dass Malteios und Stavridis, Gegner aufgrund einer unverbesserlichen Liebe zur Gegnerschaft, die Inseln seit Langem nicht wegen irgendwelcher tatsächlichen Meinungsunterschiede, sondern um der Gegnerschaft willen als bequemen Vorwand für ihre politischen Gefechte nutzten. Keiner der beiden Führer besaß ein klares politisches Konzept, das über den Wunsch, an der Macht zu bleiben beziehungsweise die Macht zu erlangen, hinausgegangen wäre. Inzwischen wurde den unglücklichen Inseln, die von den beiden Kontrahenten hin- und hergezerrt wurden wie eine Maus von zwei hungrigen Katzen, reichlich Grund für die Unzufriedenheit gegeben, über die sich Malteios beklagte. Zwar nahm Malteios tatsächlich eine etwas nachsichtigere Haltung ein, wenn es um das Schicksal der Inseln ging, aber für diese Nachsicht war, wie jedermann wusste, allein der Einfluss von Anastasia Kato verantwortlich.

Neben den lauten, eindringlichen Stimmen der Männer erinnerte sich Julian in späteren Jahren vor allem an den leisen, melodischen Klang dieser Frauenstimme. Wie auf einer

Vignette sah er sich selbst in Katos Wohnung zwischen den Kissen ihres Diwans sitzen, und in der Erinnerung betrachtete er noch einmal all die Fotografien und den Nippes auf dem Bord, das sich auf der Höhe des Paneels um alle vier Wände des Zimmers zog. Dieser Nippes kam ihm vor wie die Apotheose des Weltbürgertums. Auf dem Bord standen wenige Zentimeter große bunte Figurinen aus Russland; weißgraues dänisches Porzellan; kleine Silberbildchen aus Spanien; Miniaturpflanzen aus Quarz und Jade; in Battersea-Technik gefertigte Schnupftabakdosen; Fotografien von einem österreichischen Erzherzog in weißer Uniform mit Leopardenfell, von einem Lasso schwingenden Mexikaner unter breitem Sombrero auf einem weißen Pferd und von Mounet-Sully als geblendetem Ödipus. Jeder verfügbare Platz im Zimmer der Sängerin wurde von diesen und ähnlichen Trophäen eingenommen, und das Bord hatte sie sicherlich nur eingerichtet, um noch mehr Platz für Nippes zu schaffen. Orientalische, mit Silberfäden verzierte Stickereien schmückten einen Teil der Wände, dazwischen waren wiederum Teller und Konsolen angebracht, die weiteren Nippes trugen; hoch oben in einer Ecke fand sich eine Ikone, und über den Türen hingen Leinengardinen mit Hohlsaumstickereien, die von den Basaren in Konstantinopel stammten. Inmitten der zahllosen raumfüllenden Gegenstände bewegte sich die wuchtige Sängerin völlig ungezwungen und mit ausholenden Bewegungen; mit jedem Schritt schuf sie ein Durcheinander, sodass Julian vor allem in Erinnerung geblieben war, wie er die winzigen Gegenstände, die sie umwarf, wieder aufgestellt hatte. Sie lachte gutmütig über ihr Ungeschick und goss ihm von ihrem unübertroffenen türkischen Kaffee ein. Zuvor stellte sie kleine, henkellose Tassen, die aussahen wie Eierbecher, auf ein Tablett aus getriebenem Messing und dieses wiederum auf ein winziges, achteckiges Tischchen mit Perlmuttintarsien. Und die ganze Zeit über sprach sie mit melodischer Stimme ernsthaft auf ihn ein und drehte mit rastlosen Fingern an ihren unzähligen Armreifen.

Kato empfand er nicht als unwirklich, obgleich sie ähnliche Phrasen gebrauchte wie die Männer im Club. Er konnte sie einfach nicht als unwirklich empfinden, wenn ihr bei den Worten »Not« und »Unterdrückung« die Stimme bebte. Während er dem weichen, schleppenden Akzent des Inselvolkes in ihrer Stimme lauschte, begann er, an den Ruf der Inseln zu glauben. In ihrem dunklen Haar entdeckte er den Reichtum der reifenden Trauben, in ihren kupferfarbenen Gewändern die gelbbraunen Farben der Inseln. Für diese Farben schien sie eine große Vorliebe zu haben. Zu welcher Tageszeit auch immer, ob er sie am Morgen, am Nachmittag oder am Abend sah, stets schien sie dasselbe Kleid zu tragen, obwohl er wusste, dass dies sicherlich nicht der Fall war. Wie sein Vater verteidigte er sie als eine Frau von aufrichtig patriotischer Überzeugung. In Gedanken entfernte er sie aus Herakleion, dem Club, dem Casino und verband sie mit den Inseln, wo Ungerechtigkeit und Leid noch wirklich empfunden wurden. Er warf mit Lobeshymnen nur so um sich, und seine Umgebung lernte rasch, sich in seiner Gegenwart der üblichen Kommentare und Witze über ihr Äußeres zu enthalten. Für ihn war sie ein Heiligtum, ein Schrein. Und so floh er voller Abscheu und Ernüchterung, als während eines seiner Besuche der Premierminister schmeichlerisch lächelnd in Katos Wohnung erschien. Julian hatte natürlich von dieser Verbindung gehört, war aber über ihren Beweis deshalb nicht weniger verzweifelt und angewidert.

Er floh mit seinem Kummer aufs Land, lag auf dem Rücken ausgestreckt unter Olivenbäumen, die Arme hinter dem Kopf verschränkt, während sein Pferd auf den kargen Ausläufern des Mylassa-Gebirges nach Nahrung suchte. Das Meer funkelte an diesem Tag im tiefsten Dunkelblau, und zwischen Meer und Berg erstreckte sich, greifbar wie auf einer Relieflandkarte, der flache Streifen des für den Weinbau genutzten Landes. In der Ferne erkannte er die dunkle Steineichenallee, die Straße, das Dorf und schließlich die von Mauern umgebene Plantage, in der sich der Garten seines Onkels befand, und in der Mitte das Dach des niedrigen Hauses. Bougainvilleen kletterten über die Mauern des Hauses und schufen einen warmen tiefroten Fleck in der graugrünen Landschaft.

Herakleion lag, seinem Blick verborgen, auf der anderen Seite des Bergvorsprungs. Aber die Inseln vor der Küste Herakleions waren deutlich zu sehen. Er schaute hinüber, so wie er viele Male zu ihnen hinübergeschaut hatte, doch diesmal offenbarten sich ihm ihre Bedeutung und ihre Bestimmung so deutlich wie nie zuvor. Es lag etwas Symbolisches in ihrer Absonderung vom Festland – in ihrer Abgeschiedenheit, ihrer Isolation. Ein Symbol für den Unterschied von Ideal und Wirklichkeit. Land, das der Herrschaft der Kontinente entschlüpfen konnte, der Gemeinsamkeit abgeschworen hatte, abgeschnitten war von Law und Order! Wenn man sie so sah, konnte man bereitwillig glauben, dass sie Teil eines göttlichen Funkens waren, Teil einer universellen Unzufriedenheit, Teil jenes dynamischen, lebensspendenden Elements, das nur gelegentlich mit der Welt in Berührung kam, stets unvollkommen blieb, doch in sich rund und aufschlussreich war wie die Fragmente vollkommener Schönheit.

Es war ein Tag, an den sich Julian erinnern sollte, wurde er doch von zwei kurzen Briefen begleitet, die er bei der Rückkehr in das Haus seines Vaters an der *platia* vorfand. Aristoteles reichte sie ihm, als er vom Pferd stieg.

Als Erstes öffnete er den Brief von Eve.

Ich bin so wütend auf Dich, Julian. Wie konntest Du meiner Kato so etwas antun? Sie war in Tränen aufgelöst, als ich zu ihr kam. Sie sagte, Du wärst bei ihr gewesen, als der Premierminister kam, und seist einfach ohne ein Wort verschwunden.
Ich kenne Deine sauts de gazelle*; Du bist plötzlich gelangweilt oder verärgert, und dann läufst Du fort. Sehr naiv, sehr charmant, sehr ehrlich, sehr kindlich. Oder sollte es – welch hässlicher Verdacht – nur eine theatralische Pose gewesen sein?*

Er war überrascht, und ihre spöttische Bemerkung kränkte ihn. Wenn man nicht mehr bleiben wollte, ging man eben. Ihm kam das ganz natürlich vor.

Der zweite Brief stammte von Kato.

Julian, verzeihen Sie mir. Ich wusste nicht, dass er kommen würde. Schreiben Sie mir, wann ich Sie wiedersehen kann.

Er las die beiden Briefe im Salon mit den alten Fresken. Als er aufschaute, begegnete er den grinsenden Gesichtern der gemalten Affen und ihrer romantischen Umgebung. Die Farben waren verblasst, und die raue Körnung des Putzes war deutlich zu sehen. Warum sollte sich Kato bei ihm für die unerwartete Ankunft ihres Geliebten entschuldigen? Schließlich ging ihn das gar nichts an. Er setzte sich und schrieb ihr einen höflichen Antwortbrief, in dem er ausführte, er habe ihr nichts zu verzeihen und auch nicht die Absicht, ihre Handlungen zu kritisieren.

Es schien, als könne er der allgemeinen Absicht, ihn auf die eine oder andere Art in die laufenden Auseinandersetzungen hineinzuziehen, nicht entfliehen. Nicht nur die Männer im Club versuchten, ihm ihren Standpunkt nahezubringen. Auch Sharp, der Chefbuchhalter seines Vaters, sprach ihn im Büro an. (»Die Leute schauen auf Sie, Mr Julian; halten Sie sich von den Inseln fern, wenn Sie nicht wollen, dass sich Ihnen die Frauen an den Hemdzipfel hängen und Ihre Hände küssen.«) Vassili, der Lakai, murmelte ihm, als er zu einer Dinnereinladung in die französische Gesandtschaft kam, auf dem Flur ein paar ermunternde Worte zu. Und sogar Walters, der Korrespondent der *Times*, sah ihn, sozusagen von Mann zu Mann, mit einem verschwörerischen Augenzwinkern an, das dem Jungen schmeichelte.

»Glauben Sie mir, ich kenne den Balkan in- und auswendig; ich habe fast meinen Verstand an die Bulgaren und mein Eigentum an die Serben verloren; ich bin von albanischen Banditen als Geisel gehalten und in den Straßen von Athen am zweiten Dezember mit Kugeln beschossen worden; die Polizei hat mehr als einmal mein Zimmer durchwühlt, und ich könnte ein reicher Mann sein, wenn ich all das Schmiergeld angenommen hätte, das man mir angeboten hat. Deshalb gebe ich Ihnen jetzt einen guten Rat: Halten Sie so lange den Mund, bis Sie ganz sicher sind, dass Sie sich eine eigene Meinung gebildet haben.«

Die Frauen folgten dem Beispiel ihrer Männer und suchten das Gespräch mit ihm. Noch nie zuvor hatte Julian solche Beliebtheit genossen. Es war manchmal schwierig, das neutrale Schweigen zu wahren, und doch wusste er, dass darin seine einzige Hoffnung auf Sicherheit bestand. Sie durften nicht wissen, dass sie ihn überrumpelt hatten, dass er hoffnungslos unentschlossen und verwirrt war, dass ihm ganz schwindelig wurde in diesem Strudel von Namen, Reminiszenzen und Prophezeiungen. Sie durften nicht einmal ahnen, wie unwissend er in Wirklichkeit war ...

So tastete er sich vorsichtig vorwärts und spürte, wie seine Kraft langsam wuchs.

Trotz Sharps ausdrücklicher Warnung setzte Julian eines Tages in Begleitung von Vater Paul zu den Inseln über. Eve behauptete, er habe den Priester nur mitgenommen, um nicht ohne Gefolge zu sein. Julian hatte diesen Vorwurf empört, wenn auch nicht sehr überzeugend, zurückgewiesen. Noch nie hatte er ein Gefolge gebraucht. Mindestens eine Woche seiner Ferien hatte er bisher auf Aphros verbracht, und nur sein Lieblingsfalke hatte ihn begleitet. Er hatte entweder im Haus seines Vaters oder bei den Bauern gewohnt. Nach seiner Rückkehr war er immer sehr schweigsam gewesen.

Nur weil ihn diesmal eine Ahnung unvorhersehbarer Ereignisse erfüllte, weil er Zeichen und Hinweisen entnahm, dass sein Kommen mit aufgeregter Erwartung herbeigesehnt wurde, hatte er sich entschlossen, die Würde eines Begleiters in Anspruch zu nehmen. Wie es für ihn typisch war, hatte er kein Wort über seine Ahnungen verloren und sich stattdessen kühl und selbstgenügsam zurückgezogen. Und so kam es, dass Vater Paul, als sie gemeinsam die Segel des kleinen

Bootes setzten, um von Herakleion nach Aphros zu fahren, ihn nur für ein wenig schweigsamer hielt als gewöhnlich. Die Insel lag sieben oder acht Meilen entfernt – bei einer guten Brise würden sie es in wenigen Stunden schaffen.

Die weißen Segel waren für die Dorfbewohner, die zufällig zum wöchentlichen Markt auf dem Dorfplatz versammelt waren, schon von Weitem zu sehen. Sie verließen sofort Marktstände, Hütten und Ställe, um sich rings um die in den Felsen gehauenen Stufen zu scharen, die, steil wie eine senkrecht gestellte Leiter, vom Dorfplatz direkt zum kleinen Hafen hinunterführten. Julian konnte die farbenfroh gekleidete Menge von seinem Boot aus erkennen; als er näher kam, konnte er einzelne Gesichter unterscheiden und die flatternden Taschentücher in den Händen der Frauen sehen. Das Dorf war direkt an der Steilküste des Meeres erbaut, die Front der weißen Häuser schloss mit der Front der braunen Felsen ab, und nur der Farbunterschied zeigte an, wo das eine endete und das andere begann – als hätte ein gigantischer Tischler alle Unebenheiten fortgehobelt. Die Fischerboote der Inselbewohner lagen im Hafen wie ruhende Möwen; die nackten Masten schwankten, wenn die Boote, von einer kaum sichtbaren Welle gehoben, sanft an ihrer Verankerung zerrten.

»Sie haben sich versammelt, um Sie zu begrüßen – wie in feudalen Zeiten«, knurrte Vater Paul, der, obgleich von den Davenants persönlich abhängig, stets lautstark seine demokratischen Überzeugungen verkündete.

»Warum nur?«, murmelte Julian. »Das war doch bisher noch nie so. Ich bin nur vier Monate fort gewesen.«

Drei Fischer in weißen Fustanellas und gebogenen, troddelbesetzten Schuhen warteten bereits an der Mole und streckten die Hände nach Julians Anlegetau aus. Unzählige Gesichter beugten sich eifrig über die Klippe, und durch die kleine Menge ging ein Raunen, als Julian, das von seinem Gewicht befreite, schwankende Boot hinter sich lassend, auf die Mole sprang – ein Raunen, das so harmonisch verebbte wie der Ton einer Orgel, der allmählich in völlige Stille übergeht. Paul wurde plötzlich bewusst, dass es sich um einen bedeutsamen Augenblick handelte. Er sah Julian zögern, für kurze Zeit innehalten zwischen Wasser und Land. Sein dunkler Kopf und seine breiten Schultern waren von unermesslichem Blau umschlossen und seine Erscheinung war von unwiderstehlicher Anziehungskraft für die Menge, die, noch immer schweigend, jede seiner Bewegungen beobachtend oben auf der Klippe stand. Er zögerte so lange, bis alle sein Zögern bemerkten. Paul sah seine verkrampften Hände, sein ernstes Gesicht. Das Schweigen der Menge bekam etwas Bedrückendes, als plötzlich wie ein Glockenschlag die Stimme einer Frau erschallte:

»Befreier!«

Klar, unvermittelt, klangvoll vibrierte der Ruf in der Luft, sodass die Gedanken dem Wort noch folgten, als es schon nicht mehr zu hören war; es eilte um die Küsten der Insel, drang in die felsigen Buchten ein, fuhr mit dem Wind in die Hütten der Ziegenhirten auf den Bergen. Julian hob langsam den Kopf, wie um sich einer Herausforderung zu stellen. Er schaute empor zu den zahlreichen Augenpaaren, die auf ihn hinunterschauten, glühende Augen in den von der Sonne goldbraun gefärbten Gesichtern, überall sah er die gleiche Frage, die gleiche Erwartung, die gleiche atemlose, so lang hinausgeschobene Zuversicht. Einen Moment lang schaute er hinauf, und sie schauten hinunter, in ihren Blicken Herausforderung, Billigung, Ehrerbietung, Treue, Hingabe und ein unausgesprochener Schwur; dann legte er sein Zögern ab, wandte sich vorwärts und setzte den Fuß fest auf die unterste Stufe der Treppe. Das Schweigen der Menge verwandelte sich in leises Gemurmel.

Die etwa fünfzig Frauen und Männer traten einige Schritte zurück, als sein Kopf und seine Schultern auf der Höhe des Marktplatzes erschienen. Paul folgte mit einigem Abstand, denn auf der steilen Treppe hatte er mit seiner Soutane zu kämpfen. Schließlich waren beide oben angekommen. Ein paar Ziegen, zum Verkauf zwischen engen Hürden eingepfercht, schrien nach den Muttertieren oder ihren Zicklein, von denen man sie getrennt hatte; am Kleiderstand flatterten kunterbunte Taschentücher, Boleros, Seidenschärpen, Wickelgamaschen, mit Troddeln besetzte Kappen und gefältelte Fustanellas; ein mit hellblauem Papier ausgelegter Obststand quoll nur so über von Apfelsinen, Feigen, Trauben und tiefroten Tomaten. Eine alte Frau hockte, über sich einen riesigen grünen Sonnenschirm, auf dem Rücken eines winzigen Esels.

Den Kopf gesenkt, stand Julian verdrossen da und betrachtete verstohlen die Menschenmenge. Offenbar warteten sie darauf, dass er etwas zu ihnen sagte, doch im Gegensatz zu ihrer eigenen, mühsam unterdrückten Redseligkeit konnte sie sein überraschendes Schweigen mehr beeindrucken als jeder noch so eloquente Redefluss. Er schien sie vergessen zu haben, obgleich seine Blicke nachdenklich auf ihren Reihen verweilten; er schien entrückt, in Gedanken versunken; er wirkte leicht verächtlich, wenn auch duldsam gegenüber der Treue, die sie ihm stumm zu Füßen legten und offenbar jederzeit durch Worte bekräftigen würden; es schien ihm zu genügen, sie als gegeben hinzunehmen. Nach einer Weile wandte er sich ab und ging auf das Haus seines Vaters zu.

Die Leute drängten sich um ihn, begleiteten ihn wie eine vielköpfige Leibwache. Sie wirkten beunruhigt, aber von seinem Schweigen bezwungen und hingerissen. Die Menge hatte sich noch vergrößert, nachdem sich die Nachricht von seiner Landung herumgesprochen hatte. Es waren zahlreiche Fischer darunter, Arbeiter aus den Olivenhainen und Weinbergen – Männer, die ihr ganzes Leben in der Sonne verbracht hatten und deren nackte Hälse und Arme in den weiten weißen Hemden glühten wie reife Nektarinen. Zum Schutz gegen die Sonne trugen sie geknotete Taschentücher auf den Köpfen, viele setzten darüber breite Hüte aus grobem Stroh. Ihrer Herkunft nach waren sie eher Italiener als Griechen, denn die ursprüngliche Bevölkerung des Archipels Hagios Zacharie war vor Jahrhunderten von genuesischen Siedlern überschwemmt worden. Vom Aussehen her erinnerten sie daher eher an süditalienische Bauern als an die Griechen aus Herakleion.

Allen voran schritt Tsantilas Tsigaridis, das Dorfoberhaupt. Seitdem er denken konnte, war Tsigaridis Seemann und Fischer gewesen; seine Haut war über der feinen, knochigen Struktur seines Gesichts festgespannt, und sein dichtes weißes Haar drang an den Schläfen unter dem geknoteten roten Taschentuch hervor, das er sich auf den Kopf gelegt hatte. Seine Kleidung bestand aus einer seltsam anmutenden Kombination: Zu einem blauen englischen Pullover, den

Mrs Davenant ihm geschenkt hatte, trug er eine kaffeefarbene Fustanella. Hinter der Menge, als würde er sie mit dem langen Stab in der Hand wie ein Hirte führen, ging Nico Zapantiotis, Aufseher in den Weinbergen der Davenants, einen weißen Hütehund dicht an den Fersen; er trug ein blau-weiß gestreiftes, lockeres Hemd, das am Hals offen stand und die muskulöse Beschaffenheit seiner behaarten Brust erkennen ließ. Zwischen ihren beiden Führern bewegte sich die Menge, sonnengebräunt und wettergegerbt, mit wachen, aufmerksamen, feurigen Augen und silbrigen Ohrringen, die unter den glänzenden schwarzen Locken blitzten. Nackte Füße und flache Sandalen schlurften einträchtig über die Pflastersteine.

Am Ende der engen Straße, wo es keine Menschen mehr gab, die sich, wie in der Geschichte vom Rattenfänger, dem Zug hätten anschließen können, kamen sie an die Tür des Davenantschen Hauses.

Drei Stufen führten zu dem von Säulen flankierten Eingang hinauf. Das ehemalige Kloster war von Genuesern erbaut worden, aber der griechische Einfluss an den Säulen und dem Architrav über dem Hauseingang war nicht zu übersehen. Julian ging auf die Tür zu, als wäre er sich der Menschenmenge, die sich hinter ihm drängte, gar nicht bewusst. Besorgt eilte Paul an seine Seite.

»Sie müssen zu ihnen sprechen«, flüsterte er.

Julian stieg die drei Stufen hinauf und drehte sich um. Die Menschenmenge füllte die enge Straße. Nun waren sie es, die zu Julian aufschauten, und er schaute auf sie hinunter, betrachtete sie, noch immer entrückt und gedankenverloren. Nur langsam dämmerte ihm, dass hier und jetzt der in den Clubräumen gelegte Samen aufgehen musste, dass das Leben des Wartens müde und von sich aus zu ihm gekommen war, um ihn endlich zu zwingen, die Wahl zwischen Krieg oder Frieden zu treffen. Wenn er gehofft hatte, nach England zurückkehren zu können, ohne eine Entscheidung treffen zu müssen, war diese Hoffnung nun zerschlagen. Er wurde endgültig aus seiner Kindheit herausgerissen und in die Verantwortlichkeit eines Mannes gestellt. Er konnte sich nicht länger auf innere Unsicherheiten berufen; es wurden Taten gefordert, laut und eindringlich. Umsonst sagte er sich, während sein Stirnrunzeln immer grimmiger wurde und die Menschen, die ihn beobachteten, in ängstliche Aufregung versetzte – umsonst sagte er sich, dass die Situation eine fiktive, theatralische Situation war. Er glaubte selbst nicht mehr daran, seitdem er die Begeisterung in den Augen der Menschen gesehen hatte, die ihn erwartungsvoll anschauten. Er musste zu ihnen sprechen. Sie schwiegen, warteten auf ihn. Seine Worte, die, wie ihm schien, aus Angst, Hilflosigkeit und mangelnder Beherrschung gesprochen wurden, klangen für seine Zuhörer wie ein Befehl, eine Drohung – und eine Einladung.

»Was wollt ihr von mir?«

Er stand allein auf der obersten der drei Stufen, den Hinterkopf gegen die Tür gelehnt, die Hände auf die breiten Säulen gestützt. Julian verspürte eine plötzliche Abneigung diesen wartenden Menschen gegenüber, die ihn so in die Enge getrieben hatten, es war eine Abneigung, die aus Panik und einem Gefühl der Isolation heraus entstand. Aber nach außen verriet seine Haltung nichts, er erschien unfehlbar, unerreichbar, gebieterisch.

Tsantilas Tsigaridis, ihr Sprecher, trat nach vorn. An seinem Ohrläppchen hing ein goldener Ring, und am kleinen Finger seiner braunen, schwieligen Hand glänzte ein schwerer Silberring.

»Kyrie«, sagte er, »Angheliki Zapantiotis hat Euch einen Befreier genannt. Wir sind Euer Volk. Von den Behörden werden wir verfolgt, als wären wir Bulgaren, obgleich wir ihre Blutsbrüder sind. Letzte Woche kam eine Horde Polizisten in Booten aus Herakleion und hat unsere Häuser auf der Suche nach Waffen überfallen. Unsere Frauen sind schreiend in die Weinberge gelaufen. Die einzigen Waffen, die die Polizei finden konnte, waren die Pistolen, die wir zum Schmuck an den kirchlichen Festtagen tragen, aber sie haben sie uns weggenommen, weil sie silberne Beschläge haben, die ihnen Geld einbringen. Ständig sind wir solchen Verfolgungen ausgesetzt, werden bedrängt und ausgeplündert. Wir wissen nie, wann wieder einer von uns in ihre Fänge gerät. Sie nehmen ihn unter dem Vorwurf der Aufwiegelung oder Verschwörung mit, und dann wird er nie mehr gesehen. Aber wir sind für den Aufstand nicht gerüstet. Wir sind wie kopflose Tiere, ohne Führer.«

Eine Frau begann zu schluchzen und verbarg das Gesicht in ihrer dunkelroten Schürze. Ein Mann knurrte ein paar Worte der Zustimmung zu Tsigaridis' Rede und spuckte heftig in den Rinnstein.

»Und was verlangt ihr von mir?«, sagte Julian, erneut sein Schweigen brechend. »Führerschaft? Ihr könnt doch nicht allen Ernstes behaupten, dass der Vorwurf der Aufwiegelung ungerechtfertigt ist! Was soll ich in Herakleion von Aphros berichten?«

Er sah, wie die Menschen auf seinen jugendlichen Tadel

sanft und unterwürfig reagierten, und das Wissen um seine Macht umspülte ihn wie eine warme Unterströmung im kalten Wasser.

»Kyrie«, sagte der alte Seemann. Er war gerügt worden, aber seine Würde war ungebeugt. »Wir wissen, dass wir Eurer Gnade ausgeliefert sind. Aber wir sind Euer Volk. Wir sind seit Generationen das Volk Eurer Familie. Die Behörden haben sogar das Porträt Eures Großvaters von der Wand unserer Versammlungshalle gerissen ...«

»Wer sollte es ihnen verübeln?«, dachte Julian. »Es zeigt nur, dass sie vernünftig sind.«

Tsantilas fuhr fort:

»Man lässt uns weder persönliche noch öffentliche Freiheit. Wir sind schon halb ruiniert durch die Hafengebühren, die sich gegen uns Insulaner richten – und nur gegen uns.« Sein Blick bekam etwas Verschlagenes. »Kyrie, Ihr solltet Mitleid mit uns haben.«

Julians Panik war verflogen, er fühlte sich jetzt ruhig und beherrscht. Aber er gab sich dem Zorn hin, den der geldgierige Zug der Levantiner in ihm erweckte und die natürliche Würde des Mannes schmälerte.

»Wenn ich Mitleid habe«, sagte er laut, »dann allein aus menschlichem Mitgefühl, nicht aus Habsucht oder finanziellen Interessen.«

Er hätte nicht sagen können, welcher Instinkt ihn dazu trieb, diese Menschen zurechtzuweisen, obwohl er sich bereits entschlossen hatte, ihrer Bitte nachzugeben. Er sah, dass sie sich bei jedem weiteren Tadel tiefer duckten.

»Mitgefühl, Kyrie, und die Wohltätigkeit eines guten Herrn«, fügte Tsantilas, der seinen Fehler erkannt hatte, rasch hinzu. »Wir wissen, dass wir in Euch einen Mittler finden, der keine eigenen Interessen verfolgt. Wir beten zu Gott, dass man uns erlaubt, mit Herakleion in Frieden zu leben. Wir beten darum, dass wir unsere Schwierigkeiten und unseren Kummer in Eure Hände legen dürfen, damit sich eine friedliche Lösung findet.«

Julian schaute Tsantilas an, der aufrecht vor ihm stand, majestätisch wie ein Araber, gerissener als ein Jude. Ein leicht ironisches Lächeln kräuselte Julians Lippen.

»Dieser alte Gauner«, dachte er, »das Letzte, was er will, ist, mit Herakleion in Frieden zu leben. Er sucht doch förmlich nach Streit, nach dem nächsten Kampf, wünscht sich an die Spitze einer Horde reitender Männer, die die Polizei Herakleions diese Straße hinunterjagt und unser Haus verteidigt wie eine belagerte Festung, und je mehr Polizisten dabei sterben, desto besser. Ach, könnte ich dabei sein!«

Seine Gedanken wanderten zu Eve. Er hatte sie am Morgen in ihrer Hängematte liegen sehen, träge, in strahlendes Weiß gekleidet, den Duft der Gardenie einatmend, die sie in den Händen hielt. Welche Rolle würde sie, die verzogene, kultivierte junge Dame spielen, wenn auf Aphros Blut vergossen wurde?

Währenddessen musterte er mit finsteren Blicken die Menschenmenge, die atemlos auf seine nächsten Worte wartete.

»Vater wird mich umbringen«, dachte er.

In diesem Moment streckte Tsigaridis, von Angst überwältigt, die Hand nach ihm aus, überwand seinen Stolz und formulierte einen letzten Appell ...

»Kyrie? Ich habe gesprochen.«

Er ließ die Hände sinken, beugte den Kopf und trat einen Schritt zurück.

Julian presste die Schultern gegen die Tür; sie war hart. Die Sonne, die seine nackten Hände beschien, war heiß. Die Gesichter, Hälse und Arme der Menschen um ihn herum waren aus wirklichem Fleisch und Blut. Die Spannung, die Angst in ihren Augen war aufrichtig. Er verscheuchte das Irreale, kehrte in die Wirklichkeit zurück.

»Ja, du hast gesprochen«, sagte er, »und ich nehme eure Bitte an.«

Die Frau namens Angheliki Zapantiotis, die ihn als Befreier bezeichnet hatte, warf sich auf die Stufen zu seinen Füßen. In der Menge waren das Scharren von Füßen, ein Murmeln und allgemeines Aufatmen zu hören. Er hob die Hand, um sie zur Ruhe zu mahnen.

Er sagte ihnen, dass es jetzt keinen Weg zurück mehr gebe, dass die Zeit des Wartens ihnen lang und mühsam erscheinen werde, sie aber trotzdem hoffen müssten. Er forderte von ihnen Treue, Gehorsam und Vertrauen. Seine Stimme erschien ihm seltsam schrill bei diesen Worten, und er ließ gebieterisch die Augen schweifen, um den Widerspruch seiner Zuhörer herauszufordern. Es regte sich kein Widerspruch. Er sagte ihnen, dass er nie seine Zustimmung zu Gewalttaten geben würde, es sei denn, sie würden aus Notwehr geschehen. Er war berauscht vom ungewohnten Wein der Redekunst.

»Die Insel ist unser Fort. Wir sind die Garnison einer natürlichen Festung, die wir gegen die Angriffe unserer Feinde schützen. Wir werden sie nicht heimsuchen, wir werden warten, zurückhaltend und geduldig, bis sie sich mit ihren

Waffen gegen uns wenden. Lasst uns schwören, dass wir uns nur einer einzigen Aggression schuldig machen werden, nämlich der, unsere Küsten vor Eindringlingen zu schützen.«

Ein tiefer, wilder Laut der Zustimmung antwortete ihm, als er einen Augenblick innehielt. Er war erregt vom Geist des Abenteuers, einem Vorrecht der Jugend. Jugendlicher Enthusiasmus regte sich so stark in ihm, dass alle Anwesenden sich auf wundersame Weise für ihr Unterfangen gerüstet fühlten. Es hatte eine rätselhafte Alchemie stattgefunden. Die ungeschulte, unorganisierte Menschenmenge, die kaum wusste, was sie wollte, und noch weniger wusste, wie sie es erreichen sollte, hatte ihm das formlose Material ihrer blinden, chaotischen Rebellion angeboten, und er hatte es mit dem Feuer seiner Rede geschmolzen und schweißte es jetzt zu einer gefügigen, gehärteten Waffe. Er hatte die Führung übernommen. Er könnte verschwinden und den Vorhang des Schweigens hinter sich fallen lassen – Paul, der die Szene aufmerksam verfolgt hatte, wusste, von nun an würden diese Leute geduldig und voller Zuversicht auf seine Rückkehr warten.

Julian verfiel plötzlich in einen leiseren, noch eindringlicheren Ton.

»In der Zwischenzeit verpflichte ich euch zu absoluter Verschwiegenheit. Niemand in Herakleion darf von diesem Treffen erfahren. Pater Paul und ich werden schweigen, alles andere liegt bei euch. Bis ihr wieder von mir hört, verlange ich, dass ihr friedlich euren üblichen Beschäftigungen nachgeht.«

»Es ist besser, vorzusorgen«, dachte er im Stillen.

»Ich weiß nicht«, fuhr er fort, »welche Rolle ihr bei dem Überfall auf das Casino gespielt habt, und ich will es auch gar nicht wissen. Ich weiß nur, dass ich die Wiederholung eines solchen Vorfalls niemals billigen werde; ihr werdet zwischen mir und eurer räuberischen Neigung wählen müssen.« Er stampfte mit dem Fuß auf. »Trefft jetzt eure Wahl! Wie lautet sie?«

»Kyrie, Kyrie«, sagte Tsigaridis, »Ihr seid die einzige Hoffnung, die wir noch haben.«

»Hebt die Hände«, sagte Julian unduldsam.

Mit Genugtuung betrachtete er die bronzefarbenen Arme, die sich auf seinen Befehl hin hoben wie ein Wald aus Lanzen; er genoss es, der Menge seinen Willen aufzuzwingen und ihre Ergebenheit zu sehen.

»Also gut«, sagte er, und die Hände senkten sich wieder. »Sorgt dafür, dass ihr euer Versprechen haltet. Mehr habe ich nicht zu sagen. Wartet, vertraut und hofft.«

Er fuhr sich mit der Hand an die Stirn und streckte sie dann kurz in die Luft – eine Geste des Abschieds, mit der er die Zusammenkunft beenden wollte.

Er wusste, er hatte theatralisch agiert und gesprochen. Aber er spürte: Im Chaos seiner Gedanken dämmerte ein unauslöschliches Licht.

5

Julian hatte tatsächlich geglaubt, die Geschichte würde Herakleion nicht erreichen. Ehe eine Woche vorüber war, hatte er jedoch das Gefühl, in den Straßen seltsam angeschaut zu werden, und als er gegen Ende der Woche zum Dinner in die französische Gesandtschaft kam, war er überrascht von dem gespannten Schweigen, das eintrat, sobald sein Name in Madame Lafarges spiegelbehangenem Salon verkündet wurde. Die Gastgeberin begrüßte ihn mit den Worten:

»*Jeune homme, vous avez été très indiscret!*« Aber in ihren Augen lag ein Lächeln, das sie bei aller Strenge nicht unterdrücken konnte.

Ein riesiger Serbe namens Grbits mit einem flachen, mongolischen Gesicht rückte ihm bedrohlich auf die Pelle.

»Junger Mann, Sie haben meine uneingeschränkte Sympathie. Sie haben die Griechen in Angst und Schrecken versetzt. Allein deshalb können Sie sich jederzeit auf meine Unterstützung verlassen.«

Mit diesen Worten schüttelte er Julian fest die Hand und zerquetschte ihm dabei fast die Finger.

Die älteren Diplomaten begrüßten ihn mit einem Anflug von amüsiertem Tadel.

»Denken Sie, wir hätten zu wenig zu tun«, fragte Don Rodrigo Valdez, »dass Sie es sich zum Ziel gesetzt haben, in das Leben Herakleions ein wenig Schwung zu bringen?«

Fru Thyregod, die dänische Exzellenz, zog ihn in eine Ecke

des Zimmers und klopfte ihm mit der halb koketten, halb freundlichen Vertraulichkeit, die sie gegenüber den meisten Männern an den Tag legte, mit ihrem Fächer auf den Arm.

»Sie haben es faustdick hinter den Ohren, mein Lieber«, flötete sie bedeutungsvoll, und als er Unwissenheit vorschützte, die Augenbrauen hob und den Kopf schüttelte, fügte sie hinzu: »Ich bin Ihnen sehr zu Dank verpflichtet, weil Sie ein leibhaftiger Beweis meiner Menschenkenntnis sind. Ich habe es schon immer gesagt. Ich habe immer gesagt: ›Carl, der Junge ist ein Abenteurer.‹ Carl sagte natürlich: ›Blödsinn, Mabel, du bist viel zu romantisch veranlagt.‹ Aber ich sagte: ›Denk an meine Worte, Carl, der Junge wird noch zeigen, wozu er fähig ist. Stille Wasser sind tief. Ihr solltet ihn nicht unterschätzen.‹«

Allmählich dämmerte Julian, wie dankbar ihm die feine Gesellschaft Herakleions sein musste. Er gab ihren regelmäßigen Zusammenkünften den lange Zeit entbehrten, aufregenden Beigeschmack. Es war üblich, sowohl in der Sommer- wie auch in der Wintersaison, dass nacheinander jede Gesandtschaft dem diplomatischen Korps seine Gastfreundschaft erwies, doch herrschte unter allen Beteiligten völlige Resignation, was den Reiz unvorhergesehener Entwicklungen betraf. Schon die Tischordnung unterlag den strikten, jederzeit berechenbaren Regeln diplomatischer Etikette. Saß die dänische Exzellenz beispielsweise nachmittags vor ihrem Spiegel, um ihr aufgebauschtes Haar noch ein wenig mehr aufzubauschen, konnte sie sich in der selbstzufriedenen, wenn auch nicht besonders freudigen Gewissheit sonnen, am Abend beim Empfang in der französischen Gesandtschaft vom rumänischen Botschafter zu Tisch geführt zu werden und als zweiten Tischnachbarn den italienischen Botschaftsattaché begrüßen zu können. Am nächsten Tag hingegen, in der spanischen Gesandtschaft, würde sie von dem italienischen Attaché zu Tisch geführt werden und den rumänischen Botschafter als zweiten Tischnachbarn begrüßen können – wenn nicht neben Madame Lafarge noch eine andere Botschaftergattin anwesend wäre, in diesem Fall würde sie natürlich zur Linken von Don Rodrigo Valdez platziert werden. Viel lieber hätte sie neben Julian Davenant gesessen, aber er würde bei den jungen Männern – Botschaftssekretären, jungen Griechen und so weiter – am unteren Ende der Tafel sitzen. Diese jungen Männer – *les petits jeunes gens du bout de la table*, wie Alexander Christopoulos sie selbstironisch nannte, denn auch er gehörte zu ihnen – stocherten meist recht missmutig in ihrem Essen herum, ohne viel miteinander zu sprechen. Sie hatten keinen Spaß an dieser Art von Veranstaltung, und ihre Gastgeber hatten keine große Lust, sie einzuladen, aber es war nun einmal Tradition, dass sie mit dabei waren ... Fru Thyregod war sich bewusst, dass sie heute Abend mit ihren beiden Tischnachbarn nicht alle Gesprächsthemen erschöpfend behandeln dürfte, sondern noch etwas für den nächsten Tag aufbewahren müsste; diesem Prinzip treu bleibend, erwähnte sie gegenüber dem Rumänen nichts von Julians Abenteuer auf Aphros und sprach, diskret hinter ihrem Fächer versteckt, nur mit dem Italiener darüber. Andere Leute schienen über dasselbe Thema zu sprechen. Julian hörte geheimnisvolles Flüstern und sah verstohlene Blicke auf sich gerichtet. Ja, Herakleion und seine Gastgeberinnen würden ihm dankbar sein.

Julian geriet in eine gewisse Hochstimmung. Er bemerkte,

dass keine Griechen anwesend waren, und vermutete, sie seien seinetwegen nicht eingeladen worden. Und mit einer gewissen ängstlichen Freude dachte er daran, dass die Geschichte, wenn sie bis in den Speisesaal der französischen Gesandtschaft vorgedrungen war, wahrscheinlich auch bald seinem Vater zu Ohren käme. Wer hatte ihn verraten? Bestimmt nicht Vater Paul, da war sich Julian ganz sicher. Auch Kato nicht, der er die Geschichte anvertraut hatte. (Tränen hatten in ihren Augen gestanden, sie hatte die Hände gerungen und ihn zu seinem Erstaunen auf die Stirn geküsst.) Alles in allem war er froh, dass man ihn verraten hatte. Seit seiner Rückkehr aus Aphros hatte er sich in einem Zustand freudiger Erregung und Begeisterung befunden, in dem ihm die Verheimlichung des Vorfalls eher lästig war. Kleine Vorfälle, die nur für ihn Bedeutung besaßen, hatten die Erinnerung an dieses unglaubliche, absurde, eindringliche Geheimnis immer wieder wachgerufen; heute Abend zum Beispiel hatte Vassili, der groß gewachsene, scharlachrot gekleidete Lakai, ein Insulaner, verstohlen seine Hand geküsst ...

Die Reaktion seines Vaters kam für Julian unerwartet. Er hatte sich auf einen Wutausbruch gefasst gemacht, ja, er hatte sich in Gedanken bereits eine Erwiderung zurechtgelegt, als er, von der französischen Gesandtschaft kommend, das Haus an der *platia* betrat. Sein Vater erwartete ihn auf dem Absatz der großen Treppe, eine Kerze in der Hand.

»Ich habe dich kommen hören und möchte dich etwas fragen, Julian«, begann er ohne Umschweife. »Ist die Geschichte, die ich heute Abend im Club gehört habe, wahr? Bist du nach Aphros gefahren und hast mit den Leuten dort irgendeine unsinnige Übereinkunft getroffen?«

Sein tadelnder Tonfall ließ Julian erröten.

»Ich wusste, dass du es nicht gutheißen würdest«, sagte er. »Aber man muss etwas tun. Diese unglücklichen, drangsalierten Menschen, denen man alle Rechte verweigert ...«

»Oje«, sagte sein Vater ungeduldig. »Sie haben dich also tatsächlich hereingelegt? Ich dachte, du besäßest mehr Vernunft. Es war verdammt schwierig, Malteios zu erklären, dass du nur ein hitzköpfiger Junge bist, der sich von der Aufregung des Augenblicks mitreißen ließ. Du siehst, ich habe versucht, dein Verhalten zu entschuldigen, Julian, aber ich bin verärgert, Julian, sehr verärgert. Ich dachte, ich könnte dir vertrauen. Wie ich auch Paul vertraute. Aber du hast deine Strafe selbst herausgefordert. Du wirst Herakleion so schnell wie möglich verlassen.«

»Herakleion verlassen?«, rief Julian.

»Malteios hat sich unmissverständlich geäußert«, sagte sein Vater trocken. »Und ich bin froh darüber, dass du bestürzt bist. Geh jetzt ins Bett. Morgen reden wir weiter.«

Mr Davenant stieg ein paar Stufen hinauf, wandte sich dann jedoch noch einmal um.

»Julian«, sagte er in vorwurfsvollem Ton, »wenn dir die Sache wirklich so ernst ist, dann betrachte sie wenigstens einen Moment lang mit nüchternen Augen. Aus welchem Grund beklagen sich die Inselbewohner? Weil sie von Herakleion unabhängig sein wollen. Wenn sie schon unbedingt zu jemandem gehören müssen, sagen sie, dann lieber zu Italien als zu Griechenland oder Herakleion. Und warum? Weil sie eine italienische, keine griechische Mundart sprechen! Weil sich vor fünfhundert Jahren eine Handvoll Piraten aus Genua auf den Inseln niedergelassen hat! Nun, was schlägst du vor, mein lieber Julian? Sollen wir die Inseln Italien übergeben?«

»Sie wollen die Unabhängigkeit«, murmelte Julian. »Im Moment dürfen sie noch nicht einmal ihre eigene Sprache sprechen«, fuhr er mit etwas lauterer Stimme fort. »Du weißt, dass ihre Sprache in den Schulen verboten ist. Du weißt, dass die Hafengebühren sie in den Ruin treiben – und sie in den Ruin treiben *sollen*. Du weißt, dass sie auf jede erdenkliche Weise unterdrückt werden. Und du weißt, dass sie Herakleion keine Schwierigkeiten bereiten würden, wenn sie nur endlich unabhängig wären.«

»Unabhängig! Unabhängig!«, wiederholte Mr Davenant gereizt. »Du hast mir immer noch nicht gesagt, wie dein Vorschlag lautet? Hast du vor, eine Revolution anzuzetteln?«

Julian zögerte. Er wusste es nicht. Dann antwortete er kühn:

»Wenn es sein muss.«

Mr Davenant schnaubte verächtlich.

»Meine Güte!«, rief er sarkastisch. »Du hast dir bereits den leidenschaftlichen Tonfall von Aphros angewöhnt. In deiner Überschwänglichkeit bildest du dir wohl auch ein, selbst Panaïoannou in Schach halten zu können? Wenn das deine Vorstellungen sind, werde ich Malteios darin unterstützen, dich eine Weile von Herakleion fernzuhalten. Ich komme mit Malteios hervorragend aus, und ich kann es mir nicht leisten, durch deine Schwärmereien die Harmonie zu destabilisieren. Ich kann von Malteios fast jedes Zugeständnis bekommen«, fügte er nachdenklich hinzu und rieb sich mit der Hand übers Kinn.

Julian beobachtete seinen Vater feindselig und widerwillig.

»Und das ist alles, was dir wichtig ist?«, fragte er.

»Was sollte sonst noch wichtig sein?«, erwiderte Mr Davenant. »Ich bin ein praktisch veranlagter Mann, und praktisch veranlagte Menschen laufen keinen Trugbildern nach. Ich will nicht zynisch sein. Du weißt sehr gut, dass ich im Innersten meines Herzens mit den Inseln sympathisiere. Ja«, sagte er mit plötzlicher Offenheit, als er erkannte, dass er im Begriff war, zwischen sich und seinem Sohn eine unerwünschte Kluft zu schaffen, »ich will dir im Vertrauen sogar eingestehen, dass Herakleion seine Inseln nicht so gut behandelt, wie es sie behandeln sollte. Du weißt, dass ich Madame Kato bewundere und respektiere; sie kommt von den Inseln und hat jedes Recht, den Standpunkt der Insulaner zu vertreten. Aber es gibt keinen Grund, warum du diesen Standpunkt verfechten solltest, Julian. Wir sind Fremde hier, Repräsentanten eines großen Familienunternehmens, und dieses Unternehmen muss in unseren Überlegungen letzten Endes immer an allererster Stelle stehen.«

»Und doch sagen die Leute«, argumentierte Julian, der kalten Ernüchterung, die ihn überkam, noch immer die Hoffnung entgegenhaltend, »dass in Herakleion kein politischer Schritt unternommen werden kann, ohne dass du und Onkel Robert darauf Einfluss nehmen. Und mein Großvater hat ...«

»Ach, dein Großvater!«, sagte Mr Davenant. »Dein Großvater war ein weiser Mann, der dem Familienunternehmen zu großer Macht verholfen hat, auch wenn ich nicht möchte, dass Malteios diese Worte aus meinem Munde hört. Dein Großvater wusste, dass er mit den Inseln ein wertvolles Faustpfand in der Hand hatte, ein Druckmittel, das ihm, wenn er es geschickt einsetzte, absolute Macht in Herakleion verschaffte. Und er war klug genug, es nur einmal einzusetzen, nämlich als die Regierung ihm einen bestimmten Wunsch abschlug; ein Jahr lang haben sie gegen ihn ausgehalten, dann haben sei klein beigegeben. Ein sehr weiser Mann ... Glaube bloß nicht, dass ihn irgendetwas anderes inspirierte als dieser praktische, wenn auch kühne Schachzug. Er hat den Politikern von Herakleion eine Lektion erteilt, die sie bis heute nicht vergessen haben.«

Er hielt inne, und als Julian nichts erwiderte, fügte er hinzu:

»Dein Onkel Robert und ich versuchen, uns bewusst zurückzuhalten. Aber Malteios und auch Stavridis wissen ganz genau, dass wir sie in Wirklichkeit an der Angel haben. Wir geben ihnen ausreichend Spielraum, aber in jedem von uns gewünschten Moment können wir an der Angel ziehen. Das ist für alle Beteiligten ein sehr zufriedenstellendes Arrangement. Stillschweigende Übereinkünfte sind meiner Meinung nach sowieso immer die besten. Und ich denke, angesichts dieses Hintergrunds müsste dir klar geworden sein, dass ich deine absurde Einmischung nicht dulden kann. Nicht auszudenken, welchen Schaden du damit anrichten könntest! Glaub mir, eines Tages wirst du mir danken.«

Er schaute seinen Sohn an, der schweigend vor ihm stand und auf den Boden starrte, die Stirn in tiefen Falten. Der sonst eher wortkarge Mr Davenant war gekränkt, weil der Umstand, dass er sich zu ausführlichen Erklärungen herabgelassen hatte, nicht auf größeres Entgegenkommen stieß. Außerdem war er besorgt. Julians Schweigen beunruhigte ihn.

»Du bist noch sehr jung, Julian«, sagte er in einem etwas versöhnlicheren Ton, »und du solltest vielleicht mir die

Schuld dafür geben, dass ich dir erlaubt habe, dich an diesem wirklichkeitsfremden, verwirrenden Ort so frei zu bewegen. Vielleicht hätte ich nicht davon ausgehen dürfen, dass du einen kühlen Kopf bewahrst. Malteios hat recht: Herakleion ist kein Ort für einen jungen Mann wie dich. Wenn ich dich jetzt fortschicke, geschieht das nicht aus Härte gegen dich. Eines Tages wirst du, wie ich hoffe, mit einem besseren Verständnis für die Situation nach Herakleion zurückkehren.«

Er ließ die Hand einen Moment lang gütig auf Julians Schulter ruhen. Dann drehte er sich um und ging die Treppe hinauf. Als er um die Ecke bog, erlosch das Licht seiner Kerze.

Als Julian am darauffolgenden Abend vom Landhaus zurückkehrte, wo er den größten Teil des Tages verbracht hatte, hieß es, der Premierminister sei bei Mr Davenant und würde sich freuen, ihn zu sehen.

Trotz der großen Hitze war Julian aufs Land geritten und hatte sich in seiner aufgewühlten, rebellischen Stimmung instinktiv an Eve gewandt. Aus einem Grund, den er nicht näher benennen konnte, war sie für ihn eins mit Aphros – dem Aphros der Romantik, der Schönheit und des Glanzes, an dessen Vorstellung er so hartnäckig festhielt. Zu seinem Erstaunen hörte sie ihm eher gleichgültig und schmollend zu.

»Es scheint dich nicht sonderlich zu interessieren, Eve?«

Auf seine Frage erfuhr er den Grund für ihre Verärgerung.

»Du hast das alles eine ganze Woche vor mir geheim gehalten, und jetzt, wo du weißt, dass die Geschichte in aller Munde ist, kommst du zu mir und erwartest, dass ich Interesse zeige. Vielen Dank!«

»Aber Eve, ich habe geschworen, es niemandem zu sagen.«
»Und hast du es Kato erzählt?«
»Deine verdammte Intuition!«, sagte er ärgerlich.

Sie schaute ihn mit großen Augen an. Ihr Blick machte ihm ein schlechtes Gewissen. Er fühlte sich unglücklich, lächerlich, obgleich er, als er finsteren Blickes über das Meer schaute – sie saßen an ihrem Lieblingsplatz am unteren Ende des Gartens, wo unter der mit Zierkürbis bewachsenen Pergola selbst zu dieser Tageszeit eine erfrischende Kühle herrschte –, auf sie noch unbewegter und verschlossener wirkte als sonst.

Nach langem Schweigen ergriff Eve wieder das Wort. »Julian, es tut mir leid. – Ich entschuldige mich nicht oft. – Ich habe gesagt, dass es mir leidtut.«

Er blickte sie mit traurigen Augen an.

»Deine Eitelkeit widert mich an.«

»Du hast es Kato erzählt.«

»Du bist eifersüchtig!«

Erst wollte sie widersprechen, dann wechselte sie jäh die Fronten:

»Ja, du weißt, dass ich eifersüchtig bin. Und wenn ich eifersüchtig bin, kann ich die ganze Nacht nicht schlafen. Jedes Gefühl für Proportionen kommt mir abhanden. Meine Eifersucht ist kein Witz; sie ist wie eine offene Wunde. Und weil ich das weiß, muss ich mich schützen. Du bist nicht sehr rücksichtsvoll, Julian.«

»Kannst du denn immer nur an dich selbst denken? Bedeuten dir die Inseln nichts? Bist du so auf dich selbst konzentriert, hast du sonst nichts im Kopf? Sind denn alle Frauen so eitel?«

Wütend und feindselig saßen sie auf der Brüstung der Pergola. Weit draußen auf dem Meer lagen die Inseln, und ihr Bild wirkte auf ihn so rein und hell und zart, dass Julian die Vorstellung, sein Großvater habe in dem Besitz einer so entwaffnenden Schönheit nur ein Mittel zur Zähmung widerspenstiger Politiker gesehen, weit von sich wies. Sie lagen so unschuldig und zerbrechlich da wie eine schöne, schlafende Frau, vom Dunst der Sonne umhüllt wie die Glieder der Schläferin von Blumen und Gras. Julian schaute aufs Meer hinaus, bis Augen und Herz sich an der zärtlichen Empfindung leidenschaftlichen, beschützenden Besitzerstolzes gesättigt hatten. Er empfand eine starke Zuneigung für seinen Großvater, diesen Mann, dessen großherzige Ideale von der nachfolgenden Generation so zynisch verleumdet wurden.

»Sie werden mich wiedersehen«, rief er und schlug mit der Faust auf die Brüstung.

Eves erschrockener, fragender Blick forderte eine Erklärung.

»Malteios schickt mich fort. Aber wenn seine Amtszeit vorüber ist, werde ich wiederkommen. Der Regierungswechsel wird uns eine gute Gelegenheit geben, um mit Herakleion zu brechen. Solange Malteios an der Macht ist, wird Kato ihn in Schranken halten, ich kann mich auf sie verlassen. Den Bruch werde ich mit Stavridis vollziehen.«

Wieder hatte er Eve in seinen Zukunftsplänen vergessen.

»Du gehst weg?«

»Für ein Jahr, vielleicht auch länger«, antwortete er ernst.

Eves natürliche Neigung zu trotziger Schweigsamkeit ließ den empörten Widerspruch ersterben, der ihr auf der Zunge lag. In ihrer erstaunlich klaren Lebensphilosophie besaß die

Verschwiegenheit einen heiligen, beherrschenden Platz. Und da sie ihre Heimlichtuerei hinter anscheinender Mitteilsamkeit verbarg, war diese sowohl als Schild wie auch als Waffe zu gebrauchen und umso gefährlicher, je grundsätzlicher sie gemeint war. Sooft sie konnte, nahm sie Zuflucht im Schweigen, denn sie ahnte bereits, dass das Dasein in einer von Männern geprägten Welt ein ständiger Kampf war, Kampf und gegenseitige Verfolgung. Und da sie eine ausgesprochen pittoreske Phantasie besaß, hatte sie in einem feierlichen Augenblick auf der Treppe, die von der Pergola zum Meer hinunterführte, eine Art symbolischen Schlüssel mit einem kräftigen Wurf dem Schutz des Wassers anvertraut.

Daran erinnerte sie sich jetzt, als sie mit Julian auf der Brüstung der Pergola saß und ihn lächelnd betrachtete. Sie sah ihn mit den Augen einer Künstlerin, sah, dass sein Körper in der natürlichen Anmut entspannter Muskelkraft die plastische Darstellung viel eher nahelegte als die auf einem Gemälde. In einem ihrer typischen Anfälle plötzlicher Aktivität hatte sie einmal versucht, ihn zu modellieren, den Ton jedoch voller Verachtung für das eigene Talent hart werden lassen. Dann fiel ihr schmerzlich ein, dass sie ihn lange Zeit nicht wiedersehen würde.

»Mein heldenhafter Julian«, murmelte sie.

Schmeichelei lag in ihrem Ton.

»Du seltsames kleines Wesen«, sagte er. »Wie kommst du auf diese Bezeichnung?«

Sie machte eine ausdrucksvolle Geste mit den Händen.

»Deine Gleichgültigkeit, deine Entschlossenheit – du bist so unnachgiebig, so verächtlich, so hartnäckig – und manchmal so beseelt von deinen Idealen. Du passt auf so fatale

Weise zu den Inseln. Prinz von Aphros?«, fragte sie einschmeichelnd.

Sie war geschickt. Er errötete. Sie gab ihm, was er, halb unbewusst, gesucht hatte.

»Sirene!«, sagte er.

»Ach, wirklich? Vielleicht passen wir beide gar nicht so schlecht zu den Inseln«, erwiderte sie leichthin.

Und obgleich ihr Gespräch damit ein Ende fand, reichte es aus, um Julian angeregt und voller Selbstvertrauen nach Hause reiten zu lassen. Er hatte vergessen, dass sie kaum siebzehn war, ein Kind! Für ihn war das Lächeln des Stolzes in ihren Augen das Lächeln von Aphros gewesen.

Auf seinem Weg traf er Vater Paul.

»Es hat sich überall herumgesprochen«, sagte der Priester und rieb sich energisch die Hände.

»Was soll ich tun? Malteios will, dass ich Herakleion verlasse. Soll ich mich weigern? Ich bin froh, dass ich Sie getroffen habe«, sagte Julian. »Ich wollte gerade nach Ihnen suchen.«

»Gehen Sie, wenn Malteios es will«, antwortete der Priester. »Die Zeit ist ohnehin noch nicht reif. Aber sind Sie wirklich entschlossen, sich auf Hagios Zacharie einzulassen? Denken Sie daran, ich habe Sie schon gewarnt, als wir noch auf Aphros waren: Sie müssen mit einer vollständigen Entfremdung von Ihrer Familie rechnen. Sie werden nicht mehr mit den Hunden jagen, sondern mit den Hasen laufen. Haben Sie das bedacht?«

»Ich stehe zu den Inseln.«

»Gut«, sagte der Priester, ein Zeichen über ihm machend. »Gehen Sie trotzdem, wenn Malteios es fordert. Wenn Sie zurückkommen, werden Sie ein Mann sein. Malteios' Partei wird bei der nächsten Wahl sicher verlieren. Bis dahin sind wir bereit, und ich werde dafür sorgen, dass Sie gerufen werden. Gott segne Sie.«

»Können Sie zu Eve in den Garten gehen, Vater? Sie sitzt unter der Pergola. Gehen Sie zu ihr und sprechen Sie mit ihr.«

»Ist sie unglücklich?«, fragte der Priester erstaunt.

»Ja, ich glaube, ein wenig«, sagte Julian. »Gehen Sie zu ihr?«

»Natürlich, sofort«, sagte Paul und entfernte sich, über seine Soutane stolpernd, durch den Zitronenhain.

Julian kehrte nach Herakleion zurück, wo er seinen Vater und Malteios im großen, mit Fresken ausgemalten Wohnzimmer fand. In den Gesichtszügen des Premiers, der sich sogleich zu Julian umwandte, lag tolerante Güte.

»Ah, da ist ja unser junger Freund«, begann er väterlich. »Was sind das für Geschichten, die ich über Sie höre, junger Mann? Ich habe schon Ihrem Vater erzählt, dass ich mich, als ich noch ein Schuljunge war, ein *lycéen*, auch in die Politik eingemischt habe. Nehmen Sie meinen Rat an und machen Sie einen Bogen um diese Dinge, bis Sie älter sind. Es gibt andere Vergnügungen, die der Jugend vorbehalten sind: Tanz, Dichtung, erste Liebe. Überlassen Sie die Politik den Alten. Natürlich weiß ich, dass Ihre kleine Eskapade nur ein Witz war ... eine Laune ... ein Schabernack, wie er in Ihrem Alter ganz natürlich ist ...«

Das Gespräch war für Julian sowohl ärgerlich als auch demütigend. Er mochte die scherzende Freundlichkeit des Premierministers nicht, obgleich er nicht genug Erfahrung besaß, um dahinter Misstrauen, Ängstlichkeit und Feindseligkeit zu erkennen. Seinem Vater, der sich zu einem heimlichen, grollenden Stolz auf seinen Sohn gezwungen sah, waren diese Dinge bewusst. Doch Julian blieb, die Augen auf den mittleren Knopf am Gehrock des Premierministers geheftet, mürrisch und rebellisch und versuchte, die Ohren vor dem weltmännischen Spott Malteios' zu verschließen. Er wünschte, er könnte auf Malteios, diesen unwirklichen Mann, herabblicken, ihn einfach ignorieren, was jedoch unmöglich war, solange er diese glatten, geschickten Worte in ihrer liebenswürdigen Grausamkeit unwidersprochen über sich ergehen lassen musste. Er versuchte, nicht hinzuhören, und spürte, wie seine Entschlossenheit wuchs. Ja, er würde gehen, er würde Herakleion verlassen – doch nur, um mit umso stärkerer Kraft in der Stunde der Erfüllung zurückzukehren.

Nachdem sein Vater und der Premier ihn endlich wieder entlassen hatten, machte er sich auf den Weg zu Katos Wohnung. Er war wütend und aufgebracht. Nur die Erinnerung an sein Zusammensein mit Eve besänftigte ihn. Er bemerkte, wie die Leute sich nach ihm umdrehten, als er die Straßen hinunterschritt. Unten am Kai erhob sich plötzlich der riesige Grbits von einem Tisch; er hatte vor einem Café gesessen und Wermut getrunken.

»Mein junger Freund!«, sagte er. »Wie ich höre, werden Sie Herakleion verlassen?«

»Tja, die Griechen sind nicht dumm«, fuhr er mit dröhnender Stimme fort. »Sie wissen, Sie würden ihnen ihr Spielzeug kaputt machen, wenn Sie hierblieben. Aber *ich* bleibe hier. Soll ich für Sie die Augen offen halten? Sie kommen doch wieder, oder? Die Griechen sind meine besten Feinde. Von mir aus können wir gern ein kleines Spielchen mit ihnen treiben. Ha! Ha!«

Sein dröhnendes Gelächter hallte noch den Kai hinunter, als Julian weiterging und die Visitenkarte in der Hand drehte, die der Riese ihm gegeben hatte:

SRGJAN GRBITS
Attaché à la Légation de S. M. le Roi des Serbes,
Croates, et Slovènes

»Grbits, mein Spion!«, dachte er. »Phantastisch, phantastisch!«

Katos Wohnung befand sich in der obersten Etage eines dreistöckigen Hauses am Kai. Im Erdgeschoss war eine Konditorei untergebracht, und wie bei jedem Haus, das hier unten am Ufer stand, hingen über allen Fenstern fröhlich bunt gestreifte Sonnenblenden, flatterten wie Fahnen im leichten Wind. In der Konditorei hockten ein paar schwarz gekleidete Levantiner und kosteten am Marmortresen von den süßen Naschereien. Es war Julian noch nie gelungen, Eve an der Konditorei vorbeizuschmuggeln, wenn sie gemeinsam vorbeigingen; sie wollte stets hineingehen, *choux à la crême* essen und anschließend mit schlechtem Gewissen die Schlagsahne von den Fingern schlecken, bis er ihr sein Taschentuch gab, weil sie ihres mal wieder verloren hatte.

Julian betrat das Haus durch eine Seitentür, um die engen Treppen hinaufzusteigen. Die Wände waren dunkelrot gestrichen, die untere Hälfte bedeckte ein schiefergraues Paneel. Julian passierte im ersten Stock die Milchglastüren mit der Inschrift: *Koninklijke Nederlandse Stoomboot-Maatschappij*;

im zweiten Stock hing das Messingschild: *Th. Mavrudis et fils, Cie. d'assurance;* im dritten Stock schloss der alte Grigoriu, der Geldverleiher, gerade seine Tür auf; im vierten Stock schließlich ließ eine Frau im traditionellen Kleid der Insulaner ihn in Katos Wohnung ein.

Die Sängerin saß auf einem niedrigen, mit Teppichen bedeckten Diwan. Ihr Hals und ihre Arme waren wie immer bloß, Letztere mit unzähligen Armreifen geschmückt. Mit gespreizten Beinen, die Hände resolut auf die Knie gestützt, saß sie leicht nach vorn gebeugt. Vor ihr stand Tsigaridis, das Oberhaupt von Aphros, den mächtigen Körper in den englischen Pullover gezwängt, den Mrs Davenant ihm geschenkt hatte und der zu dem traditionellen Faltenrock so wenig passte. Neben Kato auf dem Diwan stand ein Korb reifer Feigen, den er ihr mitgebracht hatte. Die beiden massigen Gestalten füllten den kleinen Raum fast vollständig aus.

Sie begegneten Julian mit ernsten Blicken.

»Ich gehe fort«, sagte er und blieb vor ihnen stehen wie ein Schüler vor seinen gestrengen Lehrern.

Kato beugte den Kopf. Sie wussten es schon und hatten gerade darüber debattiert, ob sie ihn gehen lassen sollten. Sie waren zu dem Schluss gekommen, dass seine Anwesenheit bis zur nächsten Wahl entbehrlich war.

»Aber Ihr werdet wiederkommen, Kyrie?«

Tsigaridis sprach respektvoll, doch mit drängender Autorität. Es war ein Tonfall, wie ihn vielleicht ein alter Regent gegenüber einem jungen König anschlagen würde.

»Natürlich komme ich wieder«, antwortete Julian. Dann lächelte er und fügte hinzu: »Nicht den Glauben verlieren, Tsantilas.«

Der Fischer verbeugte sich mit jener natürlichen Würde, die er von seinen Vorfahren geerbt hatte; dann verabschiedete er sich und schloss leise die Tür. Kato drehte sich zu Julian um, der zum Fenster gegangen war und unverwandt hinausstarrte. Vom vierten Stock hatte man einen erhabenen Blick auf den bevölkerten Kai, das Meer – ja, man konnte sogar die Häuser auf den fernen Inseln erkennen.

»Sie sind traurig, Julian«, sagte sie.

Sie ging zum Klavier, das, als einziges Möbelstück nicht mit Nippes übersät, doch eigentlich viel zu groß für das kleine Zimmer war. Julian hatte oft nachdenklich die große, freie Stellfläche betrachtet und sich gefragt, wie sie der Versuchung, einige ihrer unzähligen Erinnerungsstücke darauf zu arrangieren, so hartnäckig hatte widerstehen können. Das Einzige, was er dort je gesehen hatte, war ein goldener Korb mit Hortensien gewesen, von einem blauen Band zusammengehalten, an dem die Karte des Premierministers hing.

Er wusste, dass er in vierundzwanzig Stunden bereits auf See sein würde, dass Herakleion – vom Deck des Schiffes aus, weiß, mit unzähligen bunten Sonnenblenden, dahinter das gewaltige Mylassa-Gebirge, das so bedrohlich abrupt hinter der Stadt anstieg, dass man den Eindruck bekam, es habe sich entschlossen, die Menschen und ihre Behausungen ins Meer abzudrängen –, dass dieses letzte Bild bald nur noch in seiner Erinnerung lebendig sein würde. In einer Woche würde er wieder in England sein, ohne zu wissen, wann er Herakleion wiedersähe. Deshalb gab er sich an diesem letzten Abend ganz seinen Empfindungen hin – seinen Empfindungen für Aphros, den Erinnerungen an Eve und einem romantischen Lebensgefühl, ohne dies alles beim Namen zu nennen oder die Empfindungen, die von ihm Besitz ergriffen und seine Jugend prägten, miteinander zu verbinden. Er saß schweigend auf dem Boden, die Arme um die Knie geschlungen, und näherte sich noch einmal, diesmal nur in Gedanken, den fernen Inseln, wo sich die Gischt am Fuß der Klippen bricht und die kleinen Fischerboote auf den Wellen im Hafen schaukeln wie Möwen, die von einem langen Flug ausruhen. Er bemerkte kaum, dass Kato die ganze Zeit über sang. Sie sang so leise, als würde sie ein Wiegenlied singen, und obgleich ihre Worte nicht in sein Bewusstsein drangen, fühlte er, wie die Wände des Zimmers sich in die warme, duftende Freiheit der Terrassen auf Aphros verwandelten, spürte die schwere Abendluft und den Geruch reifer Trauben. Er fühlte Eves Finger sanft über seine Brauen streichen. Er sah ihre schattigen grauen Augen, ihren roten Mund, ihr wogendes Haar. Er sah den Funken, der sich in ihre Augen stahl, wenn sie gerade eine ihrer bissigen, treffenden Bemerkungen machte – seltsame Augen waren das! Tief liegend, in den äußeren Winkeln leicht nach oben gebogen, ironisch blitzend manchmal, und dann wieder so unerklärlich traurig. Wie aufschlussreich ihre Bemerkungen oft waren! Sie warfen stets ein neues Licht auf altvertraute Dinge. Dabei beharrte sie nie auf deren Wahrheitsgehalt, im Gegenteil, sie ging achtlos zu anderen Themen über. Was immer sie berührte, es fing durch sie zu leuchten an … Man kam immer ein wenig verwirrt zu ihr, auf neue Anregungen hoffend, und selten wurde man enttäuscht. Julian erinnerte sich so lebhaft an sie – obgleich die Erinnerung an sie nie deutlich sein konnte, denn dazu war ihre Persönlichkeit zu vielschichtig, zu subtil. Sobald man sie verlassen hatte, wollte man zu ihr

zurückkehren. Stets keimte die Hoffnung, man könnte dieses eine Mal das Geheimnis ihrer Unnahbarkeit einfangen und dingfest machen. Julian ertappte sich bei einem träumerischen Lächeln, während er die Erinnerung an sie heraufbeschwor. Er hörte das Murmeln ihrer verführerischen Stimme:
»Ich liebe dich, Julian.«
Er akzeptierte die Worte, die er so oft von ihr gehört hatte, träumerisch als Teil seines letzten Abends in Herakleion und war so in seinen Träumen versunken, dass er kaum bemerkte, wie die Musik verklang und Katos Stimme vom Rezitativ der Bauernlieder zum Gespräch hinüberwechselte. Sie stand vom Klavier auf und trat neben ihn.
»Julian«, sagte sie, auf ihn hinunterschauend, »Ihre Cousine Eve, die eine so gute Beobachtungsgabe besitzt, hat gesagt, Sie seien so primitiv, dass Ihnen sogar normale Möbel lästig seien und Sie am liebsten ganz ohne sie auskommen würden. Ich weiß, dass Sie lieber auf dem Boden als auf einem Sofa sitzen.«
Julian spürte, dass er schüchtern wurde, wie immer, wenn man über seine Persönlichkeit sprach. Nur Eve gestand er das Vorrecht zu, ihn unbarmherzig aus schattigen Wäldern ins blendende Sonnenlicht zerren zu dürfen. Andererseits erkannte er in Katos Worten ihre Methode, sich einer Charaktereigenschaft zu bemächtigen, die an sich wenig Bedeutung besaß, um sie mit der ihr eigenen Anmut und einem gründlichen Schuss Humor so darzustellen, dass sie eine tatsächlich vorhandene, bedeutsame Eigenart beschrieb, die nur dank dieser Wendung zum Vorschein kam; es war eine wahrhaft weibliche Methode, schmeichelhaft, aufregend, eine persönliche Verbindung schaffend, ein Verständnis voraus-

setzend, das sich fast zu der Verpflichtung wandelte, ihren Vorstellungen auch zu entsprechen ...

»Sie werden uns also verlassen«, sagte Kato. »Werden nach anderen Maßstäben leben, anderen Einflüssen ausgesetzt sein, *dont je ne connais pas la puissance sur votre cœur.* Wie lange wird es dauern, bis Sie uns vergessen haben? Wie lang, bis Sie wiederkommen? Wir brauchen Sie hier, Julian.«

»Für die Inseln?«

»Ja, für die Inseln. Aber das ist nicht alles.« Kato hob die Arme und ließ ihre Armreifen melodisch klimpern. »Auch für uns selbst. Wie lange wird es dauern, bis Sie die Inseln vergessen? Und was wird zuerst in Ihrer Erinnerung verblassen? Die Inseln? Oder Kato?«

»Ich kann beides nicht voneinander trennen«, erwiderte er, ein wenig verlegen.

»Ja, wir haben stundenlang über die Inseln gesprochen«, antwortete sie. »Aber haben wir so darüber gesprochen, dass ich für Sie mit den Inseln eins geworden bin? Soll ich es als Kompliment verstehen, dass Sie mir das Dasein einer ganz normalen Frau verweigern?«

Er dachte, wenn er dies bejahe, würde er ihr tatsächlich das größte Kompliment machen, zu dem er fähig war, denn damit hätte er sie in den Status eines Mannes und eines Kameraden erhoben. Er sagte:

»Bevor ich Sie kennengelernt habe, glaubte ich nicht, dass eine Frau sich aus ganzem Herzen zu ihrem Patriotismus bekennen kann. Die Inseln sind unsere gemeinsame Sache, und wie Sie wissen, sind diese für mich sehr viel mehr als bloß ein paar Inseln, sie bedeuten mir mehr, als ich je in Worte fassen kann. Und ich bin froh, ja, sehr froh, dass unsere Freundschaft in dieser Hinsicht so unpersönlich ist – als sei ich Ihr Schüler und diese Wohnung meine heimliche Schule, aus der Sie mich eines Tages entlassen und sagen werden: ›Geh!‹«

Niemals zuvor war er ihr so hoffnungslos unzugänglich erschienen wie jetzt, als er ihr seine Bewunderung, ja, fast schon seine Anbetung zu Füßen legte.

Er fuhr fort:

»Sie sind so unendlich gut zu mir gewesen; ich bin so oft hierher gekommen, ich habe so viel geredet; wenn ich wieder fortging, habe ich oft das Gefühl gehabt, Sie, die an kluge Männer gewöhnt sind, müssten doch …«

»Warum sagen Sie nicht gleich Männer meines Alters, Männer meiner Generation?«, unterbrach sie ihn.

Er schaute sie zweifelnd an. Sie stand da, die Hände in die Hüften gestemmt, und er bemerkte die Fettpolster an ihren Handgelenken, sah die Grübchen an den Knöcheln ihrer rundlichen Finger.

»Warum sollten Sie sich entschuldigen?«, entgegnete sie mit einem Lächeln, in dem Mitleid lag, Nachsicht, aber auch Reue über den Schmerz, den sie sich zugefügt hatte. »Wenn Ihnen unsere Gespräche Freude gemacht haben, können Sie sicher sein, dass sie auch mir eine Freude gewesen sind. Denn bei Gesprächen, die so erfolgreich waren wie unsere, kann das Vergnügen unmöglich nur auf einer Seite liegen. Ich werde Sie vermissen, Julian. Sie gehen nach England zurück?«

Nach einem Moment des Schweigens fügte sie hinzu:

»Ist es nicht seltsam, wenn Menschen, die uns an einem Ort so vertraut geworden sind, in eine andere Umgebung reisen, in der wir sie selbst nie gesehen haben? Was weiß ich über die Häuser, in denen Sie in England wohnen werden? Was weiß ich über Ihre englischen Freunde? Wie der Poet sagt, den ich gerade eben schon einmal zitiert habe, von all den Einflüssen *dont je ne connais pas la puissance sur votre cœur!* Vielleicht werden Sie sich ja sogar verlieben. Vielleicht werden Sie dieser Frau von unseren Inseln erzählen?«

»Keine Frau außer Ihnen würde mich verstehen.«

»Sie wird um Ihretwillen zuhören, und um Ihretwillen wird sie so tun, als interessiere sie sich dafür. Hört Eve zu, wenn Sie von den Inseln sprechen?«

»Eve macht sich nichts aus solchen Dingen. Manchmal glaube ich, sie denkt nur an sich selbst.«

»Sie ...« Kato hielt inne, dachte nach, dann begann sie noch einmal mit einer ernsten Ironie, die er nicht bemerkte: »Sie haben mir heute sehr geschmeichelt, Julian. Ich hoffe, Sie finden in mir auch weiterhin eine gute Lehrmeisterin. Aber ich kann Ihnen nur den Weg weisen. Gehen müssen Sie ihn selbst. Aber wir werden zusammenarbeiten, nicht wahr?« Und dann fügte sie lächelnd hinzu: »Im Reich des Unpersönlichen? Eine philosophische Freundschaft? Ein platonisches Bündnis?«

Sie lächelte noch immer tapfer, als er sie verließ.

II
Eve

1

Nach fast zwei Jahren im Exil befand Julian sich auf dem Weg zurück nach Herakleion.

Er hockte an Deck auf einer großen Rolle Tau, setzte seinen unbedeckten Kopf den Launen des Windes aus; versunken und konzentriert, ignorierte er seine unmittelbare Umgebung und richtete seine Aufmerksamkeit ausschließlich auf den stets gleich weit entfernten Horizont. Er schien völlig verzückt von einer Verheißung, ja, er schien ein Teil des Schiffes zu sein, auf dem er reiste; unbeweglich am Bug kauernd, fühlte er sich so fest mit dem Schiff verbunden wie eine Galionsfigur; er war ein Teil des Abenteuers, der geflügelten Ritterlichkeit, ein Teil des unermüdlichen Dranges, voranzukommen, der jedes Schiff auf See beherrscht. Die Einsamkeit – denn es gibt keine Einsamkeit, die mit der Einsamkeit auf See vergleichbar wäre –, der ewige Kampf des Windes, die unermessliche Ausdehnung des Meeres und die klare Trennung von Tagen und Nächten kamen seinen Gefühlen entgegen. Es gab Augenblicke, in denen er sich unbesiegbar fühlte und das seltene herrliche Moment jugendlicher Erwartung voll auskosten konnte. Er wusste nicht, was er lieber mochte: die sonnendurchfluteten Tage auf weiter blauer See oder die Nächte, in denen der Wind rauer und kälter wurde. Der Weg des Schiffes wirkte geheimnisvoll unter dem jungen Mond, der die Wellenkämme beschien und hoch über Julians Kopf die schwarze Takelage entlangwanderte. Er wusste nur, dass er so glücklich war wie nie zuvor in seinem Leben.

In Brindisi, wo er das Schiff bestiegen hatte, war ein aufgeregtes Gemurmel durch die Reihen seiner Mitreisenden gegangen: »Julian Davenant – der Sohn der reichen Familie Davenant aus Herakleion – bedeutende Weinbauern – ihnen gehört eine ganze Inselgruppe.« Die spärlichen Informationen hatten sich wie ein Lauffeuer verbreitet, während Julian in seinem verblichenen grauen Flanellanzug die Gangway hinaufgegangen war. Zuerst hatte er sich über die Zögerlichkeit seines Trägers geärgert, hatte dann jedoch plötzlich jedes Interesse an seinem Gepäck verloren, dem Träger ein paar Geldstücke zugeworfen und war zum Bug des Schiffes gelaufen. Dort hatte er sich auf die große Rolle aus Tau gesetzt, um geradeaus aufs Meer zu blicken, die Augen dorthin gerichtet, wo das ersehnte Griechenland lag.

Von diesem Moment an hatte er sich kaum noch von der Stelle bewegt. Die Menschen, die ihn amüsiert und gutmütig beobachteten, hielten ihn für sehr jung, denn sie sahen, wie er seine strenge Wache durch absurde, kindliche Spiele auflockerte, sich vor den Matrosen versteckte, um ihnen plötzlich in den Weg zu springen und laut zu lachen, wenn es ihm gelungen war, sie zu erschrecken, oder wenn er jemanden an Deck über einen Ring stolpern sah. Die Matrosen waren die Einzigen, mit denen er sich während der Fahrt verbrüderte. Sein Humor schien ebenso wie sein Körper auf groben, einfachen Strukturen aufgebaut ... Am Morgen lief er sich in gummibesohlten Schuhen auf Deck warm. Dann setzte er sich wieder auf seinen Posten und starrte mit leeren Augen auf den Horizont.

Fast zwei Jahre lang war er nicht in Herakleion gewesen, doch die Erinnerungen an jenen entlegenen, bildschönen Küstenstrich waren diesmal nicht einfach verblasst; nein, er hatte sie sorgfältig und bewusst beiseitegelegt, für die Stunde aufgehoben, in der er sie wieder brauchen würde. Er hatte alle Gedanken an die Mission, mit der er betraut worden war, verschoben, hatte selbst die Erinnerung an den vielleicht berauschendsten Moment seines Lebens verdrängt. Weil er so unerwartet gekommen war, war er noch berauschender gewesen als Eves heimtückische Schmeicheleien – der Moment, als Paul ihm unter den fragmentarischen Fresken, die das Leben des heiligen Benedikt darstellten, mit überraschter Stimme gestand:

»Sie haben die Eignung zur Führerschaft, Julian. Sie besitzen das große Geheimnis. Das Volk beugt sich der Hand, die es zu züchtigen vermag.«

Paul, sein Tutor und Lehrer, der ihm als Erster von den Inseln erzählt hatte, der ihn als Erster gelehrt hatte, das menschliche und politische Drama der Inseln zu verstehen, hatte diese Worte ausgesprochen, hatte auf die Autorität des Lehrers verzichtet, war einen Schritt zurückgetreten, um seinem Schüler den ihm gebührenden Platz zu lassen. Julian hatte dieses Zugeständnis wie betäubt hingenommen. In späteren Augenblicken des Zweifels hatten ihm diese Worte geleuchtet, hatten Sicherheit und Bestätigung ausgestrahlt. Und dann hatte er sie mit all den anderen Erinnerungen in die tieferen Refugien seines Gedächtnisses verbannt. Die Welt der romantischen Lebensanschauung wurde durch die Welt nüchterner, prosaischer Dinge ersetzt. Die Briefe, die er von Zeit zu Zeit von Eve bekam, verwirrten ihn, weil sie ihn an ein Dasein erinnerten, das für ihn zumindest vorübergehend außer Kraft gesetzt war.

Jetzt bist Du also fort: Veni, vidi, vici. Deine Karriere der Verwüstung hat gut angefangen! Alles in allem hast Du es nicht schlecht gemacht. Herakleion hat ein erleichtertes »Uff!« ausgestoßen. Und Du bist nicht zu beeindrucken? Allons donc! *Du bist teilnahmslos? Friedfertig, nüchtern, ganz und gar unbeteiligt?* Tu te payes ma tête!
*Ach, was für ehrgeizige Pläne ich für Dich habe!
Ich möchte, dass Du herrschst, eroberst, erschütterst, niederreißt. Zerr die albernen, verwöhnten Götter von ihrem Thron und setze Dich an ihre Stelle. Es liegt in Deiner Macht.
Warum nicht? Du besitzt* le feu sacré. *Stillstand ist Tod, Tod. Verbrenne ihre Tempel mit Deinem Feuer und zertrampele ihre Altäre, auf dass sie für immer und ewig im Staub versinken.*

Diese Zeilen, mit Bleistift auf ein zerknittertes Blatt Kanzleipapier gekritzelt, erreichten ihn unmittelbar nach seiner Ankunft in England. Darauf folgte ein sechsmonatiges Schweigen. Dann kam wieder ein Brief, diesmal auf großem gelbem Schreibpapier mit einem in Perlmutt geprägten Monogramm: E. D. – lebhaft und verschwenderisch, wie es zu Eve passte:

Sie versuchen, mich einzufangen, Julian! Ich komme näher und näher, und sie halten die Hand mit der Lockspeise ganz still. Ich sehe, wie die andere Hand schon darauf lauert, mich beim Schlafittchen zu packen – dann ein unruhiges Flattern – un battement d'ailes – l'oiseau s'est de nouveau dérobé! *Sie starren hinter mir her mit weit geöffneten Mündern. Sie sehen dabei so*

albern aus. Aber sie haben mir keine Feder rauben können – keine einzige Feder!
Julian! Woher kommt diese Fangwut? Dieser Wille, mir meinen liebsten Besitz zu nehmen – Freiheit? Wenn ich geben will, gebe ich freiwillig – und freigebig mit vollen Händen, verschenke Gold und Blumen und wertvolle Steine im Übermaß – (sag nicht, dass ich nicht eingebildet bin!), aber ich werde nie meine Freiheit hergeben, und ich werde nie zulassen, dass man sie mir mit Gewalt nimmt. Ich würde mir wie eine Verräterin vorkommen. Ich könnte nicht mehr durch den Wald gehen und den Wind in den Bäumen hören. Ich könnte keiner Musik mehr lauschen. (Ach, Julian! Heute Nachmittag habe ich in Musik gebadet; Grieg, elfengleich, schelmisch, phantasievoll, romantisch, manchmal so südländisch trotz seines nordischen Blutes. Du würdest Grieg lieben, Julian. Im Märchenland der Musik spielt Grieg für Debussys Zauberer *den Gnom ... Dann* Khovantchina, *von aller Musik die erhabenste, die querköpfigste, die trostloseste, am häufigsten übersehene, am meisten* bariolé.*) Es gäbe für mich keine Kameradschaftlichkeit mit einer freien, inspirierten Gemeinschaft mehr. Ich hätte ihre Geheimnisse verraten, ihre Schätze eingetauscht ...*

Julian hatte sich damals gefragt, ob sie wirklich glücklich war. Er hatte sie vor sich gesehen, trotzig und ungestüm, wie sie mit der Gefahr kokettierte, doch wie ein Kind ängstlich zurückwich, wenn tatsächlich einmal Gefahr eintrat. Wie herrlich mitteilsam, erfinderisch und begeisterungsfähig sie war, und doch im Innersten stets zurückgezogen. Es steckte viel Wahrheit in ihrer Beschreibung des Vogels, der vor der Hand zurückschreckt, die sich über ihm schließen will. Er wusste, dass sie aus freien Stücken in einem ständigen Sturm der Aufregung lebte. Und doch spürte er zwischen den Zeilen ihres Briefes eine gewisse Unzufriedenheit, eine schmerzliche Sehnsucht nach etwas Unerreichtem. Er wusste, ihr Herz war nicht von dem erfüllt, was sie »die kleine Versammlung meiner Liebesgötter« nannte.

Dieser Ausdruck hatte ihn mit einem amüsierten Lächeln darauf aufmerksam gemacht, dass sie kein Kind mehr war. Er war neugierig darauf, sie unter den veränderten, fortgeschrittenen Bedingungen ihres Lebens wiederzusehen, doch ließ ihn eine gewisse Trägheit und Schüchternheit vor den Abenteuern und Verantwortlichkeiten zurückschrecken, von denen er wusste, dass sie ihn gleich nach seiner Ankunft überfallen würden. Die Trägheit schien vor allem der Gewissheit zu entspringen, in jedem beliebigen Moment die Hand ausstrecken zu können, um die damals losgelassenen Fäden wieder aufzunehmen. Er hatte Herakleion, jene andere Welt, aus der Sicherheit und Distanz, die England bot, betrachtet. Er war überzeugt, dass Herakleion ihn erwartete, und diese Überzeugung hatte etwas Besitzergreifendes, in das auch Eve eingeschlossen war. Duldsam und amüsiert hatte er den brieflichen Darlegungen ihrer Heldentaten gelauscht, wie ein Mann, der einem bereits vertrauten Vortrag folgt. Er hatte oft die Möglichkeit erwogen, nach Herakleion zurückzukehren, es dann jedoch, ohne die eigenen Gründe zu kennen oder zu verstehen, immer wieder verschoben. Und doch war sein Leben die ganze Zeit über nur ein Dienst gewesen, eine Widmung an Herakleion.

Dann wurden in den Briefen, die er bekam, die bevorstehenden Wahlen erwähnt, und eine gewisse Spannung durchzog seine Korrespondenz. Eve, die für alle Fragen der Politik nur Verachtung übrighatte, machte keine Anspielungen, aber die spärlichen Zeilen seines Vaters ließen eine ungeduldige, gereizte Besorgnis erkennen. Die Anzeichen mehrten sich und erreichten ihren Höhepunkt in einem Brief voll dunkler Anspielungen, in dessen anonymem Absender er Grbits erkannte, und schließlich in einem Dokument, das sich als Behauptung analphabetischen Selbstbewusstseins erwies und von Kato, Tsigaridis, Zapantiotis und einer ganzen Reihe anderer Namen unterschrieben war, die wie ein Schwarm exotischer Vögel in die sanfte Abgeschiedenheit des englischen Domgartens rauschten, wo Julian ihre Zeilen las.

Sich seiner gereiften, ausdauernden Stärke bewusst, bestieg er das Schiff nach Griechenland.

Er hatte sein Kommen mit keinem Wort angekündigt. Ein süffisantes Lächeln umspielte seine Lippen, als er sich die Befriedigung ausmalte, die es ihm bereiten würde, Eve zu überraschen. Sein Hang zu unerwarteten Auftritten hatte in der Vergangenheit reichlich Stoff für ironische Anspielungen gegeben (und natürlich war es Eve, die Erfinderische, gewesen, die diesen Hang bei ihm entdeckt und zur Sprache gebracht hatte). Er wusste, sie würde sich verändert haben, erwachsen geworden sein. Eine unsinnige, eifersüchtige Wut überkam ihn bei diesem Gedanken, eine Wut, die sich nicht gegen bestimmte Personen richtete, sondern gegen die Zeit, weil sie sich in seiner Abwesenheit an Eve, seiner Eve vergriff, sich sozusagen hinter seinem Rücken Vorteile verschaffte. Und obgleich er sich stets eingeredet hatte, ihrer Hingabe eher eine träge Gleichgültigkeit entgegenzubringen, war ihm der Gedanke, diese Hingabe könnte sich ein anderes Ziel gesucht haben, unerträglich. Er stand abrupt auf und schritt mit wütender Miene an der Reling entlang, sodass einer der Passagiere, der ihn beobachtete, vor sich hin pfiff und dachte:

»Ganz schön launisch, der junge Mann.«

Dann wurde die Reise zu einem Traum für Julian. Winzige Inseln ragten, rosig im Sonnenlicht, wenige Meilen entfernt aus dem Wasser, das Schiff zog sein Kielwasser wie eine weiße Spitze breit und schnurgerade über die grüne See. Dahinter schloss sich das Wasser wieder, als wollte es den Weg des Schiffes unkenntlich machen, alle Spuren verwischen, den Rückweg auslöschen. Und dann irgendwann bemerkte er, dass der dunkle Streifen, den er für eine Wolkenbank gehalten hatte, tatsächlich die Küste war. An diesem Abend, sagte ihm ein Matrose, würden sie in Herakleion sein. Julian ärgerte sich über den Gleichmut von Passagieren und Mannschaft, während die Küste immer näher kam. Jetzt fuhren sie an Aphros vorbei, und es lagen nur noch acht Meilen zwischen dem Schiff und der Küste. Die Gischt, die ihr den Namen gegeben hatte, brach sich an den Klippen der Insel ...

Danach tat sich in seiner Erinnerung eine Lücke auf; bis zu dem Moment, wo er bereits in der Tür zu dem großen, mit Fresken ausgemalten Salon im Hause seines Vaters stand, und an die Stelle des Friedens und der Vorfreude, die seine Reise begleitet hatten, war fröhliches Stimmengewirr getreten, grelles Licht und die durchdringende Musik dreier Geigen, die von einem Klavier begleitet wurden. Nach der

Landung war er gleich vom Pier aus hinaufgelaufen. Es war elf Uhr abends gewesen, und beim Überqueren der *platia* hatte er aus den erleuchteten, offenen Fenstern Musik gehört. Einen Moment lang hatte er im Schatten des Hauses innegehalten; erst jetzt war ihm wirklich bewusst geworden, dass das Leben hier fast zwei Jahre lang ohne ihn weitergegangen war.

»Warum sollte mich das überraschen? Ich bin schon ein erstaunlicher Egoist«, murmelte er.

Er trug noch immer seinen grauen Flanellanzug, aber er wollte nicht erst auf sein Zimmer gehen, um sich umzukleiden. Eine Weile stand er in der offenen Tür zum Salon, lächelte, weil man ihn immer noch nicht entdeckt hatte, und hielt Ausschau nach Eve. Sie saß zwischen zwei Männern am anderen Ende des Zimmers; in ihrem Rücken grimassierten die gemalten Affen und schwangen sich mit Händen und Schwänzen von den Zweigen ihrer wenig überzeugend gemalten Bäume. Es sah so aus, als hätte Eve inmitten dieser ätherischen, romantischen Landschaft Platz genommen.

Vorsichtig an den Wänden entlangschleichend, machte er sich auf den Weg zu ihr. In einer Ecke blieb er stehen, um sie zu beobachten. Sie spürte nichts von seiner Gegenwart. Der junge Christopoulos beugte sich zu ihr hinüber, und sie lächelte und schaute ihm in die Augen ... In den zurückliegenden achtzehn Monaten hatte sie ihre Kunst perfektioniert.

Julian kam näher, argwöhnisch, besitzergreifend, noch immer beobachtend, auf der Suche nach dem wesentlichen Unterschied. Sie, die ein Kind gewesen war, als er sie verlassen hatte, war jetzt eine Frau. Die Eigenarten ihres Gesichts waren mit den Jahren des Erwachsenwerdens ausgeprägter geworden, und das provokative Geheimnis ihrer Person, das sich eher verweigerte als preisgab, fand jetzt seine Erklärung. Es schien so, als gäbe es einen Anlass für die roten Lippen und die ironischen Augen, die im Gesicht des Kindes so unpassend, ja fast beleidigend gewirkt hatten. In der Hand hielt sie einen riesigen Fächer aus orangefarbenen Federn. Ihr Haar fiel lockig über ihre Brauen und schien einen Schatten über ihre Augen zu werfen.

Plötzlich stand er vor ihr.

Einen Moment lang starrte sie ihn erschrocken an, ihre Lippen teilten sich, ihr Atem stockte. Er lachte und freute sich, sie auf ihrem Gebiet, dem Melodram, übertroffen zu haben. Er sah, dass sie wirklich ratlos war, ihre Gedanken und ihre Erinnerungen an ihn zusammennehmen musste, sah, wie sie verzweifelt versuchte, eine Brücke über den Abgrund der letzten folgenschweren Monate zu schlagen. Sie hatte sichtlich Mühe mit der abrupten Erneuerung ihrer Beziehung, und Julian verspürte eine gewisse Heiterkeit angesichts der Verwirrung, die er gestiftet hatte. Ohne auch nur ein einziges Wort gesagt zu haben, hatte sie in ihm – wie in allen Männern – einen tyrannischen Eroberungsdrang geweckt.

Dann rettete sie die Einmischung der anderen Menschen im Saal. Als Erster schüttelte Christopoulos Julians Hand, dann scharten sich immer mehr Tänzerinnen und Tänzer um ihn, riefen erstaunt seinen Namen, nickten ihm zu oder klopften ihm auf die Schulter. Schließlich wurde auch Mr Davenant herbeigeholt, und Julian stand verwirrt lächelnd, doch ziemlich schweigsam unter den redseligen Gästen. Er bot all denen eine Sensation, die nach Sensationen gierten. Er hörte, wie Madame Lafarge, die ihn durch ihr Lorgnon wohlwollend anlächelte, zu Don Rodrigo Valdez sagte:

»*C'est un original que ce garçon.*«

Sie waren alle da, überflüssig und lärmend. Die wenigen Neulinge schloss man kaltblütig aus. Sie waren alle da: die rundliche dänische Exzellenz, das bauschige gelbe Haar kunstvoll um das rosige Gesicht drapiert; Condesa Valdez, angemalt wie eine Kurtisane; Armand, lässig, mit seinem Magnolienteint; Madame Delahaye, unternehmungslustig und zwielichtig; Julie Lafarge, dünn und verlegen lächelnd; Panaïoannou in seiner himmelblauen Uniform; die vier Schwestern Christopoulos, wie immer an vorderster Front um jeden verfügbaren Junggesellen kämpfend. Sie und alle anderen. Gleichgültig, zu welchem Zeitpunkt er während der vergangenen achtzehn Monate zurückgekehrt wäre, er hätte sie genau so vorgefunden, die gleichen Worte auf den Lippen. Julian nahm sie hin, wie er Herakleion hinnahm. Doch sie kamen ihm – vielleicht mit Ausnahme von Grbits, dem Riesen, der sich seinen Weg zu Julian durch die Menge bahnte wie ein Elefant durch den Regenwald, und vielleicht mit Ausnahme des persischen Botschafters, der noch immer mit sanftem Lächeln die kleinen Gesprächsgrüppchen umkreiste – alle vor wie in Pappe ausgestanzte Figuren. Eve war gegangen; er konnte sie nirgendwo sehen. Wahrscheinlich hatte Alexander sie nach draußen begleitet.

Dann nahm die dänische Exzellenz Julian in Beschlag, und er musste einen wahren Strom von Klatsch und Tratsch über sich ergehen lassen. Er sei so lange fort gewesen, dass es ihn nach Neuigkeiten doch förmlich dürsten müsse, meinte sie. Die englische Gesandtschaft habe einen neuen Botschafter bekommen, den man allgemein für ziemlich ungesellig hielt. Man habe ihn am vorigen Sonntag auf dem Rennplatz erwartet, aber er sei nicht erschienen. Armand habe eine Affäre mit Madame Delahaye. Bei einer Dinnerparty in der letzten Woche habe Rafaele, der italienische Botschaftsrat, nicht den ihm gebührenden Platz bekommen. Der russische Botschafter, *Nestor des corps diplomatique* von Herakleion, habe versprochen, die Angelegenheit mit dem Protokollchef zu klären. Wenn man solche Dinge erst einmal schleifen ließe ... Die Saison sei sehr fröhlich gewesen. Vergleichsweise geringfügige politische Probleme. Sie möge politische Probleme nicht. Ja, im Vertrauen gesagt, Persönlichkeiten seien ihr lieber. Aber sie sei ja auch nur eine Frau, dazu keine besonders kluge. Aber sie habe ein gutes Herz. Auch wenn sie vielleicht nicht so klug sei wie Eve, seine Cousine.

Eve? Ein Hauch von Feindseligkeit und Zurückhaltung schlich sich in den Redefluss der dänischen Exzellenz ein. Natürlich sei Eve sehr reizend, auch wenn man sie unmöglich schön nennen könne, ihr Mund sei viel zu groß und rot. Eigentlich sei es fast unanständig, einen so roten Mund zu haben, bei einem so jungen Mädchen sei das irgendwie nicht ganz *comme il faut*. Trotzdem sei sie erfolgreich. Männer ließen sich gern amüsieren, und Eve könne, wenn sie nicht gerade schmollte, sehr amüsant sein. Ihre Nachahmungskunst sei in Herakleion in aller Munde. Aber wenn man es sich genau überlegte, stelle dieses Talent eine sehr unfreundliche Art der Unterhaltung dar. Wirklich schade, dass Eve so *moqueuse* sei. Nichts sei ihr heilig, nicht einmal wirklich schöne, bewegende Dinge: Patriotismus, Mondschein oder die Kunst. Nicht einmal vor der griechischen Kunst mache sie halt. Nicht dass sie, Mabel Thyregod, ihr Verhalten missbillige; schließlich besäße sie ja selbst einen gewissen Ruf, geistreich und ironisch zu sein. Sie meine nur, es gäbe gewisse Themen, die man dabei aussparen sollte. Die Liebe zum Beispiel. Die Liebe sei die schönste, heiligste Sache der Welt, und doch habe Eve – so ein junges Ding, noch ein halbes Kind – keine Ehrfurcht vor ihr, und zwar weder vor der Liebe im abstrakten Sinne noch vor den Liebenden aus Fleisch und Blut. Sie verschmähe die Liebe, die man ihr entgegenbringe. Sie habe einfach kein Herz. Aber vielleicht sei das auch ihr Glück. Sie, Mabel Thyregod, habe zeit ihres Lebens darunter gelitten, ein zu großes Herz zu haben.

Es entspann sich zwischen ihnen ein kleiner Kampf. Fru Thyregod versuchte, intim zu werden, und Julian wehrte sich gegen ihre Aufdringlichkeit. Er mochte sie zu sehr, um auf ihre unverhohlenen Annäherungsversuche einzugehen. Er fragte sich mit brüderlichem Interesse, ob Eve in ihren Methoden weniger rücksichtslos war.

Der Gedanke an Eve weckte in ihm den Wunsch, sie sofort zu suchen, also ließ er Fru Thyregod erstaunt und verärgert im Salon stehen. Er fand Eve mit einem Mann, den er nicht kannte, im Büro ihres Vaters. Sie saß geistesabwesend und teilnahmslos in einem Sessel, während der junge Mann eindringlich auf sie einsprach. Als sie Julian entdeckte, rief sie:

»Schon wieder Julian! Du tauchst jetzt wohl überall unvermutet auf? Hast du dir eine Tarnkappe zugelegt?«

Als sie sah, dass der andere Mann verlegen schwieg, murmelte sie:

»Kennst du meinen Cousin Julian? Prinz Ardalion Miloradowitsch.«

Der Russe verbeugte sich widerwillig. Sein Taktgefühl gebot ihm, Julian seinen Platz zu überlassen. Als er gegangen war, sagte Eve zu ihrem Cousin:

»Unversöhnlich wie immer, wenn du dir etwas in den Kopf gesetzt hast! Wie ich sehe, hast du deinen tyrannischen Egoismus weder völlig abgelegt noch in England zurückgelassen.«

»Ich habe den Mann noch nie gesehen. Wer ist das?«

»Ein Russe. Nicht unattraktiv. Ich bin mit ihm verlobt«, erwiderte sie leichthin.

»Du willst ihn heiraten?«

Sie zuckte mit den Schultern.

»Eines Tages, vielleicht. Wahrscheinlich eher nicht.«

»Und was wird aus ihm, wenn du ihn sitzen lässt?«, fragte Julian mit einer gewissen Neugier.

»Oh, er hat einen hübschen *je-m'en-fichisme*; er wird mit den Schultern zucken, meine Fingerspitzen küssen und als Spieler enden«, antwortete sie.

Aus Eves Worten meinte Julian, das Wichtigste über Miloradowitsch erfahren zu haben, obwohl er ihn selbst gar nicht kannte; sie hatte ein Schlaglicht auf ihn geworfen.

Sie plauderten ein wenig über verschiedene Dinge, die ihnen eigentlich nicht wichtig waren, und die ganze Zeit über beobachteten sie einander genau. Eve konnte nichts wirklich Neues an ihm entdecken, allenfalls ein Festhalten an den alten, unbekümmerten, zum Unpersönlichen neigenden Charakterzügen. Sein Äußeres wirkte so nachlässig wie immer; groß, schlaksig, grobe Züge. Er wiederum fand an ihr vieles, was ihm neu war; zumindest sah er erst jetzt, mit zunehmender Beobachtungsgabe, was seinen jungenhaften

Augen bislang entgangen war. Er bemerkte an ihr bewusste Gelassenheit, Selbstbeherrschung und provokative Unnahbarkeit, sah die weichen Formen ihres Halses und ihrer Arme, die kleine *mouche* in den Winkeln ihres Mundes, ihre zierlichen, anmutigen Hände und ihre helle Haut, die im Schatten golden glänzte, als hätte sie eine bernsteinfarbene Politur bekommen; er nahm die alles durchdringende Sinnlichkeit wahr, die von ihr ausstrahlte wie die Wärme eines schlummernden Feuers. Er ertappte sich dabei, wie er Miloradowitsch in Gedanken zum Teufel wünschte …

»Hast du dich verändert?«, fragte er abrupt. »Schau mich an.«

Sie hob die Augen mit der Sicherheit eines Menschen, dem persönliche Bemerkungen vertraut waren. Ein träges Lächeln stahl sich auf ihre Lippen.

»Nun, dein Urteil?«

»Du bist älter geworden, und du trägst dein Haar zurückgekämmt.«

»Ist das alles?«

»Erwartest du von mir, dass ich dir sage, dass du hübsch bist?«

»Natürlich nicht«, sagte sie und schnipste mit den Fingern. »Von dir erwarte ich nie Komplimente, Julian. Zum Ausgleich könnte ich dir eins machen. Deine Ankunft heute Abend war ein Triumph. Geradezu künstlerisch arrangiert. Lass mich dir gratulieren. Dabei weißt du ganz genau, dass ich es nicht mag, überrascht zu werden.«

»Deshalb tue ich es ja.«

»Ich weiß«, erwiderte sie mit plötzlicher Demut und einer ungewohnt dunklen Stimme.

Verzückt registrierte er den neuartigen Klang dieser tiefen Töne. Seine Phantasie, im Bemühen, die Wirkung dieser Stimme zu begreifen, bescherte ihm eine ganze Flut von Bildern. Wie ein Umhang aus schwarzem Samt, dachte er erstaunt, dunkel wie die Nacht! Sie besaß die tiefblaue Tönung einer reifen Pflaume, die Sanftheit einer südländischen Wange, die Glut schweren roten Weins. Lauter verführerische, schmeichlerische Dinge. Sie passte zu Eves sanfter Gelassenheit, ihrer feinen Unaufdringlichkeit, ihrem trägen, ironischen Lächeln.

»Deine köstliche Eitelkeit«, sagte er unerwartet, streckte die Hand aus und berührte scheu die Falten des feinen Silberstoffes, der an ihrem schmalen Handgelenk von einem silbernen Band zusammengehalten wurde.

2

Herakleion. Die weiße Stadt. Die Sonne. Die jäh ins Meer abfallende Küste, das Mylassa-Gebirge. Die entfernten Umrisse der griechischen Küste. Die flachen Inseln draußen im glitzernden Meer. Die diplomatischen Zirkel, das Abschätzen von Gewinnen, die ständigen Klagen der Inseln, der Traum von der Befreiung, die Leidenschaft für die Sache der Schwächeren, der Kampf gegen Wohlstand und Autorität. Inbegriff der Jugend ... Dinge, die es auf einmal wieder zu entdecken und zu erneuern galt.

Vier Tage nach Julians Ankunft waren die Wahlen angesetzt. Vater Paul könnte zweifellos die Informationen ergänzen, die Kato ihm bereits gegeben hatte. Doch Vater Paul war nicht in der kleinen Taverne in dem abgeschiedenen ärmlichen Dorf in der Nähe des Landhauses der Davenants zu finden. Julian zügelte sein Pferd, las den vertrauten Namen *Xenodochion Olympos* über der Tür und fragte die Männer, die auf der kleinen, kiesbestreuten Bahn Boccia spielten, ob sie wüssten, wo der Priester sei. Sie konnten es ihm ebenso wenig sagen wie der alte Insulaner Tsigaridis, der neben der Tür saß, eine Zigarre rauchte und die Perlen eines hellgrünen Rosenkranzes zwischen den Fingern drehte.

»Der *papá* ist nicht oft hier«, sagte Tsigaridis. Die Kritik in seinem Tonfall war nicht zu überhören.

Die schläfrige Hitze eines Septembernachmittags lag über dem staubigen Dorf, auf der Straße regte sich kein Lebewesen. Die Hunde schliefen, die Läden der blassrosa und hellblau angestrichenen Häuser waren dicht geschlossen, das Dorf wirkte verlassen und tot. Auf die rosa Fassade der Taverne fiel der Schatten eines großen Feigenbaums; nur auf einer Seite war der Baum zurückgeschnitten, damit sein Schatten nicht auf die Bocciabahn fiel. Julian ritt weiter, entkräftet von der großen Hitze und dem blendenden Sonnenlicht, und nachdem er sein Pferd im Stall seines Onkels abgegeben hatte, ging er zu der schattigen Pergola am unteren Ende des Gartens.

Er sah Vater Paul über das Gras zwischen den Zitronenbäumen auf sich zukommen; der Priester ging langsam, den Kopf gebeugt, die Hände hinter dem Rücken gefaltet, eine hagere schwarze Gestalt zwischen den goldenen Früchten. Er wirkte schmal und dürr, und sein knochiges Gesicht erschien im Kontrast zu dem roten Haar furchtbar bleich. Julian kam er vor wie ein lang gezogenes schwarzes Ausrufungszeichen. Doch Vater Paul schien Julian nicht zu sehen; er ging, als sei jeder seiner schleppenden Schritte von einem sorgenvollen Gedanken begleitet.

»Vielleicht«, hoffte Julian, der ihn weiter beobachtete, »hat er seine Entscheidung getroffen, wenn er bei mir angekommen ist.«

Amüsiert spekulierte er über die Sorgen des Priesters: Ein widerspenstiges Schäfchen seiner Herde? Eine unumgängliche Reparatur an der Kirche? Jedenfalls nichts, was über Herakleion hinausgegangen wäre. Ein winziges Leben! Ein Priester, ein Mann, der dem Geburtsrecht der Menschen abgeschworen, die sichtbare gegen die unsichtbare Welt eingetauscht hatte. Ein Leben, konzentriert, intensiv, überschaubar, ein kleiner, runder Ball. Kein Handlungsspielraum, keine Freiheit. Dörfliches Leben unter dem Mikroskop; vertraute Gesichter und vertraute Seelen. Julian schien plötzlich das Licht der ganzen Welt über dem kleinen Dorf zu einem Strahl gebündelt, darüber beugte sich das hagere Gesicht des Priesters, grübelnd, angespannt, alles in sich aufnehmend, sodass sein Wohlwollen fast zu einem Mittel des Bösen wurde, neugierig, wissbegierig, und die Seelen, die unter seiner Obhut standen, strebten vergeblich fort. Um das Bild auszulöschen, rief er laut:

»Sie waren in Gedanken versunken, Vater?«

»Ja, ja«, murmelte Paul. Er nahm sein Taschentuch heraus, um sich das Gesicht abzuwischen, das, wie Julian jetzt erstaunt sah, unter einer dünnen Schweißschicht glänzte.

»Ist etwas passiert?«

»Nein, nichts ... Ihr Vater ist sehr großzügig«, stammelte der Priester zusammenhanglos.

Julian, der noch immer unter dem Bann seiner Phantasien stand, erkundigte sich, in welcher Hinsicht sein Vater großzügig gewesen sei.

»Er hat mir eine neue Ikonostase versprochen«, sagte Paul, aber seine Worte klangen distanziert, zerstreut, als antworte er rein mechanisch. »Die alte Ikonostase befindet sich nämlich in einem erbärmlichen Zustand«, fuhr er mit neuer, unheimlicher Energie fort. »Als wir die Tafeln gesäubert hatten, mussten wir feststellen, dass auf der Rückseite massenweise Fledermäuse hingen, und nicht nur Fledermäuse, auch Mäuse hatten sich dort eingenistet. Die Mäuse in der Kirche sind wirklich eine Plage. Ich muss das geweihte Brot in einer Keksdose aufbewahren, obwohl mir das ganz und gar nicht gefällt; eigentlich dürfte es nur unter einem Leinentuch liegen, aber wegen der Mäuse geht das natürlich nicht. Ich habe Fallen aufgestellt und mir eine Katze angeschafft, aber seitdem sie sich in einer Falle den Fuß eingeklemmt hat, ist sie nicht wiedergekommen. Es ist ein großes Problem mit den Mäusen, wirklich ein großes Problem.«

»Ich weiß«, sagte Julian, »ich hatte in Oxford auch mal Mäuse in meinem Zimmer.«

»Eine Plage!«, schrie Paul, noch immer von grimmiger Energie getrieben, für alles andere unzugänglich. »Ich weiß, es ist eine Sünde, aber manchmal frage ich mich, warum der liebe Gott überhaupt Mäuse erschaffen hat. Ich habe in meinen Fallen nie welche gefangen; nur der Fuß der Katze ist drin hängen geblieben. Und der Junge, der die Kirche sauber macht, hat den Käse gegessen. Ich hatte großes Pech, großes Pech mit den Mäusen.«

»Ob er bald das Thema wechselt?«, dachte Julian. Der Garten schien plötzlich voller Mäuse, lauter flinke, kleine graue Lebewesen, die über die Pfade sprangen. Nur Paul, der mit wilden, seltsam abrupten Gesten weitersprach, schien innerlich gar nicht anwesend zu sein.

»Es ist fast zwei Jahre her, dass Sie fortgegangen sind«, sagte er plötzlich. »Bestimmt haben Sie viel gesehen und mich vergessen? Wie war das Wiedersehen mit Ihrem Vater? Im Dorf sind viele Leute gestorben, wie das ja wohl auch nicht anders zu erwarten war. Ich war sehr beschäftigt, Beerdigungen und Taufen. Es gefällt mir, beschäftigt zu sein. Und dann muss ich mich ja auch um die Kirche kümmern. Ja, die Kirche. Ich war sehr besorgt wegen der Ikonostase. Ich habe mir große Vorwürfe gemacht. Wie konnte ich sie bloß so verkommen lassen? Aber daran waren natürlich auch die Mäuse schuld. Letzte Woche ist ein Mann von den Klippen gesprungen und ertrunken, ein Fremder. Es hieß, er habe im Casino verloren. Während Sie fort waren, bin ich ein paarmal in Herakleion gewesen. Aber es ist mir dort zu laut. Die Straßenbahnen, das grelle Licht. Ihnen wäre das bestimmt anders gegangen. Der Lärm der weiten Welt ist bestimmt Musik in Ihren Ohren. Sie sind jung, in Ihrem Leben gibt es noch keine Probleme. Aber ich bin zufrieden; ich möchte nicht, dass Sie denken, dass ich unzufrieden bin. Ihr Vater und Ihr Onkel sind äußerst großzügig und aufmerksam. Ihr Onkel hat versprochen, die Kosten für den Aufbau der neuen Ikonostase zu übernehmen. Das hatte ich Ihnen noch gar nicht erzählt. Ein paar Stützen sind vollkommen morsch ... Und Ihre Tante ist eine wundervolle Frau ...«

Voller Befremden hörte Julian dem Priester zu. Er sprach wie eine aufgezogene, übergeschnappte Maschine, und Julian wurde den Verdacht nicht los, dass er gar nicht wusste, was er eigentlich sagte. Dabei war er früher einmal ernst, bedächtig, gelehrt, ja sogar weise gewesen ... Jetzt setzte er nervös den Hut auf und wieder ab und schüttelte die unordentlichen, langen Haare.

»Er ist verrückt geworden«, vermutete Julian.

Verzweifelt dachte er darüber nach, wie er sie beide aus dem Morast herausholen konnte, in dem ihre Füße zu versinken drohten; wie er den Priester zurückholen konnte, damit er sich seiner Vernunft erinnerte, seinen Verstand unter Kontrolle brachte, denn dann käme vielleicht auch alles andere wieder ins Lot. So plappert die Zunge in einem verlassenen Körper, während der Geist in unbekannte Welten entweicht, um dort vielleicht entsetzliche Qualen zu leiden. Wer hätte sagen können, was dies für Qualen waren? Dass der Mann litt, lag auf der Hand. Er hatte gelitten, als er unbeobachtet durch den Garten gegangen war, aber er hatte es in einem beherrschten Schweigen getan, hatte Geist und Verstand aneinandergekettet, in dem angespannten Bemühen durchzuhalten. Jetzt war dieser Bund durch den Klang einer menschlichen Stimme erschüttert worden, der Geist war unter heftigen Qualen geflohen und hatte die Vernunft allein gelassen, die mit leerem Lärm und Geplänkel die Wahrheit ängstlich zu verbergen suchte. Er, Julian, war verantwortlich für die Offenbarung eines Geheimnisses. Er musste den Schaden, den er verursacht hatte, wieder beheben.

»Vater!«, unterbrach er ihn und nahm den Priester fest beim Handgelenk.

Ihre Blicke trafen sich.

»Vater!«, sagte Julian wieder. Er umklammerte Pauls Handgelenk, so fest er konnte, und hielt den Blick des Priesters mit aller Willenskraft. Er sah die eingefallenen Wangen, die verhärmten Züge im hageren Gesicht. Paul war doch immer so stark gewesen, männlich, voller Energie. Jetzt plapperte er unsinnige Worte vor sich hin und zitterte wie ein alter, gelähmter Mann. Selbst seine Reinlichkeit hatte ihn verlassen; seine Soutane war befleckt, sein Haar strähnig und fettig. In seinen Augen stand eine heilige, mitleiderregende Feigheit, er war bezwungen, suchte aber noch nach Fluchtmöglichkeiten; dann, während er sich unter Julians Griff langsam beruhigte, spiegelten sich andere Gefühle in seinem Blick: zuerst Scham, dann verzweifeltes Ringen um Selbstachtung, schließlich, am bewegendsten, Dankbarkeit und Vertrauen.

Und Julian, der sah, wie sich der Kreis schloss, der wusste, dass Paul wieder Herr seiner selbst geworden war, ließ den Arm des Priesters los und fragte so beiläufig wie möglich: »Alles in Ordnung, Vater Paul?« Er hatte das Gefühl, jemanden vor einem Sturz von den Klippen bewahrt zu haben.

Paul nickte schweigend. Dann fragte er Julian, wie er die letzten achtzehn Monate verbracht hatte, und sie redeten längere Zeit miteinander, ohne die unerklärliche Szene, die sich zwischen ihnen abgespielt hatte, noch einmal zu erwähnen. Paul sprach mit der gewohnten Sanftheit und dem gewohnten Interesse, sein Verhalten schien wieder vollkommen normal, und Julian hätte an eine Halluzination geglaubt, wäre da nicht ein letztes Zeichen geblieben: das unordentliche, strähnige, lange Haar. Julian merkte, wie es mit grausiger Faszination immer wieder seine Aufmerksamkeit auf sich zog, doch weil er wusste, dass er zu dem Vorgefallenen schweigen musste, bis Paul selbst davon sprach, versuchte er, seine Blicke abzuwenden.

Er war erleichtert, als der Priester sich von ihm verabschiedete.

»Ich muss gehen und mein Haar richten« – dieser Ausdruck kam ihm in den Sinn, als er den Priester, auf die alte, gewohnte Weise über seine Soutane stolpernd, fortgehen sah; die langen roten Strähnen fielen über den schwarzen Stoff. »Wie eine Frau!«, murmelte er angewidert und ballte die Fäuste. »Wie eine Frau! Langes Haar, langer Rock, bereit, den Problemen anderer Menschen zu lauschen. Eine widernatürliche Existenz. Widernatürlich? Es grenzt schon an Unmoral. Kein Wunder, dass der Geist dieses Mannes zerrüttet ist.«

Er machte sich wirklich Sorgen um seinen Freund, und dass er aus Treue zu ihm schweigen musste und keine Fragen stellen durfte, verstärkte seine Sorgen. Aber vielleicht würde Eve von sich aus eine Bemerkung über Pauls Verhalten machen, und er könnte auf diese Weise etwas erfahren, ohne den Freund verraten zu müssen. Der Nachmittag war heiß und still; Eve war bestimmt im Haus. Die Traditionen des englischen Lebens standen Julian noch deutlich genug vor Augen, um ihn gegen den Müßiggang südlicher Tage aufzubringen; er ärgerte sich darüber, welche Zugeständnisse man hier dem Klima machte. Ein demoralisierender Ort. Ein Ort, an dem Priester ihre Haare wachsen ließen und vorübergehend den Verstand verloren ...

Er trat in den fleckigen Schatten der Zitronenbäume und ging in gereizter Stimmung auf das Wohnhaus zu. Er sehnte sich danach, etwas zu unternehmen; seinem regen Geist fiel es schwer, lange Zeit unbeschäftigt zu sein. Er sehnte sich nach den Auseinandersetzungen, die die Präsidentschaftswahlen mit sich bringen würden. In der heißen Sonne erstrahlte das Haus in grellem Weiß, die grünen Läden und die Fenster waren fest verschlossen.

Er überquerte die Veranda. Das halb dunkle Wohnzimmer war leer. Wie absurd, künstliche Flammen an die Decke zu malen, wo doch bei diesen Temperaturen Feuer das Letzte war, woran man erinnert werden wollte. Er rief:

»Eve!«

Als Antwort bekam er nur Schweigen. Ein Buch, das neben dem Schreibtisch am Boden lag, zeigte ihm, dass sie im Zimmer gewesen war; niemand sonst in diesem Haus würde Albert Samain lesen. Julian hob das Buch auf und las angewidert:

»... Des roses! des roses encore!
Je les adore à la souffrance.
Elles ont la sombre attirance
Des choses qui donnent la mort.«

»Grässlich!«, stöhnte er und warf das Buch fort.

Ganz bestimmt gehörte es Eve. Ganz bestimmt war sie im Zimmer gewesen, denn niemand in diesem Haus hätte die Maske eines Fauns auf das Löschpapier gezeichnet. Er betrachtete die Zeichnung mit wachsender Bewunderung; welch boshaften Humor sie in diese schielenden Augen, den schrägen Mund gelegt hatte! Langsam blätterte er die Seiten um – wie ähnlich es Eve doch sah, auf Löschpapier zu zeichnen! – und stieß auf andere Zeichnungen: einen Dämon, ein phantastisches Schloss, eine durchgestrichene Skizze von ihm, Julian. Auf einer ganzen Seite hatte sie seinen Namen in ausgefeilten, kunstvollen Buchstaben mehrmals wiederholt. Schließlich fand er einen Brief, der mit den Worten begann: »Ewige, grausame Eve!« Ein Blick auf den letzten Satz: »... *votre réveil qui doit être charmant dans le désordre fantaisiste de votre chambre*« ließ ihn in hastiger Diskretion die Kladde schließen.

Überall lebhafte Spuren ihrer Anwesenheit, doch wo war sie selbst? Einsamkeit und mangelnde Beschäftigung machten Julian zu schaffen. Er schlenderte hinaus auf den breiten Gang, der rings um den Innenhof lief. Gereizt und unzufrieden, beide Hände in den Taschen vergraben, blieb er stehen und rief wieder:

»Eve!«

»Eve!«, ein überraschender Widerhall ertönte aus dem Innenhof.

Gleich darauf war eine andere, greifbarere Stimme zu hören.

»Haben Sie Miss Eve gerufen, Master Julian? Sie hat sich hingelegt. Soll ich sie rufen?«

Er freute sich, die dicke, ruhelose, schlampige, gutmütige Nana zu sehen. Er küsste sie auf die Wange und sagte ihr, sie sei dicker als je zuvor.

»Freust du dich, dass ich wieder da bin, Nannie?«

»Aber sicher doch, Master Julian.«

Nanas Gefühlsbezeugungen waren stets zurückhaltend und respektvoll. Sie prahlte immer damit, das Leben im Süden habe sie zwar im Hinblick auf ihre Figur, nicht aber im Hinblick auf ihr Benehmen nachlässiger gemacht.

»Kann ich in Eves Zimmer gehen, Nannie?«

»Na, ich denke schon.«

»Weißt du, Nannie, du müsstest eigentlich eine alte Negerin sein.«

»Lieber Gott! Ich und schwarz?«

»Ja, das würde viel besser zu dir passen.«

Lachend und plötzlich wieder ganz jungenhaft, lief er die Treppe zu Eves Zimmer hinauf. Er war schon oft in ihrem Zimmer gewesen, doch als seine Hand auf der Klinke lag, zögerte er. Es packte ihn wieder dieser seltsame Zorn auf die Zeit, die sie ohne ihn verbracht hatte.

Er klopfte.

Im Zimmer war es dunkel; durch ihre Schatten verbreitert, wirkten die Möbel riesig groß. Duft, Dämmerung und luxuriöser Müßiggang umfluteten ihn wie warmes Wasser. Er sah weiche Kleider, dunkle Spiegel, verstreute Bücher und viele kleine Flaschen. Plötzlich widerte ihn die eigene Dreistigkeit an, einfach so einzudringen – ein Ungläubiger, der respektlos ein Heiligtum betritt. Schweigend stand er an der Tür. Eine schläfrige Stimme sang leise einen absurden, kindischen Reim:

»*Il était noir comme un corbeau,*
    Ali, Ali, Ali, Alo,
        Macachebono,
            La Roustah, la Mougah, la Roustah,
                la Mougah,
            Allah!
        Il était de bonne famille,
    Sa mère élevait des chameaux,
Macachebono ...«

Er sah das Bett und die zarten Schleier des Moskitonetzes, das von einem Baldachin herunterhing. Die träge Stimme fragte nach einer kurzen Stille:
»Nan?«
Nur mit Mühe überwand er sich dazu, sich erkennen zu geben:
»Nein. Julian.«
Er hörte die Laken rascheln. Sie setzte sich im Bett auf und rief: »Wer hat dir erlaubt, hier hereinzukommen?«
Darüber musste er lachen.
»Brauche ich eine Erlaubnis dafür? Ich hatte Langeweile. Darf ich zu dir kommen und mit dir plaudern?«
Er ging auf das Bett zu, bis er sie deutlicher sah, das Haar unordentlich und dunkel, ihr Gesicht unbestimmt, die Schultern weiß in einem Meer aus Spitzen.

Als er sich auf der Kante ihres Bettes niederließ, traten die Dinge im Zimmer deutlich aus der Dunkelheit hervor. Auch ihre Gesichtszüge konnte er jetzt erkennen. Sie betrachtete ihn halb sarkastisch, halb ärgerlich.

»Sybarit!«, sagte er.

Sie lächelte und streckte ihm eine Hand entgegen, ließ sie dann jedoch schlaff auf die Bettdecke fallen, als fehle ihr jede Energie.

»Du kleines Kind«, sagte er, »neben dir komme ich mir grob und vulgär vor. Ich fühle mich unternehmungslustig und energiegeladen, und du liegst da, verschwendest deine Zeit, vergeudest deine Jugend, schläfst, führst ein luxuriöses Leben und empfindest noch nicht einmal Reue dabei.«

»Selbst dir muss es doch viel zu heiß sein für eine Schlacht.«

»Es ist mir jedenfalls nicht zu heiß, um zu wünschen, dass es weniger heiß wäre. Du dagegen nimmst es hin und ziehst dich einfach zurück. Du bist froh, dass es so heiß ist, dass du nichts anderes zu tun brauchst, als dich wollüstig mitten am Tag einer Siesta hinzugeben.«

»Du bist noch nicht lang genug wieder hier, Julian, du hast noch die englische Munterkeit in dir. Warte nur, Herakleion wird dich schon wieder einholen, du wirst sehen.«

»Nein!«, rief er überraschend heftig. »Sag das nicht! Das klingt so prophetisch. Ich werde dagegen ankämpfen. Ich werde stärker sein.«

Sie lachte leise in ihre Kissen, aber er war aufgebracht; er erhob sich, ging im Zimmer auf und ab und stieß zusammenhanglose Sätze aus.

»Du und Herakleion, ihr seid beide gleich. – Ihr werdet

mich nicht runterziehen. – Nicht, wenn ich hier leben soll. – Ich weiß, man verliert hier schnell jeden Sinn für Werte. Das habe ich gelernt, als ich das letzte Mal nach England gegangen bin. Ich habe meine Beherrschung wiedergewonnen. – Ich bin entschlossen, vernünftig zu bleiben. – Ich werde mich von phantastischen Abenteuern nicht beeindrucken lassen ...«

»Warum hörst du so plötzlich auf?«, hörte er ihre spöttische Stimme.

Er hatte an Paul gedacht. Es hatte schon angefangen; er war bereits in etwas hineingestolpert, was er nicht verstand. Er verspürte den Drang, sich Eve anzuvertrauen; Eve, die dort auf ihrem Bett lag, milde lächelnd, mit unausgesprochener, aber unverkennbarer Ironie; Eve, die sich so sicher war, dass Herakleion früher oder später die Oberhand gewinnen würde. Er könnte sich ihr anvertrauen. Doch während er zögerte, wurde ihm plötzlich klar, dass Eve alles andere als vertrauenswürdig war.

Er begann erneut, im Zimmer auf und ab zu gehen. Mit keinem Wort verriet er, dass ein wichtiger, dramatischer Moment möglicher Offenbarung gekommen und ebenso rasch wieder vergangen war. Und doch wusste er, dass er eine Grenze überschritten hatte, hinter die er von nun an nicht mehr zurückkehren könnte. Er würde Eve nie wieder im gleichen Lichte sehen. Seine Wahrnehmung von ihr hatte sich erstaunlich schnell geändert. Er hatte wohl schon immer geahnt, dass sie nicht vertrauenswürdig war, die jetzige Situation hatte es ihm nur bewusst gemacht; und so war er kaum beeindruckt von dem, was er irrtümlich für eine neue Erkenntnis hielt.

»Julian, setz dich. Wie rastlos du bist. Und du siehst in diesem Zimmer so riesig aus, du machst mir Angst.«

Er setzte sich wieder auf die Kante des Bettes, diesmal etwas näher zu ihr, und begann, mit ihren Fingern zu spielen.

»Wie weich deine Hand ist. Als hättest du keine Knochen«, sagte er. »Wie ein Täubchen. – Du meinst also, Herakleion wird mich besiegen? Gut, ich gebe dir recht. Soll ich dir etwas sagen? Auf dem Weg von England hierher habe ich beschlossen, mich besiegen zu lassen. Ich weiß nicht, warum ich mich eben dagegen gewehrt habe. Eigentlich bin ich entschlossen, mich mit dem Strom treiben zu lassen, ob er mich nun zu neuen Abenteuern führt oder ins Land des Müßiggangs bringt.«

»Vielleicht zu beidem?«

»Wäre das nicht zu viel verlangt?«

»Warum? Sie sind miteinander vereinbar. *C'est le sort de la jeunesse.*«

»Prophezeie mir lieber neue Abenteuer!«

»Mein lieber Julian! Dazu bin ich viel zu faul.«

»Dann also doch das Land des Müßiggangs?«

»Dieses Zimmer ist kein schlechter Ersatz dafür«, lächelte Eve.

Julian dachte an die erstaunlich gefühlvollen Szenen, die sie in ihrer Kindheit zwischen ihnen heraufbeschworen hatte – Szenen, die er sich im Nachhinein nicht mehr erklären konnte; Szenen, deren Ablauf er niemals rekapitulieren konnte, weil sie phantastischer und unwirklicher anmuteten als glitzernde Spinnenfäden; Szenen, in denen innere Tumulte, Zorn und Pathos eine Rolle spielten; Szenen, aus denen er, den glühenden Abdruck ihrer Lippen noch auf den seinen, aufgewühlt, verwirrt und voller Selbstvorwürfe hervorgegangen war. Ein ruhiges Leben war nichts für Eve; sie würde es weder verstehen noch dulden.

Die Tür ging auf, und die alte Nana kam herein.

»Miss Eve, bitte, da ist ein Gentleman, der Sie sehen möchte. Hier ist seine Karte.«

Julian nahm sie entgegen.

»Eve, das ist Malteios.«

Ihre träge Stimme klang gleichgültig und melodiös ...

»Sag ihm, er soll gehen, Nana. Sag ihm, ich hätte mich hingelegt.«

»Aber Liebes, was wird Ihre Mutter sagen?«

»Sag ihm, er soll gehen, Nana.«

»Er ist der Premier«, beharrte Nana verzweifelt. »Sie wissen doch, dass er letzte Woche schon einmal da war. Sie hatten die Verabredung vergessen und waren ausgegangen.«

»Stimmt das, Eve? Wart ihr verabredet?«

»Nein.«

»Ich gehe hin und frage ihn, ob du die Wahrheit sagst.«

Er ignorierte Eves Proteste, verließ das Zimmer und ging die Treppe hinunter. Der Premier stand im Wohnzimmer und betrachtete den nichtigen Nippes, der auf Tischen und Regalen herumstand. Julian hatte den Premier zuletzt bei jenem denkwürdigen Treffen im Haus seines Vaters an der *platia* gesehen.

Als sie die üblichen Begrüßungsfloskeln ausgetauscht hatten, fragte Julian:

»Sie wollten meine Cousine sprechen, Sir?«

»Ja, so ist es. Sie hat mir versprochen«, sagte der Premier mit einem verschlagenen Ausdruck auf dem Gesicht, »dass sie mich heute zum Tee empfängt. Werde ich das Vergnügen haben, sie zu sehen?«

»Was«, dachte Julian, »will dieser alte Taugenichts, der genau genommen Tag und Nacht mit den kommenden Wahlen beschäftigt sein müsste, ausgerechnet von Eve? Und zwar so dringend, dass er sich nicht scheut, in der glühenden Nachmittagshitze hierherzukommen?«

Er war ungehalten, weil Eve ihn belogen hatte, und das schwang in seiner Stimme mit, als er sagte:

»Sie wird jeden Moment kommen, Sir.«

In Eves abgedunkeltem Zimmer, wo Nana seiner Cousine noch immer aussichtslose Vorhaltungen machte und Eve so tat, als würde sie schlafen, sagte er grob:

»Du hast mich wie immer belogen. Er ist hier, weil du dich mit ihm verabredet hast. Er wartet auf dich. Ich habe ihm gesagt, du würdest ihn nicht lange warten lassen. Du musst aufstehen und zu ihm gehen.«

»Auf gar keinen Fall. Welches Recht hast du, mir vorzuschreiben, was ich tun oder lassen soll?«

»Sie machen Master Julian noch ganz böse. Dabei ist er immer so gutmütig und nett«, ertönte Nanas warnende Stimme.

»Benimmt sie sich immer so, Nana?«

»Oh, Master Julian, es ist fürchterlich. Und ich muss sie dann anschließend gegen ihre Mutter verteidigen. Außerdem verliert sie andauernd irgendwelche Sachen. Es ist einfach unmöglich, Ordnung zu halten. Erst vor drei Tagen hat sie einen Diamantring verloren, aber ihr war das völlig egal. Der spanische Gentleman hat ihn ihr geschickt. Natürlich hat sie sich nicht bei ihm bedankt, und dann hat sie den Ring auch noch verloren. Sie hat es gar nicht gemerkt, und es war ihr völlig gleichgültig. Und all die Kleider, die sie bekommt und nur ein einziges Mal anzieht. Und Blumen. Und Pralinen. Alle verwöhnen sie. Aber sie beißt in die Pralinen hinein, um zu schauen, womit sie gefüllt sind, dann wirft sie sie weg und sagt, dass sie sie nicht mag. Sie kann einen wirklich zur Verzweiflung bringen.«

»Überlass sie mir, Nannie.«

»So ein ungezogenes Mädchen«, sagte Nana und verließ kopfschüttelnd Eves Zimmer.

Sie waren allein.

»Eve, ich bin wirklich empört. Wie kannst du den alten Mann so lange warten lassen?«

Sie rollte sich träge auf den Rücken, breitete die Arme aus und schaute ihn an.

»Du willst unbedingt, dass ich zu ihm gehe? Eifersüchtig bist du nicht gerade, was, Julian?«

»Was will er hier?«, fragte er neugierig. »Du hast mir nie erzählt ...«

»Es gibt vieles, was ich dir nicht erzähle, mein lieber Julian.«

»Es geht mich nichts an, und es interessiert mich auch nicht«, antwortete er, »aber er hat einen weiten Weg durch die glühende Nachmittagshitze gemacht, um dich zu sehen, und mir gefällt deine Gleichgültigkeit nicht. Ich bestehe darauf, dass du jetzt aufstehst und zu ihm gehst.«

Sie lächelte aufreizend. Er ging vor ihr auf die Knie.

»Liebling, bitte, mir zuliebe?«

Sie lachte geringschätzig: »Du Dummkopf! Ich hätte dir vielleicht gehorcht. Jetzt hast du deinen Vorteil verspielt.«

»Wirklich?«, fragte er, schob den Arm unter sie und hob sie vom Bett auf. »Wo soll ich dich hintragen?«, fragte er in der Mitte des Zimmers. »An deinen Frisiertisch?«

»Warum entführst du mich nicht, Julian?«, murmelte sie und schmiegte sich in seine Arme.

»Dich entführen? Was um Himmels willen meinst du damit? Erkläre es mir!«, sagte er.

»Ach, ich weiß nicht. Wenn du es nicht verstehst, ist es auch egal«, erwiderte sie ungeduldig. Doch er sah, dass sie aufgewühlt war. Sie schlang einen Arm um seinen Hals und küsste ihn auf den Mund. Ungehalten wand er sich aus ihrer Umarmung. Dieser Kuss im dunklen Zimmer kam ihm anstößig vor; plötzlich verunsicherte ihn ihr dünn bekleideter, geschmeidiger Körper, den er gehalten hatte, als sei sie noch ein kleines Kind.

»Du hast wirklich die Gabe, mich wütend zu machen, Eve.«

Er hielt inne. Sie hatte sich plötzlich ganz entspannt, lag weiß und schlaff in seinen Armen; ihre Augen waren geschlossen, und mit einem langen Seufzer ließ sie den Kopf nach hinten fallen. Durch ihr dünnes Hemd spürte er die Wärme ihres Körpers. Noch nie zuvor hatte er einen solchen Verlust von Haltung und Ausdruck gesehen; sein Unbehagen verstärkte sich, und nicht sehr schmeichelhafte Worte drängten sich auf seine Lippen.

»Kein Wunder ...« schoss es ihm durch den Kopf.

Er war schockiert – schockiert wie ein Bruder, der sich durch die plötzlich entdeckte Sexualität seiner Schwester verraten fühlt.

»Eve!«, sagte er streng.

Sie öffnete die Augen, traf seinen Blick, kam wieder zu sich.

»Lass mich runter!«, rief sie, und als sie wieder mit beiden Beinen auf dem Boden stand, griff sie rasch nach ihrem spanischen Schal und wickelte ihn um sich. »Oh!«, sagte sie, plötzlich ein verändertes Wesen, gekränkt und empört, ihr Gesicht verbergend, »geh, Julian! Geh, geh, geh!«

Mit einem verblüfften Kopfschütteln verließ Julian ihr Zimmer. Es gab zu viele Dinge in Herakleion, die er nicht verstand. Paul, Eve, Malteios. Diese Begegnung mit Eve, die doch so natürlich hätte sein können, hatte sich als heikel erwiesen. Augenblicken der Erleuchtung waren Augenblicke einer umso tieferen Unklarheit gefolgt. Und wieso war Malteios heute zurückgekommen, nachdem er eine Woche zuvor, wie Nana gesagt hatte, so schmählich versetzt worden war? Warum zeigte er sich Eve gegenüber so langmütig, so geduldig? War es möglich, dass er sich von ihr angezogen fühlte? Julian, der noch immer in ihr das Kind sah, kam dies sehr unwahrscheinlich vor. Malteios! Der Premier von Herakleion! In vier Tagen begannen die Wahlen. Erstaunlich, dass er überhaupt die Zeit aufbringen konnte. Schenkte man den Gerüchten Glauben, sah es, was den Ausgang der Wahlen betraf, ziemlich schlecht für ihn aus; man erwartete, dass die Stavridisten wieder an die Macht kommen würden. Schlechte Aussichten für die Inseln. Den Gerüchten nach verschmähte Stavridis nicht das geringste Mittel, um seine Position zu stärken. Er war skrupelloser und hartnäckiger als Malteios, und die Jahre des politischen Machtentzugs hatten seine Energie und Entschlossenheit nur angeheizt. Malteios hatte seiner Beliebtheit durch die Affäre mit Kato großen Schaden zugefügt; sie stammte von den Inseln, darüber würde die Bevölkerung von Herakleion nie hinwegsehen, und sie war eine erklärte Verfechterin der Inselinteressen. War es möglich, dass Eve in Malteios' politische Pläne verstrickt war? Julian lachte laut über die Vorstellung, Eve könnte sich für Politik interessieren. Aber vielleicht hatte Kato, für die Eve eine tiefe, beständige Zuneigung hegte, ihre Freundschaft dazu genutzt, Eve für Malteios' Werdegang zu interessieren? In diesem grotesken Staat war schließlich alles möglich. Julian wusste, Eve würde ignorant und schadenfroh jede Art von Intrige unterstützen. Und wenn Malteios andere Motive hatte, war er ein alter Satyr, sonst nichts.

Julians Gedanken wandten sich wieder den Wahlen zu. Die Wiederkehr der Stavridisten würde auf den Inseln zu Unruhen führen. Unruhen wären sofort mit dem Ruf nach Führerschaft verbunden. Man würde ihn an den Tag auf Aphros erinnern, den einzigen Tag seines Lebens, den er wirklich dort gelebt hatte. Tsigaridis in seinen pittoresken Kleidern, der mit seinem unwiderlegbaren Anspruch eine ebenso lächerliche wie würdevolle Gestalt abgab, würde kommen, um ihn ernst und beharrlich an seine Verpflichtung zu mahnen. Er würde versuchen, Julian moralisch unter Druck zu setzen, sodass dieser, reif für ein Abenteuer und einsichtig gegenüber seinen Verpflichtungen, sicherlich nachgeben würde. Und danach wäre ein Rückzug unmöglich ...

»Ich habe wenig Hoffnung auf einen Sieg«, sagte Malteios, an den Julian sich, weiterer Informationen bedürftig, gewandt hatte. Dann erläuterte er andeutungsweise, mit unendlich liebenswürdigen und beschönigenden Worten, dass die Wahlen in Herakleion in erster Linie durch die Höhe und kluge Verteilung der Parteifonds entschieden würden. Stavridis, so schien es, hatte mächtigere Unterstützung und vertrauenswürdigere Garantien bekommen. Besonders die Bankiersfamilie Christopoulos hatte sich als unzuverlässig erwiesen. Alexander verfolgte eigene politische Ambitionen. Sein Vater bekannte sich zwar nach wie vor zu der Partei von Malteios, doch während seine rechte Hand mehr oder weniger klägliche Summen für Malteios lockermachte, wusste man nicht, wie freigebig seine linke Hand Stavridis' weit geöffnete Geldschatullen bediente. Christopoulos wollte für alle Fälle gewappnet sein. Malteios kannte die Spielregeln gut genug.

Der Premier erklärte Julian die Situation, höflich bedauernd und ohne den geringsten Anflug einer persönlichen Kränkung. Als Mann von Welt akzeptierte er den Lauf der Dinge. Julian registrierte das leichte Achselzucken, die unvollständigen Sätze und Anspielungen. Es dämmerte ihm, dass die Offenheit des Premiers und seine Bereitwilligkeit, politische Hintergründe zu erklären, nicht ganz so uneigennützig waren. Korrekt gekleidet in seinen Gehrock, auf den er auch bei heißestem Wetter nicht verzichtete, die Hände locker hinter dem Rücken gefaltet, ging er zwischen den Lasursteinsäulen auf und ab und sprach zu Julian. In vier Tagen war er vielleicht nicht mehr Premier, sondern nur noch ein kleiner Privatmann, der hinter den Kulissen ein paar unbedeutende Intrigen inszenieren konnte. Der Wert des Jungen als Mittel zum Zweck war in diesem Kräftespiel nicht zu verachten. Malteios versuchte da anzusetzen, wo er Julian für besonders verletzbar hielt.

»Meine Regentschaft hat für Ihre Insulaner viele Vorteile

gehabt«, sagte er. Und um seine Vorgehensweise nicht allzu plump erscheinen zu lassen, fügte er hinzu: »Ich habe mich in diesem Punkt sogar den Angriffen meiner Gegner ausgesetzt. Sie haben aus meiner Nachsicht Kapital geschlagen. Wäre ich nur an der Machterhaltung interessiert gewesen, hätte ich größere Vorsicht walten lassen und dem persönlichen Fortkommen meinen Gerechtigkeitssinn opfern müssen.«

Er zeigte ein missbilligendes, melancholisches Lächeln.

»Bereue ich den Kurs, den ich eingeschlagen habe? Keine Minute. Die Verantwortung eines Staatsmannes gilt nicht nur ihm selbst und seinen Anhängern. Er muss das eigene Interesse strikt zurückstellen zugunsten all der armen, benachteiligten Schicksale, die seiner Fürsorge unterstehen. Ich kann mein Amt mit gutem Gewissen niederlegen.«

Er blieb vor Julian stehen, der ihm, die Hände in den Taschen vergraben, aus den Tiefen seines Lieblingssessels gelauscht hatte.

»Aber Sie, junger Mann, Sie sind nicht in meiner Lage. Über der Tür, die ich suche, steht *Ausgang*, und Sie suchen die Tür, über der *Eingang* steht. Ich glaube, als alter Mann, der den größten Teil seiner Laufbahn schon hinter sich hat, darf ich mir wohl, ohne anmaßend zu sein, ein paar prophetische Worte erlauben.« Er streckte die Hand aus und zeigte mit dem Finger auf Julian. »Sie könnten zum Retter eines unterdrückten Volkes werden, und das ist keine unwürdige Mission. Aber denken Sie immer daran, dass meine jetzigen Gegner, falls sie an die Macht kommen, mit Ihren Zielen nicht sympathisieren werden, wie ich es möglicherweise getan hätte.«

Julian akzeptierte die Warnung, dachte an die wortreichen

Auseinandersetzungen im Parlament von Herakleion und erinnerte sich daran, dass der Premier bei ihrem letzten Gespräch eine ganz andere Meinung in Bezug auf die Inseln vertreten hatte. Er wagte es, diesen Widerspruch in Worte zu fassen. Der Premierminister lächelte, obwohl seine gesamte Haltung Missbilligung verriet.

»Damals waren Sie jünger, hitzköpfiger, ich wusste einfach nicht, ob ich Ihnen trauen konnte. Ihre Absichten waren zweifellos ausgezeichnet, Ihre Schlussfolgerungen aber doch vielleicht ein wenig überstürzt? Seit unserem letzten Gespräch haben Sie die Welt gesehen und sind ein Mann geworden. Sicherlich sind Sie zurückgekehrt, um den Fehdehandschuh aufzugreifen, mit dem Sie als Junge gespielt haben. Aber Sie werden sich nicht mehr von Gefühlen blenden lassen, Sie werden sich für wohldurchdachte Handlungen entscheiden. Und Sie werden sich daran erinnern, dass Platon Malteios immer guten Willens war?«

Er legte die Hände wieder auf den Rücken und ging im Zimmer auf und ab.

»In wenigen Wochen stehen Sie vielleicht schon im Zentrum der Auseinandersetzung. Mir erscheinen Sie wie ein junger Athlet an der Schwelle zu einer großen Tat, freigebig, wie die meisten jungen Männer, und ebenso eifrig und ehrgeizig. Legen Sie bloß die göttliche Torheit ab, Ihr Herz von Vorstellungen, nicht von Tatsachen regieren zu lassen. Wir leben in Herakleion, nicht in Utopia. Wir haben alle nach und nach unsere Illusionen aufgeben müssen ...«

Nach einem Seufzer, über dessen Aufrichtigkeit weder er noch Julian zu befinden vermochten, fuhr er etwas gelassener fort:

»Stavridis ist ein strengerer Mann, als ich es bin. Er und Ihre Insulaner würden sich innerhalb weniger Wochen in die Haare geraten. Aber das muss ja nicht unbedingt nachteilig sein. Für einen Konflikt, der auf der Gegensätzlichkeit von Nationalitäten beruht – denn es kann nicht geleugnet werden, dass das italienische Blut die Insulaner unwiderruflich von den Griechen in Herakleion trennt –, muss eine endgültige Lösung gefunden werden, auch wenn dabei ein wenig Blut vergossen wird. Unterwerfung oder Freiheit, das gilt es, ein für alle Mal zu klären. Jede eindeutige Lösung ist besser als das ständige Brodeln unter der Oberfläche.«

»Ich weiß, für welche Alternative ich mich entscheiden würde«, sagte Julian.

»Freiheit? Das große Zauberwort der Jugend?«, erwiderte Malteios, ohne unfreundlich zu wirken. »Ich sagte, der Versuch wäre nicht unbedingt nachteilig, denn er würde misslingen. Herakleion könnte die Unabhängigkeit der Inseln niemals hinnehmen. Ja, der Aufstand wird misslingen. Aber es könnte dennoch etwas Gutes daraus entstehen: freundlichere Übereinkünfte, besseres Verständnis, bereitwilligere Unterwerfung. Hören Sie auf mich«, fügte er hinzu, als er Julians trotzige, ablehnende Miene sah, »und lassen Sie sich durch ein Scheitern nicht das Herz brechen. Ihre Insulaner hätten die Lehre des Unvermeidlichen gelernt, und das Unvermeidliche ist von allen menschlichen Kümmernissen am schwersten zu begreifen. Es liegt trotz allem eine gewisse Freundlichkeit in dem Schicksal, das mit der Verpflichtung zur reinen Notwendigkeit den eigenen Mut dämpft.«

Einen kurzen Augenblick lang war er ungewöhnlich offen gewesen. Als er es bemerkte, lachte er kurz.

»Vielleicht verleitet mich der Gedanke, dass meine langen Jahre im Amt fast vorüber sind, zu dieser Melancholie«, sagte er dann. »Achten Sie nicht darauf, junger Mann. Wahrscheinlich ist es auch ganz egal, was ich Ihnen sage. Sie werden an der Idee des Aufstands festhalten, nicht wahr?«

In seine Augen trat jetzt wieder der verschlagene Blick, und Julian spürte, dass ihm der Malteios gegenüberstand, der den Bruch der Inseln mit seinem politischen Gegner herbeisehnte. In gewisser Weise fand Julian es tröstlich, wieder auf vertrautem Terrain zu stehen; sein Bild von Malteios war für kurze Zeit erschüttert worden.

»Eure Exzellenz sind äußerst scharfsinnig«, erwiderte er höflich und ausweichend.

Malteios zuckte mit den Schultern und lächelte charmant; noch während er das Gespräch auf diese Weise für beendet erklärte, wanderte sein Blick an Julian vorbei zur Tür. Sein Mund unter dem Bart verzog sich zu einem ziegenhaften Grinsen, und seine Augen verengten sich, sodass sein Gesicht verblüffend der Maske des alten Fauns ähnelte, die Eve auf ein Löschpapier gekritzelt hatte.

»Mademoiselle!«, murmelte er und eilte auf sie zu, die, ganz in Weiß gekleidet, zwischen den Lasursteinsäulen erschienen war.

3

Am Vortag der Wahlen lud Madame Lafarge zu einem Picknick ein. Julian Davenant kam es vor, als betrete er nach dem langen Ritt über die glühende Ebene eine kühle, dunkle, mit geheimnisvollem Grün bedeckte Höhle. Während sein Pony sich den steinigen Pfad am Berg hinuntertastete, genoss er das Gefühl des Übergangs vom weißen Herakleion in das tiefe, in Terrassen angelegte und mit Oliven, Stechpalmen und Myrten bestandene und von hohen Bergen eingeschlossene Tal – ein Tal, das durch seine schwarzgrünen Schatten tiefgründig und unheimlich wirkte. Er hatte es abgelehnt, mit den anderen zu reiten, war schon früh am Morgen aufgebrochen und allein über die Berge geritten, so früh, dass er den Sonnenaufgang beobachten und in der durchsichtigen Klarheit der griechischen Morgendämmerung die Häuser auf Aphros zählen konnte. Der Morgen war ihm so rein erschienen wie der hohe Ton einer Violine, das Meer so gleißend und klar wie ein unendlicher Teppich aus Diamanten. Und mitten in dieser ruhigen, blendenden Unermesslichkeit hatte er die Inseln im ersten Sonnenlicht gelb, rosa und fliederfarben erstrahlen sehen. Für ihn schienen sie alles zu besitzen, was sein Herz in Entzücken versetzte: Verschwommen wie eine Luftspiegelung, erhoben sich die Inseln so anmutig und schön aus dem weißen, glitzernden Meeresschaum wie Aphrodite – Märcheninseln der Illusion in einem Meer strahlender, ewiger Jugend.

Ein kleiner Bach floss durch das Tal, und an seinem Ufer glänzten, von hohen Stechpalmen umstanden, die Marmorsäulen eines kleinen, verfallenen Tempels. Julian ließ sein Pony grasen, streckte sich am Ufer des Baches aus und zupfte müßig an den Orchideen und magentaroten Alpenveilchen, die dort in verschwenderischer Fülle in Blüte standen. Gegen Mittag war es mit seiner Einsamkeit vorbei. Auf dem steilen Weg näherte sich, flankiert von Reitern, eine Reihe von Kutschen dem Tal. Als er sie kommen sah, ergriff ihn Widerwillen und Langeweile; dann fiel ihm ein, dass Eve dabei war, und ein erleichtertes Lächeln stahl sich auf sein Gesicht. Sie würde auf ihn zukommen, zunächst noch schmollend, schweigend, distanziert; dann würde nach und nach der Zauber ihrer Vertrautheit Oberhand gewinnen, durch ein Wort oder einen Blick würden sie einander wieder verstehen, und die Verbundenheit ihrer Beziehung würde sich erneut offenbaren. Es war eine Verbundenheit, die, wie er wohl wusste, von ihr ausgeklügelt worden war, ein Geflecht aus persönlichen, neckischen Anspielungen. Einfallsreich und phantasievoll, wie sie nun einmal war, besaß sie die außergewöhnliche Fähigkeit, ein äußerst subtiles Netz zu knüpfen, indem sie stets mehr meinte, als sie sagte, und weniger sagte, als sie meinte; indem sie unendliche Versprechen gab, deren Erfüllung sie stets hinausschob.

»Ein Flirt?«, fragte er sich, während er träge die ankommenden Kutschen betrachtete. In einer der Kutschen würde sie sitzen.

Nein, sie war viel elementarer, viel gefährlicher als ein Flirt. Sie ließ sich nicht in eine der üblichen Kategorien pressen. Und doch war er davon überzeugt, dass kein Mann in

Herakleion sich ihrer Anziehungskraft entziehen könnte, weder Monsieur Lafarge noch Malteios oder Don Rodrigo Valdez, auch nicht der Kutscher, der ihr das Taschentuch aufhob. (Ihr Taschentuch! Ah, ja! Man konnte ihr, wie bei einer Schnitzeljagd, auf den Spuren der ausgestreuten Gegenstände folgen – ein Taschentuch, ein Handschuh, ein Zigarettenetui, eine Gardenie, ein Portemonnaie, eine Puderdose ... Leichtfertigkeiten, doppelt entzückend und verwirrend bei einem Wesen, das so erschreckend elementar, so unbezwingbar, so sarkastisch intelligent war.) Eve, das Kind, das er als unergründbar, leidenschaftlich, ja, manchmal auch als Verlegenheit empfunden hatte, das Kind, das ihm zu allen erdenklichen Themen in mehreren Sprachen altkluge, phantasievoll illustrierte Briefe geschrieben hatte und dabei gelegentlich in sprunghafte, unleserliche Verse verfallen war; Eve mit ihren verzweifelten, übertriebenen Leidenschaften; Eve, die zu einer Frau, zu einer Unruhestifterin herangewachsen war! Es hatte ihn amüsiert, aber auch gekränkt, sie bei seiner Rückkehr erwachsen vorzufinden. Sein Bild von ihr war durcheinandergeraten – ja, er war fast empört gewesen, als er sah, dass sie ihr schweres Haar jetzt aufgesteckt trug. Er hatte neugierig den bloßgelegten Nacken betrachtet, das nach oben gekämmte, leicht gelockte Haar, das sie früher in dicken Zöpfen getragen hatte, und die Zartheit und Weichheit ihres Nackens lösten bei ihm Verwirrung und Beschämung aus. Die Erinnerung an den Moment, als er sie im Zorn aus ihrem Bett gehoben und auf den Armen durchs Zimmer getragen hatte, verbannte er aus seinen Gedanken, verbannte sie mit schauderndem Abscheu, wie er den Gedanken an einen Inzest von sich gewiesen hätte.

Er stand auf und ging den Kutschen entgegen. Die farbenfrohen Livreen der Kutscher und die Sommerkleider der Frauen in den offenen Wagen streuten bunte Tupfer in das schattige Tal. Schon von Weitem hörte er das Gelächter der dänischen Exzellenz, untermalt vom Gemurmel der anderen Gäste und den klappernden Hufen der Pferde, die vorsichtig den Berg herunterkamen, sich mit aller Kraft in die Geschirre stemmten und bei jedem Schritt auf der rauen Oberfläche des Weges eine kleine Staubwolke aufwirbelten. Neben den Kutschen ritten die jüngeren Männer, Griechen und Botschaftssekretäre. Die dänische Exzellenz, die ausladenden Formen in ein rosafarbenes, mit unzähligen Rüschen besetztes Musselinkleid gezwängt, stieg als Erste aus ihrer Kutsche. Julian musste sich abwenden, um sein Lächeln zu verbergen. Madame Lafarge entstieg ihrer Kutsche in der üblichen hoheitsvollen Haltung und ließ mit tyrannischer Miene ihre Blicke über die Gäste schweifen. Sie reichte Julian anmutig die Hand. Die Kutscher waren bereits mit dem Abladen der Weidenkörbe beschäftigt.

»Die Rückkehr an den Busen der Natur«, flüsterte Alexander Christopoulos Eve ins Ohr.

Eve sah gelangweilt aus und schmollte; sie hegte eine starke Abneigung gegen gesellige Zusammenkünfte, es sei denn, man erlaubte ihr, im Mittelpunkt zu stehen. Da sie der vertraulicheren Atmosphäre eines *tête-à-tête* den Vorzug gab, zog sie sich meist mit einem Gesprächspartner zu einer flüsternden Verständigung zurück. Doch Julian wusste, bald würde man sie bitten, etwas zu rezitieren oder Anekdoten zu erzählen oder eine ihrer Imitationen zum Besten zu geben. Sie würde zuerst recht gelangweilt auf die Bitten reagieren, doch mit dem wachsenden Applaus immer lebhafter werden und am Ende tanzen – er kannte ihr Repertoire! In der Öffentlichkeit wechselten sie kaum ein Wort miteinander. Sie tat stets so, als würde sie ihn vollkommen ignorieren und wandte ihre Aufmerksamkeit ganz Don Rodrigo oder Alexander zu. Am glücklichsten war sie jedoch, wenn sie einer anderen Frau den Verehrer abspenstig machen konnte. Julian hatte häufig sehr direkte, männliche Argumente gegen diese Angewohnheit vorgebracht. Sie hatte schweigend zugehört, als verstünde sie gar nicht, wovon er überhaupt redete.

Fru Thyregod war noch lebhafter als sonst.

»Nun, Armand, Sie fauler Kerl, bringen Sie mir meine Kamera. Dieser Tag muss unbedingt verewigt werden. Ich brauche Bilder von all den hübschen jungen Männern für meine Freundinnen in Dänemark. Wie Faune in einer griechischen Höhle! Mal sehen, ob einer von Ihnen statt Füßen Hufe hat.«

Madame Lafarge setzte ihr Lorgnon auf und sagte, ohne die Stimme zu senken, an den italienischen Botschafter gewandt:

»Ich habe Fru Thyregod wirklich schrecklich gern, aber manchmal benimmt sie sich einfach zu vulgär.«

Fru Thyregods Bemerkung löste großes Gelächter aus, und einige der jungen Männer taten so, als würden sie ihre Füße unter den großen weißen Servietten verstecken.

»Eve und Julie, ihr müsst die Nymphen sein«, fuhr die dänische Exzellenz fort.

Eve nahm keine Notiz von ihr, Julie lächelte schüchtern, und die Schwestern Christopoulos waren wütend, weil Fru Thyregod sie nicht auch angesprochen hatte.

»Jetzt müssen alle helfen, die Körbe auszupacken. Das ist bei einem Picknick das halbe Vergnügen«, sagte Madame Lafarge in geschäftsmäßigem Ton.

Observiert von ihren strengen Blicken durch ein Lorgnon, machten sich Armand und Madame Delahaye über einen der Körbe her; dabei stießen sie einander an, flüsterten und kicherten, und unter den Servietten berührten sich ihre Hände. Eve schlenderte in die andere Richtung, Valdez folgte ihr. Der persische Botschafter blieb unauffällig wie ein folgsamer Hund lächelnd im Hintergrund. Julie Lafarge betrachtete Eve mit bewundernden Blicken. Grbits zog Julian beiseite, fing ein vertrauliches Gespräch an und bearbeitete Julian dabei anerkennend mit seinen Riesenpranken. Fru Thyregod trommelte die übrigen Gäste zu kleinen Gruppen zusammen, um Erinnerungsfotos zu schießen.

»Wirklich«, sagte der dänische Botschafter zu Condesa Valdez, »ich kenne niemanden, der alberner wäre als meine Frau.«

Während des Picknicks waren alle fröhlich und ausgelassen. Nur Julian bereute es, überhaupt gekommen zu sein, und Miloradowitsch war geknickt, weil Eve keinerlei Notiz von ihm nahm. Madame Lafarge war mit dem Erfolg ihrer Expedition außerordentlich zufrieden. Sie genoss die Vertraulichkeit, die unter ihren Gästen herrschte, und machte eine entsprechende Bemerkung dem rumänischen Botschafter gegenüber.

»Wissen Sie, *chère Excellence*, die meisten dieser lieben Freunde kenne ich nun schon so lange. Wir haben in den verschiedensten Hauptstädten der Welt zahllose glückliche Jahre miteinander verbracht. Das ist das Beste an der Diplomatie: *Ce qu'il y a de beau dans la carrière c'est qu'on se retrouve toujours.*«

»Fast wie bei einer großen Familie, könnte man sagen«, gab der Rumäne zurück.

»Das haben Sie wunderbar gesagt!«, rief Madame Lafarge.

»Hören Sie nur, liebe Gäste! Seine Exzellenz hat ein echtes *mot d'esprit* geprägt. Er sagte, die Diplomatie sei wie eine große Familie.«

Eve und Julian schauten auf, und ihre Blicke trafen sich.

»Aber Sie essen ja gar nichts, Ardalion Semeonowitsch«, sagte Armand (er hatte zwei Monate in Russland verbracht) zu Miloradowitsch und bot ihm einen Teller mit Sandwiches an.

»Nein, und ich möchte auch nichts essen«, erwiderte Miloradowitsch grob, stand auf und entfernte sich von der Gruppe.

»Lieber Himmel! *Ces Russes!* Was für Manieren!«, rief Madame Lafarge. Alle anderen schauten augenzwinkernd zu Eve hinüber.

»Ich erinnere mich noch gut an die Zeit, als ich in Russland war«, ergriff Don Rodrigo das Wort. »Damals war Stolypin noch Premierminister, und es gab einen großen Skandal wegen einer Affäre zwischen einer Hofdame der Kaiserin und dem Sohn der alten Prinzessin Golutschew – Sie erinnern sich an die alte Prinzessin Golutschew? Sie war eine Bariatinsky, eine sehr attraktive Frau, Serge Radziwill hat sich ihretwegen das Leben genommen – er war Pole, aber in Kiew geboren, und von seiner Mutter hieß es, dass sie mit Stolypin *au mieux* gewesen sei (obwohl Stolypin ganz und gar nicht der Typ dazu war, er war eher *très province*), aber die meisten Leute glaubten, das sei der Grund, warum Serge am

Hof eine so große Rolle spielte, obwohl er Pole war – die Polen waren damals ganz besonders unbeliebt – ja, ich erinnere mich sogar, dass Stanislaus Aweniew, der eine russische Mutter hatte – sie war eine Orlow, und ihre Juwelen waren in Petersburg Stadtgespräch – Großherzog Boris hatte sie ihr geschenkt – Stanislaus Aweniew musste seinen Dienst in der Garde des Zaren quittieren. Jedenfalls, Kasimir Golutschew ...« Doch seine Zuhörer hatten den Anfang der Geschichte schon längst vergessen, nur Madame Lafarge lauschte höflich.

Julian hörte, wie Eve mit Armand flüsterte und dabei Don Rodrigos ausschweifenden Redestil nachahmte. Und er bemerkte, dass Fru Thyregod offenbar fest entschlossen war, seine Aufmerksamkeit für sich zu gewinnen.

Das ganze Brimborium gesellschaftlicher Etikette widerte ihn an, und er sehnte sich leidenschaftlich nach der Freiheit auf Aphros. Er fragte sich, ob Eve sich hier wirklich wohlfühlte, oder ob sie mit der Lust einer Künstlerin, die von ihrer eigenen Darbietung geblendet ist, nur eine Rolle spielte; er fragte sich, inwieweit ihr Geheimnis auf der Vorspiegelung falscher Tatsachen beruhen könnte.

Später fand er sich in Gesellschaft der dänischen Exzellenz abseits der Gruppe wieder. Groß, schlaksig, geistesabwesend schlenderte er dahin, während sie scheinbar ziellos, doch energisch einen eigenen Zweck verfolgend, neben ihm hertrippelte. Sie redete ununterbrochen. In ihrer leicht hilflosen, koketten Art verlangte sie von den Männern Ritterlichkeit, und tatsächlich brachten ihr die meisten Männer auch eine gewisse oberflächliche, mitleidige Ritterlichkeit entgegen. Sie hatte Julian geschickt von der Gruppe weggelockt, und sie war froh darüber. Eve hatte ihnen einen finsteren Blick hinterhergeschickt.

»Don Rodrigo ist von Ihrer Cousine ganz bezaubert«, sagte Fru Thyregod gehässig, während sie weitergingen.

Julian wandte sich um und schaute zurück. Er sah Eve neben dem spanischen Botschafter auf den Stufen des kleinen Tempels sitzen. Vor dem Tempel lagen verstreut die Überbleibsel des Picknicks: Weiße Papierfetzen flatterten im Wind, auf dem Boden lagen noch die Tischdecken ausgebreitet, und lautes Gelächter schallte von den Grüppchen herüber, die im fröhlichen Gespräch verharrten. Die hellen Sommerkleider der Frauen wirkten freundlich, und ihre Sonnenschirme schwebten vor den dunklen Kronen der Stechpalmen wie bunte Ballons.

»Die Entweihung des Dryadenhains«, sagte Fru Thyregod. »Lassen Sie uns weitergehen, bis wir nichts mehr davon sehen.« Sie lief ein Stück voraus und schaute dann über die Schulter zurück, um zu sehen, ob Julian ihr auch folgte.

Er kam, ohne zu lächeln und ohne Eile. Sobald sie unter den Olivenbäumen vor fremden Blicken geborgen waren, verlangsamte sie ihre Schritte und begann, über Julian zu sprechen, schaute dabei hin und wieder prüfend zu ihm auf und stieß nachdenklich mit der Spitze ihres Sonnenschirms gegen die Steine am Boden. Sie sagte, er sei beneidenswert frei und habe sein Leben noch vor sich. Dann sprach sie über sich selbst, über die Fesseln ihres Geschlechts, über verschiedene praktische Probleme in ihrem Leben, ihre finanziellen Einschränkungen und ihr ständiges Bemühen, hinter einem fröhlichen Äußeren ein ganz und gar nicht froh gestimmtes Herz zu verbergen.

»Carl«, sagte sie über ihren Ehemann, »vertritt zwar in Herakleion auch die Interessen Norwegens und Schwedens, aber Herakleion ist so unbedeutend, dass er nur das Gehalt eines Konsuls erhält.«

Julian hörte zu und trennte im Stillen Lüge und Wahrheit. Er war sich sicher, dass ihr Frohsinn keiner Anstrengung bedurfte, sondern dass angeborene Naivität dahintersteckte, aber er wusste auch, dass ihre finanzielle Situation das Leben komplizierte, und er verspürte für sie eine mitleidige, wenn auch gelangweilte und leicht verächtliche Freundlichkeit. Während er ihrem Geplauder lauschte, war er in Gedanken mehr bei dem Bach, an dessen Ufer sie wanderten, und bei den kleinen magentaroten Alpenveilchen, die an den schattigen, feuchten Stellen wuchsen.

Dann begann Fru Thyregod über Eve zu sprechen, ein Thema, das sie, beständig schwankend zwischen Ablehnung und Faszination, immer wieder beschäftigte.

»Billigen Sie Eves enge Freundschaft mit dieser Sängerin, Madame Kato?«

»Ich schätze Madame Kato ebenfalls sehr, Fru Thyregod.«

»Ah, Sie sind ein Mann. Aber für Eve ... ein Mädchen ... Was ist Madame Kato schließlich anderes als eine gewöhnliche Frau, eine Frau aus dem Volk – und Malteios' Geliebte, um das Interessanteste nicht zu vergessen?«

Fru Thyregod war ungewöhnlich ernst.

»Sie wissen, ich bin eine unkonventionelle Frau. Jeder, der mich ein wenig kennt, weiß das. Aber wenn ich ein Kind – und dann noch ein so nettes Kind wie Ihre Cousine – in Verbindung mit einer Person wie Kato sehe, denke ich: ›Mabel, das schickt sich nicht.‹«

Und nach einem kurzen Schweigen beharrte sie: »Und das, obwohl man mir immer wieder gesagt hat, ich sei viel zu unkonventionell. Ja, Carl hat es mir oft vorgeworfen, und von meinen Freundinnen habe ich es auch immer wieder zu hören bekommen. ›Mabel, du bist zu weichherzig, und du bist zu unkonventionell.‹ Was meinen Sie?«

Julian ignorierte ihre persönliche Frage und erwiderte: »Ich würde Eve nicht als ›nettes Kind‹ bezeichnen.«

»Nein? Nun gut, vielleicht haben Sie recht. Sie ist zu ... zu ...« Fru Thyregod, arm an eigenen Ideen, nötigte ihre Gesprächspartner gerne, ihre unvollständigen Sätze zu ergänzen.

»Sie ist zu wichtig«, sagte Julian ernst.

In diesem Fall kam die Ergänzung unerwartet. Ihr blieb nur zu sagen: »Ja, ich glaube, ich weiß, was Sie meinen.«

Julian war klar, dass sie es nicht wusste, und es war ihm gleichgültig, aber er war unvorsichtigerweise bereit, sich weiter über das Thema auszulassen, also nahm er den Faden auf:

»Ihre Leichtfertigkeit ist nur eine Maske. Ihre Instinkte sind tief – *wie* tief, das vermag ich mich nur mit einem gewissen Schrecken zu fragen. Sie ist eine Künstlerin, auch wenn sie vielleicht nie künstlerisch tätig sein wird. Sie lebt in einer Welt, in der eigene Moral- und Wertvorstellungen gelten. Die Eve, die wir alle kennen, ist eine Täuschung, das Produkt ihres eigenen Stolzes und ihrer Spottlust. Sie lacht uns alle aus. Die Eve, die wir kennen, ist unterhaltsam, zynisch, selbstsüchtig und skrupellos. Die wirkliche Eve ist ...« Er zögerte und ergänzte mit einer gewissen zufriedenen Endgültigkeit: »... eine Träumerin und eine Idealistin.«

Dann warf er seiner verwirrten Gesprächspartnerin einen Seitenblick zu, lachte und sagte:

»Glauben Sie kein Wort von dem, was ich sage, Fru Thyregod. Eve ist neunzehn, und sie ist nur darauf aus, ihr Leben in vollen Zügen zu genießen.«

Aber er wusste, er hatte seine treibenden Gedanken fassen können, und darüber war er froh. Fru Thyregod schnitt ein unverfänglicheres Thema an. Sie mochte Julian und kannte nur eine Form der Annäherung.

»Sie bringen einen Hauch von Frische und Originalität in unsere schale, kleine Welt«, sagte sie seufzend.

Seine wiedergefundene gute Laune ließ ihn ihr Kompliment erwidern.

»Keine Welt kann für Sie je schal sein, Fru Thyregod. Ich hatte immer das Gefühl, Sie sind mit ewiger Jugend und Heiterkeit gesegnet.«

»Ach, Julian, Sie haben vorzügliche Manieren. Es ist sehr nett von Ihnen, einer alten Frau wie mir ein so charmantes Kompliment zu machen.«

Selbstredend hielt sie weder sich selbst für alt noch ihre Welt für schal und klein, doch Pathos hatte sich ihrer Erfahrung nach schon häufiger bewährt.

»Jeder weiß, Fru Thyregod, dass Sie in Herakleion die Seele des Ganzen sind.«

In einem kleinen Wäldchen angekommen, setzten sie sich auf einen umgestürzten Baum neben dem Bach. Sie begann wieder, mit dem Sonnenschirm nach den kleinen Steinen zu stoßen, und schaute vor sich auf den Boden. Sie freute sich, Julian von den anderen fortgelockt zu haben, teils um ihrer selbst willen, teils, weil sie wusste, dass Eve sich darüber ärgerte.

»Wie schön, dass wir all unseren lärmenden Freunden entkommen sind«, sagte sie. »Wir werden einen ganz schönen Skandal verursachen. Aber ich bin zu unkonventionell, um mir darüber Gedanken zu machen. Ich habe kein Mitgefühl für diese beschränkten, konventionellen Leute, die sich nur um Äußerlichkeiten scheren. Ich habe immer gesagt: ›Man soll natürlich sein. Das Leben ist viel zu kurz für Konventionen.‹ Obgleich ich glaube, man sollte sich davor hüten, anderen Schmerz zuzufügen. Als Mädchen war ich ein schrecklicher Wildfang.«

Er hörte ihren kokett vorgetragenen Plattitüden zu und verglich sie in Gedanken mit Eve.

»Ich habe mir nie meine gute Laune nehmen lassen«, fuhr sie in dem nachdenklichen Ton fort, den sie in einem Gespräch unter vier Augen für angebracht hielt. (Er schuf Vertraulichkeit und war nach der oft gezwungenen Fröhlichkeit in der Gruppe eine Erleichterung. Eine Frau, die anziehend sein wollte, musste vielseitig sein: In einer größeren Gesellschaft sollte sie Fröhlichkeit verbreiten, im persönlichen Gespräch hingegen war ein wenig wehmütige Philosophie am Platze, es verriet Anteilnahme und einen denkenden Geist.) »Obwohl das Leben nicht immer ganz einfach für mich war. Aber mit guter Laune und ein wenig Mut kann man immer lachen, und sollte man das Leben nicht am besten lachend bewältigen? Alles in allem habe ich mein Leben genossen, auch meine kleinen, harmlosen Abenteuer. Carl lacht gerne und sagt: ›Du wirst immer Abenteuer haben, Mabel, damit muss ich wohl leben.‹ Und das, obwohl er manchmal ziemlich eifersüchtig war. Armer Carl. Vielleicht hat er wirklich gelitten, wer weiß?«

Julian schaute sie an. Er nahm an, dass ihr Leben aus solchen Experimenten bestand. Die Ankunft jedes neuen jungen Mannes in Herakleion war für sie eine Quelle der Aufregung und eine Verheißung unbegrenzter Möglichkeiten, die sich jedoch nie erfüllte und sie dennoch unverzagt und optimistisch auf die nächste Chance warten ließ.

»Aber warum spreche ich ständig über mich selbst?«, fragte sie lachend. »Bestimmt bereuen Sie schon bitterlich, sich mit mir eingelassen zu haben.«

Julian bemerkte nicht, in welche Richtung sich ihr Gespräch entwickelte. Geistesabwesend fragte er sich, ob Eve noch immer mit Don Rodrigo Valdez zusammen war oder ob Miloradowitsch, von dem sie sagte, dass er ihr Verlobter sei, inzwischen seine Ansprüche angemeldet hatte. Machte sie sich etwas aus Miloradowitsch? Er war reich, besaß Diamantenminen und Ölfelder, sah gut aus, war ein schneidiger Mann und ein leidenschaftlicher Spieler. Zu diplomatischen Zusammenkünften trug er eine wunderschöne Uniform. Julian hatte Eve mit ihm tanzen sehen, und er hatte gesehen, wie der Russe ihr beim Verlassen des Zimmers gefolgt war, wie er sich vorgebeugt hatte, um mit ihr zu sprechen, wie ihre ironischen Blicke einander trafen. Er hatte sie gemeinsam aus dem Saal gehen sehen, und der provokative Anblick ihrer weißen Schultern und seiner attraktiven Uniform hatte sich seinem Gedächtnis eingeprägt.

Er schreckte aus seinen Tagträumen auf, als Fru Thyregod ihren Hut abnahm.

Sie ließ die Finger aufreizend durch ihr volles, weiches Haar gleiten und hob es an, um sein erdrückendes Gewicht zu demonstrieren. Er musste davon ausgehen, dass diese

Geste für ihr Gespräch, von dem kein Wort in sein Bewusstsein gedrungen war, nicht ohne Bedeutung war. Mit Schrecken hörte er sich selbst anteilnehmend sagen:

»Ja, es muss sehr schwer sein.«

»Ich wünschte, ich könnte es einfach abschneiden«, rief Fru Thyregod aufgebracht. »Schauen Sie nur ...« Und zu seinem Entsetzen zog sie ein paar Nadeln heraus und ließ ihr prächtiges Haar in einer herrlichen Kaskade über die Schultern herabfallen. Lächelnd schob sie ein paar vorwitzige Strähnen aus ihrem Gesicht.

In dem Moment kamen Eve und Miloradowitsch Seite an Seite den Pfad herunter.

Nur Miloradowitsch amüsierte die unverhoffte Begegnung. Julian war betreten und voller Zorn auf Fru Thyregod, und zwischen den beiden Frauen war sofort eine heftige Feindschaft zu spüren. Der Russe ging auf Fru Thyregod zu und machte ihr lachend ein paar höfliche Komplimente. In ihrer Verzweiflung nahm sie bei ihm Zuflucht. Julian und Eve schauten einander an.

»Gehen wir ein bisschen spazieren«, befahl Eve ohne den geringsten Versuch, ihren Zorn zu verbergen.

»Eve«, sagte er, als sie außer Hörweite waren, »wenn du diese Miene aufsetzt, bist du kaum wiederzuerkennen.«

Seine Worte klangen kühl. Sie hatte sich tatsächlich verändert, ihre Gesichtszüge wirkten grob und unangenehm, ihre weiche Zartheit war ganz und gar verschwunden. Er konnte kaum glauben, dass er sie je für ungewöhnlich, erlesen und charmant gehalten hatte.

»Ich nehme es dir nicht übel, dass du Fru Thyregod vorziehst«, gab sie zurück.

»Ich glaube, deine Eitelkeit ist so groß, dass du auf jeden Mann wütend bist, der mit einer anderen Frau spricht«, sagte er, einer aufrichtigen Überzeugung Ausdruck verleihend.

»Bitte, wenn du meinst«, entgegnete sie patzig.

Durch zorniges Schweigen verbunden, gingen sie weiter.

»Ich verabscheue alle Frauen«, sagte Julian nach einer Weile.

»Auch mich?«

»Dich zuallererst.«

Das Gespräch erinnerte ihn an die endlosen Zankereien in ihrer Kindheit, und er unternahm den Versuch, ihre Freundschaft zu retten.

»Komm schon, Eve, warum streiten wir uns? Ich habe dir wegen Miloradowitsch auch keine eifersüchtigen Szenen gemacht.«

»Allerdings«, erwiderte sie schroff.

»Warum sollte er dich heiraten?«, fragte er mit erneut wachsendem Zorn. »Was hast du ihm schon zu bieten? Du bist klug, verführerisch, unterhaltend! Andererseits bist du egoistisch, eifersüchtig, herzlos, bösartig, träge und eitel. Ein schlechter Handel! Würde er dich so gut kennen wie ich … Eifersucht! Das ist doch absurd.«

»Vielleicht wäre ich auf Miloradowitsch gar nicht eifersüchtig …«

»Erspare mir das fragwürdige Kompliment, das du mir machst, indem du auf mich eifersüchtig bist. Eifersucht wirkt zerstörerisch. Du wirst dir durch deine Eifersucht und Maßlosigkeit noch dein ganzes Leben kaputtmachen.«

»Ohne Zweifel«, sagte sie in einem so traurigen Ton, dass er seine harschen Worte bereute. Mehr noch, er verglich ihre unbequeme, leidige Heftigkeit mit den gleichförmigen, geschmacklosen Nichtigkeiten von Fru Thyregod und ihresgleichen, und in diesem Licht besehen, war ihm Eve bedeutend lieber.

»Liebe Eve, du verteidigst dich nie. Das wirkt entwaffnend.«

Aber sie schlug sein Friedensangebot aus.

»Sentimentalität steht dir nicht, Julian. Heb sie dir für Fru Thyregod auf.«

»Ich habe jetzt genug von Fru Thyregod!«, versetzte er wütend.

»Das passt zu dir. Aber ich kann nicht so leicht vergessen. Wirklich, Julian, manchmal finde ich dich ziemlich banal. Seit deiner Ankunft bist du bereitwillig unter den Pantoffel von Fru Thyregod geraten. Wie Alexander in früheren Zeiten. Wie jeder ungebundene junge Mann.«

»Eve!«, sagte er, erstaunt über den empörenden Vorwurf.

»Mein lieber kleiner Julian, hast du denn heute etwa nicht das Schoßhündchen gespielt? ›Carl sagt immer: Mabel, du hast deine Hündchen lieber als deine Kinder, du bist wirklich fürchterlich. Aber ich finde, das ist nicht fair.‹« Eve ahmte Fru Thyregods Stimme und Gestik so treffend nach, dass Julian lächeln musste.

Dann fuhr sie fort:

»Ich erwarte zu viel von dir. Meine Phantasie macht aus dir etwas, das du nicht bist. Ich verachte die anderen Leute so, dass ich mir eingeredet habe, du stündest über ihnen. Ich kann mir sehr gut irgendwelche Dinge einreden«, sagte sie vernichtend und traf ihn damit am wundesten Punkt seiner Eitelkeit: ihrer guten Meinung von ihm. »Ich habe mir eingeredet, du wärst ein Titan unter den Männern, fast schon ein Gott. Und wofür eignest du dich, unvoreingenommen betrachtet? Als Fru Thyregods Liebhaber!«

»Du bist verrückt«, sagte er, denn eine andere Antwort konnte es darauf nicht geben.

»Wenn ich eifersüchtig bin, bin ich eben verrückt«, entgegnete sie.

»Aber wenn du schon auf *mich* eifersüchtig bist ...« sagte er entsetzt. »Stell dir vor, du würdest dich tatsächlich mal verlieben! Deine Eifersucht wäre grenzenlos. Es ist eine Krankheit, Eve. Der Ruin unserer Freundschaft.«

»Allerdings.«

»Es ist widernatürlich.«

»Ich weiß.«

»Stell dir vor, ich würde heiraten. Ich würde es ja nicht wagen, dich meiner Frau vorzustellen. Was für ein absurder Gedanke!«

Eve schaute ihn entsetzt an, ihre Augen verengten sich zu schmalen Schlitzen. Sie bückte sich rasch, um ein paar Alpenveilchen zu pflücken.

»Falls du mir damit sagen willst, Julian ...«

»Du hast mir gesagt, du wärst mit Miloradowitsch verlobt.«

Mit blassem Gesicht richtete sie sich wieder auf und zupfte nervös an den Alpenveilchen.

»Es ist also wahr?«, fragte sie mit tonloser Stimme.

Julian lachte.

»Du kannst dir tatsächlich hervorragend irgendwelche Dinge einreden.«

»Julian, du musst es mir sagen. Du musst! Ist es wahr?«

»Und wenn es wahr wäre?«

»Ich müsste dich umbringen – oder mich selbst«, erwiderte sie mit großem Ernst.

»Du bist verrückt«, wiederholte er in dem resignierten Tonfall eines Menschen, der eine unumstößliche Tatsache anerkennt.

»Wenn ich verrückt bin, bist du grausam«, sagte sie und rang die Hände. »Antwortest du mir jetzt? Ja oder nein? – Ich glaube, es ist wahr«, sprach sie hastig weiter, sich selbst demütigend. »Du hast dich in England in irgendeine Frau verliebt, und sie sich in dich. Wie heißt sie? Du hast versprochen, sie zu heiraten. Du, den ich für einen so freien, unabhängigen Menschen gehalten habe, wirst dich mit den Fesseln der Ehe belasten!«

»Und damit in deinen Augen an Rang verlieren?«, fragte er und dachte dabei im Stillen, dass Eve, wenn sie erregt war, kaum zurechnungsfähig war. »Wenn du Miloradowitsch heiratest, wirst du dich den gleichen Fesseln unterwerfen, die du bei mir als so erniedrigend empfindest.«

»Miloradowitsch?«, erwiderte sie ungeduldig, »Miloradowitsch wird mich nicht erfolgreicher an sich binden können als all die anderen Männer, mit denen ich verlobt gewesen bin, seitdem ich dich das letzte Mal gesehen habe. Du bist mir noch immer eine Antwort schuldig.«

»Du willst nie heiraten?« Julian wollte noch ein wenig bei dieser Entdeckung verweilen.

»Jedenfalls keinen, den ich liebe«, antwortete sie ohne Zögern. »Aber Julian, Julian, du beantwortest meine Frage nicht!«

»Würdest du mich heiraten, wenn ich dich darum bäte?«, fragte er in einer Anwandlung von Leichtsinn.

»Auf gar keinen Fall. Aber warum spannst du mich so lange auf die Folter? Sag endlich, wolltest du mir vorhin zu verstehen geben, dass du dich verliebt hast? Wenn ja, dann sag es bitte sofort und lass mich in Frieden. Merkst du nicht, dass ich sogar Fru Thyregod fallen gelassen habe? Ich frage dich in aller Demut, Julian.«

»Und das zum fünfzigsten Mal seit deinem dreizehnten Lebensjahr«, lächelte er.

»Hast du mich jetzt lang genug gequält?«

»Also gut: Ich bin in die Inseln verliebt und in nichts und niemanden sonst.«

»Warum hatte Fru Thyregod dann ihr Haar gelöst? Du hast mich angelogen, und ich verachte dich doppelt dafür«, gab sie zurück, nun gar nicht mehr demütig.

»Also doch wieder Fru Thyregod?«, fragte er verwirrt.

»Wie wenig ich dir vertraue!«, brach es aus ihr heraus. »Ich glaube, du betrügst mich bei jeder Gelegenheit. Auch mit Kato. Du verbringst Stunden in Katos Wohnung. Was machst du da? Du schreibst Briefe an Leute, von denen ich noch nie gehört habe. Und letzte Woche hast du zweimal bei den Thyregods gegessen. Kato schreibt dir ständig kleine Briefe, auch wenn du in Herakleion bist. Nein, nein, Julian, du schiebst die Inseln nur vor, um mir Sand in die Augen zu streuen, aber ich bin nicht blind.«

»Jetzt habe ich aber genug!«, rief er.

»Du bist wie alle anderen«, beharrte sie. »Du ergehst dich in drittklassigen Liebeleien und träumst von der Ehe. Du sehnst dich nach einem trauten Heim, wie alle anderen. Nach einer treuen Frau. Nach Kindern. Ich kann Kinder nicht ausstehen«, sagte sie heftig. »Du bist ganz anders als ich. Du bist längst gezähmt. Ich habe mir nur etwas vorgemacht, als ich dachte, dass wir uns ähnlich seien. Du bist gezähmt und anständig, ein guter Bürger. Du besitzt alle Tugenden, die man dazu braucht. Du wirst schon merken, wie verschieden wir sind. In zehn Jahren wirst du zu deiner Frau sagen: ›Nein, meine Liebe, eine Begegnung mit der armen Eve kann ich dir unmöglich zumuten.‹ Und deine wohlerzogene Frau wird dir unterwürfig zustimmen.«

Julian zuckte mit den Schultern. Er war solche Ausbrüche gewohnt und wusste, dass sie in ihrem Zorn nur versuchte, ihn weiter anzustacheln.

»In der Zwischenzeit kannst du ja zu Fru Thyregod zurückkehren. Warum machst du dir überhaupt die Mühe, mich anzulügen? Und zu Kato, geh zu Kato zurück. Und schreib deiner Geliebten in England. Ich werde zu Miloradowitsch gehen oder zu irgendeinem anderen.«

»Der Vorwurf drittklassiger Liebeleien klingt aus deinem Munde nicht besonders glaubwürdig«, sagte er.

Im Innersten ihres Herzens hatte sie längst scharfsinnig erkannt, wie es um seine wahre Beziehung zu Frauen stand: eine selbst auferlegte Entbehrung mit heftigen Rückfällen, die ohne Bedeutung waren und seinen Widerwillen nur verstärkten. Sein Kopf war zu voll mit anderen Dingen. Nur für Kato empfand er Hochachtung.

Auf seine letzte Bemerkung eingehend, erwiderte Eve:

»Ich werde dir beweisen, wie wenig mir diese Liebeleien bedeuten, indem ich noch heute mit Miloradowitsch breche. Du brauchst nur das Stichwort zu geben.«

»Das würdest du tun? Ohne es zu bereuen?«

»Miloradowitsch bedeutet mir nichts.«

»Aber du bedeutest ihm viel – vielleicht sogar alles.«

»*Cela ne me regarde pas*«, antwortete sie kühl. »Würdest du das Gleiche für mich tun, Julian? Mit Fru Thyregod zum Beispiel? Oder mit Kato?«

Staunend fragte er: »Damit du zufrieden bist, soll ich Kato aufgeben?«

»Du würdest es nicht tun?«

»Ganz bestimmt nicht. Wie kommst du überhaupt auf die Idee? Kato ist meine Freundin ebenso wie deine. Stehen alle Frauenfreundschaften auf so wackligen Füßen?«

»Vorsicht, Julian. Du befindest dich auf unsicherem Terrain.«

»Ich habe genug von diesem Thema«, sagte er. »Können wir bitte von etwas anderem reden?«

»Nein. Ich rede, worüber *ich* will. Du kannst mir nicht vorschreiben, worüber ich rede.«

»Du würdest Miloradowitsch ohne Weiteres aufgeben, nur um mich zufriedenzustellen – warum sollte es mich überhaupt zufriedenstellen? –, aber du würdest nicht auf den Luxus deiner Eifersucht verzichten! Dafür kann ich nicht dankbar sein. Eve, wir verschwenden so viel Energie auf unsere sinnlosen Streitereien«, fuhr er fort, sich immer noch fragend, was wohl hinter dieser bedeutsamen Sinnlosigkeit stecken könnte.

Erschöpft fuhr er sich mit der Hand übers Haar. »Ich bin manchmal versucht, an die Wirklichkeit und Vernunft dieser Streitereien zu glauben. Aber du machst alles zu schwierig, Eve. Du verzerrst und verhext die ganze Sache, bis ich darauf warte, endlich aus diesem bösen Traum aufzuwachen. Manchmal denke ich, du bist anders als alle anderen

Frauen, dann wieder glaube ich, du lebst nur von eingebildeten Gefühlen und Aufregungen. Musst du denn immer alles so eng und persönlich sehen? Kato ist da Gott sei Dank anders. Ich werde mir in Zukunft meine Freunde bei den Männern suchen – oder bei Frauen wie Kato«, schloss er mit wachsender Verzweiflung.

»Julian, sei nicht böse. Es ist nicht meine Schuld, dass ich Politik nicht ausstehen kann.«

Diese unlogische Erwiderung auf einen unausgesprochenen Vorwurf, der tatsächlich in seinem Bewusstsein schlummerte, machte ihn nur noch wütender.

»Ich habe nie von Politik gesprochen. So dumm bin ich nicht. Kein halbwegs vernünftiger Mann würde von einer Frau, die so demoralisierend weiblich ist wie du, ein Interesse an politischen Dingen erwarten. Außerdem ist das deine Rolle, Eve. Deine Rolle ist es, weich zu sein und müßig zu leben, ein Spielzeug zu sein, eine Sirene. Du verkörperst das Gegenteil von Unternehmungsgeist. Arbeit und Frauen – diese Begriffe widersprechen einander. Die Frau, die arbeitet oder Arbeit duldet, ist nur eine halbe Frau. Das Beste, worauf du hoffen kannst«, sagte er voller Verachtung, »ist, andere zu inspirieren, und selbst das tust du, ohne es zu merken, oft noch gegen deinen Willen. Ihr saugt unsere Energie aus, ihr saugt und zerstört.«

Sie hatte ihn nur selten mit solcher Bitterkeit reden hören, und sie wusste nicht, dass diese Ansichten in dem Moment entstanden waren, in dem er geahnt hatte, dass sie nicht vertrauenswürdig war.

»Du sprichst sehr weise. Ich habe vergessen, wie alt du bist, zweiundzwanzig oder dreiundzwanzig?«

»Ach, du kannst ruhig sarkastisch sein. Ich weiß jedenfalls, dass ich mir mein Leben nicht von einer Frau zerstören lassen werde. Morgen finden die Wahlen statt. Wie auch immer das Ergebnis lautet, danach werde ich aufseiten der Inseln stehen.«

»Ich glaube, ich sehe dich jetzt klarer«, sagte sie in einem etwas sanfteren Ton. »Voller Illusionen, Unabhängigkeitsdrang und jugendlichem Edelmut – *nous passons tous par là.*«

»Hör auf, Französisch zu reden, Eve, und sei weniger zynisch. Ich mag zweiundzwanzig sein, aber du bist immerhin erst neunzehn.«

»Und wenn du eine Frau fändest, die dir eine Hilfe und keine Behinderung wäre?«, schlug sie vor.

»Ah!«, sagte er, »so einfach bin ich nicht hereinzulegen. Ich bin auf der Hut. Schau nur!«, fügte er hinzu. »Da kommen Fru Thyregod und dein russischer Freund. Ich werde euch allein lassen.« Und ehe Eve noch empört widersprechen konnte, war er zwischen den Bäumen verschwunden.

4

Am nächsten Tag, dem Tag der Wahlen, der gleichzeitig der Jahrestag der Unabhängigkeitserklärung war, erstrahlte Herakleion vom frühen Morgen an in farbenfrohem Glanz: Die weiße Stadt hatte sich in ein buntes Fahnenmeer verwandelt. Überall sah man Weiß – Weiß und herrlich bunte Fahnen. Grün und orange leuchteten sie in der Sonne, blähten sich fröhlich im Wind. Und als wollte sie mit der Lautstärke ihrer Musik der Intensität der Farben entsprechen, posaunte eine Blaskapelle auf der *platia* unermüdlich ihre blechernen Lieder.

Eine Papageienstadt, grell und kreischend; eine Affenstadt, schnatternd, aufgeregt, launisch. Mit Ausnahme der Süßwarengeschäfte waren alle Läden geschlossen, die Bevölkerung tummelte sich in den Straßen. Sie hatten nicht nur ihre Häuser mit Fahnen geschmückt, sondern auch sich selbst herausgeputzt: die Männer mit grün-orange gestreiften Bändern, die Frauen mit weißen Kleidern, die Kinder mit bunten Schleifen. Ihre Kutschen hatten sie mit bunten Papierschlangen und ihre Pferde mit bunten Federn geschmückt. Junge Männer mit Strohhüten schlenderten Arm in Arm über die Bürgersteige und stimmten mit ihren lauten Stimmen, Bambuspfeifen und Blechtrompeten in das allgemeine Getöse ein. Die Straßenbahnen waren mit Plakaten in den Farben der wettstreitenden Parteien dekoriert. Riesige *char-à-bancs*, von braunen Baldachinen überdeckt und von mehreren, mit Glocken und roten Troddeln dekorierten Maultieren gezogen, brachten die Wähler unter den Jubelrufen und Verwünschungen der Menge zu den Wahlkabinen. Herakleion gab sich dem Taumel des politischen Karnevals hin.

In den großen, verdunkelten Räumen der Häuser an der *platia* überließen sich die reicheren Griechen dem Müßiggang und versuchten, ihre Aufregung zu verbergen. Es war unter ihrer Würde, sich an diesem Tag in der Öffentlichkeit zu zeigen. Ihnen blieb nichts anderes übrig, als in aller Ruhe abzuwarten, ob die Bemühungen der letzten Wochen Früchte tragen oder scheitern würden. Die Hausherren waren missmutig, ergingen sich in Spekulationen und reumütigen Selbstvorwürfen. Der alte Christopoulos, der an diesem Tag noch bleicher aussah als sonst, wünschte, er wäre großzügiger gewesen. Der Sekretärsposten für Alexander ... Im großen Salon seines Hauses schritt er rastlos auf und ab, kaute an den Fingernägeln und trommelte nervös die Melodie der vielen Tausend Drachmen, die er gewinnbringend hätte anlegen können. Die nächste Wahl würde erst in fünf Jahren stattfinden. Dann wollte er sehr viel großzügiger sein.

Diesen Vorsatz hatte er in den letzten dreißig Jahren bei jeder Wahl gefasst.

Im Hintergrund hockten, sein Schweigen ängstlich respektierend, Verwandte und Freunde in kleinen Grüppchen zusammen, flüsterten und rührten in ihren Psitane-Tassen. In dem riesigen, hohen Raum wirkten sie ebenso zwerghaft wie er. Sie steckten verschwörerisch die Köpfe zusammen und warfen dem alten Christopoulos von Zeit zu Zeit besorgte Blicke zu. Einzeln oder in Gruppen, schlenderten unangekündigt Besucher herein, blieben eine Weile und gingen wieder. In einer beständigen Kreisbewegung wogten sie durch die Häuser an der *platia*, gewissenhaft die neuesten Gerüchte verbreitend. Nur Fru Thyregod mit ihrem breiten, dümmlichen Lachen tat alles, um die drückende Begräbnisstimmung ein wenig aufzulockern. Doch die Griechen, die sie besuchte, waren ihr nicht dankbar dafür. Anders als die breite Masse in den Straßen nahmen sie die Wahlen lieber in Trauerhaltung hin.

Gegen Mittag wurden die Wahllokale geschlossen. In den Häusern an der *platia* saßen die Griechen an ihren Mittagstischen und dachten daran, dass die lebenswichtige Frage nun entschieden war, obgleich noch niemand das Ergebnis kannte. In der Hoffnung, einen entscheidenden Hinweis aufzuschnappen, verzichtete ein Großteil der Bevölkerung von Herakleion auf sein Mittagessen und umlagerte die Wahlämter, in denen ganze Heerscharen von Helfern fieberhaft damit beschäftigt waren, die Stimmen auszuzählen. In den Häusern an der *platia* hielten die Griechen am Wahltag traditionell einen offenen Mittagstisch. In jedem der sorgsam verdunkelten Speisesäle, die sich in ihrer Ausstattung kaum voneinander unterschieden, boten sie unter den Kronleuchtern ihre Gastfreundschaft an. Allerorts wurden die Neuankömmlinge mit dem gleichen flüchtigen Lächeln begrüßt, allerorts eilten geschäftige Diener mit Tellern und Orangeadekrügen – die bereits schwer in Anspruch genommene levantinische Gastfreundschaft geizte mit Wein – zwischen den sperrigen, altmodischen Möbeln hin und her. Diese Zusammenkünfte kannten keine Fröhlichkeit, und die verriegelten Fensterläden schlossen nicht nur die Hitze aus, sondern auch das Posaunen der unermüdlichen Blaskapelle, die noch immer auf der *platia* stand.

Draußen in den Straßen nahm die allgemeine Aufregung stündlich zu. War der Vormittag der Politik vorbehalten, sollten Nachmittag und Abend dem Fest der Unabhängigkeit gehören. Das Angebot an orange-grünen Fahnen schien sich inzwischen verdreifacht zu haben. In unterschiedlicher Größe flatterten sie von jedem Balkon und aus jedem Knopfloch. Nur hier und da schlich ein Insulaner in seiner Fustanella vorbei, und weit draußen am Horizont schimmerten die Inseln; auf Aphros verunzierte nicht eine Fahne die weißen Häuserfronten.

Die Häuser an der *platia* übertrafen alle anderen in der Üppigkeit ihrer Dekorationen. Die Balkone des Clubs waren in ein Meer aus Grün und Orange getaucht, in der Mitte prangte das Wappen Herakleions, das abends angestrahlt werden sollte. Selbst die italienische Botschaft hatte die Fahne des eigenen Landes durch ein orange-grünes Banner ersetzt. Das Haus von Platon Malteios – Premier oder Ex-Premier? noch wusste es niemand zu sagen – wirkte fast aufdringlich patriotisch. Die Stufen der Kathedrale auf der gegenüberliegenden Seite waren mit einem roten Teppich ausgelegt, das Portal trug den orange-grünen Fahnenschmuck. Vom mittleren Fenster am Haus der Davenants hing lustlos eine einzige Fahne in schlaffen Falten.

Sie hatte am frühen Morgen einen Streit ausgelöst.

Errötet und verlegen hatte Julian in der Mitte des mit Fresken ausgemalten Salons gestanden.

»Vater, diese Fahne an unserem Haus beleidigt die Insulaner. Man kann sie von Aphros aus sehen!«

»Mein lieber Junge, es ist mir lieber, dass man sie von Aphros aus sehen kann, als dass wir Herakleion beleidigen.«

»Was werden die Insulaner denken?«

»Sie sind daran gewöhnt, sie jedes Jahr zu sehen.«

»Wenn ich zu Hause gewesen wäre ...«

»Wenn dieses Haus dir einmal gehört, Julian, kannst du nach deinem Willen handeln. Solange es mir gehört, bitte ich dich, dich nicht einzumischen.«

Mr Davenants Tonfall war knapp und streng gewesen. Nach einer kurzen Pause hatte er hinzugefügt:

»Ich werde heute Nachmittag in die Kathedrale gehen.«

Die Unabhängigkeit Herakleions wurde mit einem alljährlichen Gottesdienst in der Kathedrale gefeiert. In der Absicht, sich unter die Menschenmenge zu mischen, die auf der *platia* versammelt war, um die Ankunft der Parade zu erwarten, schlich Julian aus dem Haus. Doch in der Nähe des Clubs lief er Alexander Christopoulos in die Arme, der ihn nötigte, ihm in das Haus seines Vaters zu folgen.

»Mein Vater ist in einer so düsteren Stimmung, dass ich ihm nicht allein gegenübertreten möchte«, sagte Alexander, nahm Julian am Arm und zog ihn mit sich fort. »Außerdem habe ich den ganzen Vormittag im Club verbracht, und das hat ihm gar nicht gefallen. Er möchte, dass ich zu Hause sitze und ihm zuschaue, so wie er mich ansieht und traurig den Kopf schüttelt.«

Sie traten gemeinsam in den Salon, wo der alte Christopoulos noch immer rastlos auf und ab schritt und sich ein Dutzend anderer Menschen flüsternd über ihre Psitane-Tassen beugten. Nur die weißen Kleider der Frauen, ein paar trübe Spiegel und das glanzlose Gold der Möbel brachten ein wenig farbige Abwechslung in die Schatten des riesigen Raumes.

»Gibt es was Neues? Gibt es was Neues?«, rief der Bankier den beiden jungen Männern entgegen.

»Du weißt sehr gut, Vater, dass die Ergebnisse nicht vor sieben Uhr bekannt gegeben werden.«

Alexander hob eine der Jalousien an. Ein breiter Streifen hellen Sonnenlichts fiel plötzlich auf den Boden des Salons; und ein paar Takte der blechernen Blasmusik drangen in die bedrückte Stille.

»Die *platia* ist schon proppenvoll«, sagte Alexander und schaute aus dem Fenster.

Man hörte das Summen der Menschenmenge, vermischt mit der Musik, vereinzelten Lachsalven und unerklärlichem Applaus. Direkt unter dem Fenster ertönten die schrillen Schreie eines Eiswasserverkäufers. Die Kapelle intonierte unbarmherzig die antiquierte Melodie eines alten Pariser Gassenhauers.

»Wann kommt die Parade?«, fragte Fru Thyregod über Julians Schulter.

»Um fünf. Sie müsste also jeden Moment kommen«, sagte Julian und trat zur Seite, um der dänischen Exzellenz Platz zu machen.

»Ich liebe Prozessionen!«, rief Fru Thyregod, klatschte in die Hände und strahlte Julian und Alexander an.

Alexander flüsterte Julie Lafarge zu, die hinter der dänischen Exzellenz den Salon betreten hatte: »Ich bin sicher, Fru Thyregod ist den ganzen Tag über von Haus zu Haus und von Botschaft zu Botschaft gezogen und hat sich überall den Bauch vollgeschlagen.«

»Lasst uns die Fensterläden aufmachen und der Prozession von den Balkonen aus zuschauen«, schlug einer der Gäste vor.

»Oh, was für eine gute Idee!«, rief Fru Thyregod, klatschte wieder in die Hände und drehte sich, als wolle sie eine Pirouette vollführen.

Unten auf der *platia* ergriff Bewegung die Menschenmenge. Die Kapelle unterbrach zum ersten Mal an diesem Tag ihr Spiel und räumte mit ihren Instrumenten die Mitte des Platzes. Einzelne Stimmen erteilten in gebieterischem Tonfall Anweisungen. Langsam bildete sich eine Gasse in der Menschenmenge und wurde allmählich immer länger und breiter, so als hätte jemand einen Keil in die willkürliche Ansammlung der Schaulustigen getrieben.

»Die Gasse für die Parade«, sagte der alte Christopoulos, der mit der Selbstverständlichkeit, mit der sich seine Verwandten und Gäste auf die Balkone seines Hauses begaben, zwar nicht einverstanden war, sich jedoch, von natürlicher Neugier getrieben, längst zu ihnen gesellt hatte.

Die Gasse verlief schräg über die *platia*, vom Ende der Rue Royale bis zu den Stufen der Kathedrale. Auf dem Boden der gebahnten Schneise war das Konfetti zu sehen, das die gesamte *platia* bedeckte. Polizisten mit Schlagstöcken in der Hand drängten die Menge noch ein Stück zurück, um die Gasse zu erweitern. Sie trugen ihre Galauniformen und dazu dreieckige Hüte mit aufrechten orange-grünen Federbüschen, die im Takt ihrer Schritte wippten.

»Schaut euch Sterghiou an«, sagte Alexander.

Der Polizeichef ritt wichtigtuerisch durch die frei gewordene Gasse, schaute abwechselnd nach links und nach rechts und salutierte der Menge. Seine Uniform war vorn mit breiten Goldketten behangen, und die Schnüre leuchtend gelber Tressen verschwanden geheimnisvoll in den diversen

Taschen seiner Jacke. Was mochte er noch alles in diesen Taschen untergebracht haben? Pfeifen, Bleistifte, vielleicht sogar ein Messer? Er trug an seinem Hut keine Federn, und jedem Zuschauer war klar, dass nur äußerste Selbstbeherrschung ihn davon abgehalten hatte.

Die Kapelle intonierte einen Marsch. Sterghious Pferd scheute und hätte ihn fast abgeworfen.

»Da kommen die Truppen!«, sagte der alte Christopoulos bewegt.

In ordentlichen Viererreihen marschierte nun die Armee von Herakleion aus der Rue Royale heran. Sie bestand insgesamt aus nur vierhundert Mann, und da sie an keinem anderen Tag des Jahres in Erscheinung trat, setzte ihr General, Panaïoannou, stets alles daran, sie am Nationalfeiertag vollständig zusammenzutrommeln. Dies machte die vorübergehende Schließung aller Casinos erforderlich, da fast alle Croupiers einen militärischen Rang bekleideten, und führte alljährlich zu einem Disput zwischen dem General und der Verwaltungsbehörde.

»Es gab mal einen Croupier«, sagte Alexander, »der die Gunst einer gewissen Großherzogin besaß – bis zu dem Augenblick, wo er indiskret in ihr Ankleidezimmer eindrang, in dem die Dame gerade ihre äußere Erscheinung überprüfte, und aus reiner Gewohnheit fragte: *Madame, les jeux sont faits?* und daraufhin die endgültige Abfuhr bekam: *Rien ne va plus.*«

Der General selbst ritt in der Mitte seiner Truppen. Er trug seine himmelblaue Phantasieuniform, zu der bei besonderen Anlässen ein eindrucksvoller, weiter Husarenmantel aus schneeweißem Stoff gehörte. Sein grauer Schnurrbart war steil nach oben gezwirbelt wie ein Krummsäbel. Er hatte die freie Hand graziös in die Hüfte gestützt und ließ seine Blicke über die Fenster und Balkone der *platia* schweifen. Umgeben war er von seiner sechsköpfigen Leibwache, einem Hauptmann und fünf Soldaten. Der Hauptmann trug in einer Hand ein Schwert und in der anderen – niemand wusste, warum – einen langen Palmwedel.

Nach und nach stapfte die gesamte Armee vorbei, schwitzend, kraftstrotzend, strahlend, freundlich. Mit großem Ernst salutierten die Zuschauer ihren vorbeimarschierenden Freunden. Aus einem Fenster warf jemand den Soldaten eine Handvoll Münzen zu, und im Gerangel um das Geld geriet große Unordnung in die Viererreihen. Julian, der allein in der Ecke des Balkons stand, hörte hinter sich dröhnendes Gelächter. Und schon fiel Grbits riesige Pranke auf seine Schulter.

»Das müssen Sie sich merken, junger Mann. Falls Sie es mal mit den Soldaten von Herakleion zu tun bekommen: Eine Handvoll Münzen genügt, um sie kampfunfähig zu machen.«

Julian befürchtete, man könne sie hören, aber Grbits fuhr unbekümmert fort:

»Schauen Sie sich diese Armee an: ein müder Haufen von Croupiers und Eiswasserverkäufern. Und der General! Ein Freizeitgeneral, der im bürgerlichen Leben Bankier spielt und seine Intrigen aushecht wie alle anderen Bürger Herakleions. Ich glaube nicht, dass er in seinem Leben mehr vom Tod gesehen hat als einen toten Hund im Rinnstein. Ich könnte ihn mit der bloßen Hand zerquetschen wie ein rohes Ei.«

Grbits streckte den Arm aus und spreizte die Finger seiner

riesigen Hand. Sein lautes Gelächter klang wie das Brummen eines gut gelaunten Menschenfressers.

»Stets zu Ihren Diensten, junger Mann«, sagte er und reckte die riesigen Pranken, »wann immer Sie meine Hilfe brauchen. Die Stavridisten werden heute an die Macht zurückkehren. Verlieren Sie keine Zeit. Zeigen Sie ihnen, womit sie zu rechnen haben.«

Er schob Julian vor sich her zur Brüstung des Balkons und zeigte auf das Davenantsche Haus auf der gegenüberliegenden Seite.

»Die Fahne, junger Mann. Sorgen Sie dafür, dass sie spätestens eine Stunde nach Bekanntgabe des Wahlergebnisses verschwunden ist.«

Die Armee formierte sich in zwei Phalangen zu beiden Seiten des Kathedralenportals. Panaïoannou karakolierte vor seinen Truppen und rief knappe Befehle, die von seinen eilfertigen Offizieren weitergegeben wurden. Währenddessen strömten die Honoratioren in ihren schwarzen Gehröcken in die Kathedrale. Der alte Christopoulos hatte bereits sein Haus verlassen, damit er der religiösen Zeremonie beiwohnen konnte. Die ausländischen Botschafter und Konsuln wollten ihre Teilnahme als ein Zeichen der Hochachtung für Herakleion verstanden wissen. Madame Lafarge und ihr Ehemann waren in ihrem Landauer vorgefahren, Malteios hatte die *platia* von seinem Haus aus zu Fuß überquert, und auch Stavridis kam, begleitet von seiner Frau und seinen Töchtern. Noch immer posaunte die Blaskapelle, die Menge lachte, jubelte und spottete, und aus allen Himmelsrichtungen waren die durchdringenden Stimmen der Eiswasserverkäufer zu hören.

Plötzlich schwieg die Kapelle, und man hörte bloß noch das Stimmengewirr der Menge.

Aus der Rue Royale kam gemessenen Schrittes die religiöse Prozession, angeführt von einem Bannerträger und einer Gruppe junger, weiß gekleideter Mädchen, die Häupter mit geflochtenen Kränzen geschmückt. Sie trugen Körbe, aus denen sie künstliche Rosen streuten – eine Szene, die Erinnerungen an das große Gemälde im Parlamentssaal wachrief. Es war üblich, dass der Premierminister der Republik diesen jungen Mädchen folgte, im förmlichen Gehrock einen schwarzen, ernsten Gegensatz zu ihrem jungfräulichen Weiß bildend, doch da diesmal niemand wissen konnte, wer der neue Premier sein würde, hatte man seinen Platz respektvollerweise frei gelassen. Dieser symbolischen Lücke folgte die übliche Eskorte des Premiers, eine Gruppe Polizisten; eigentlich hätten es Soldaten sein sollen, doch Panaïoannou verweigerte einer solchen Dezimierung seiner Truppen beharrlich seine Zustimmung.

»Es heißt«, sagte Grbits zu Julian in Anspielung auf diese Tatsache, »der General hätte sogar die Wachtposten von den Staatsgrenzen abgezogen, um die Reihen seiner Truppen zu vervollständigen.«

»Herakleion wäre einem Überfall also schutzlos ausgeliefert«, lächelte Julian.

Grbits antwortete salbungsvoll wie jemand, dem bewusst ist, dass er ein neues *bon mot* prägt:

»Herakleion *wäre* einem Überfall ausgeliefert, aber wer will schon Herakleion überfallen?«

Die Menschenmenge betrachtete die vorbeiziehende Prozession mit großem Ernst. Außer dem Scharren der Füße war kein Geräusch zu hören. Religiöse Ehrfurcht war an die Stelle politischer Heiterkeit getreten. Erzbischof und Bischöfe, Archimandriten und *papás* aus den ländlichen Bezirken defilierten in einer eindrucksvollen Mischung aus Scharlachrot, Violett und Schwarz vorbei. Herakleion hatte an diesem Tag seinen ganzen Pomp entfaltet – seinen lautstarken, hochtrabenden Pomp, der nach Anerkennung schrie, hohlen Lärm um sich verbreitete, dazu geschaffen, die Menge zu beeindrucken, und vielleicht nicht nur sie, sondern auch die stillen Inseln, die keine Armee besaßen, keinen Klerus und keine weltlichen Reichtümer, die vergeblich litten und kämpften und sich in aussichtsloser, doch beharrlicher Rebellion gegen den mit glitzerndem Tand geschmückten Tyrannen auflehnten.

Gegen fünf Uhr schien die gesamte Bevölkerung Herakleions auf der *platia* versammelt zu sein. Die Schneise, die die Route der Prozession geschlagen hatte, war längst verschwunden, von oben sah man auf dem Platz nur eine dichte, wogende Menschenmenge. Im Salon der Familie Christopoulos, wo Julian noch immer neben dem Riesen Grbits ausharrte und dem bizarren Gemisch von Naivität, Fanatismus und grimmiger Gutmütigkeit lauschte, kannten die Griechen nur ein einziges Thema: den möglichen Ausgang der Wahlen. Der alte Christopoulos kaute wie wild an seinen Fingernägeln und schaute alle paar Sekunden zur Uhr, und auch Alexander konnte seine ängstliche Erwartung nur unzulänglich hinter seinem üblichen Geplänkel verbergen. Die Kapelle hatte aufgehört zu spielen, und empfindsame Ohren nahmen im Gemurmel der Menge eine Veränderung wahr.

»Lassen Sie uns wieder auf den Balkon gehen«, sagte Grbits zu Julian. »Gleich wird das Ergebnis bekannt gegeben.«

Sie gingen hinaus. Einige der Griechen folgten ihnen, andere drängten sich an die geöffneten Fenster.

»Mehr als bei jeder anderen Wahl ist dies ein entscheidender Tag für Herakleion«, sagte der alte Christopoulos, und Julian wusste, dass seine Worte, wenn auch nicht direkt, an ihn gerichtet waren. Er hatte das Gefühl, dass die Griechen in ihm einen Eindringling sahen, dass sie sich wünschten, er würde endlich gehen, damit sie frei ihre Meinungen äußern könnten. Es war Trotz, der ihn bleiben ließ.

Die Menge schrie auf. Ein kleiner, schwarz gekleideter Mann mit Zylinder und einem Stapel Papieren in der Hand war vor Malteios' Haustür erschienen. Er stand auf den Stufen, hustete nervös und senkte seine Papiere.

»Diese kleine Ratte von Staatssekretär!«, schnaubte Alexander in einem Anfall von Zorn.

»Hören Sie zu!«, sagte Grbits.

Auf der gesamten *platia* herrschte gespannte Stille. Die dünne, zittrige Stimme des Staatssekretärs erreichte nur die vorderste Reihe der Menschenmenge.

»Stavridis hat es geschafft«, sagte Grbits, der sich weit über die Brüstung des Balkons gebeugt hatte. Seine Augen glitzerten vor boshafter Freude, als er Julian über die betretenen Gesichter der Griechen hinweg ansah. »Eine große Mehrheit«, dichtete er vergnügt dazu.

Doch Julian war schon gegangen, war an dem alten Christopoulos vorbeigeschlüpft, dessen safrangelbes Gesicht die Farbe reifer Pflaumen angenommen hatte, war nach unten gelaufen und auf die Straße getreten. Auf der *platia* war ein Aufruhr ausgebrochen, an dem die Polizei, nachdem es ihr nicht gelungen war, erfolgreich einzugreifen, regen Anteil hatte. Einige schrien Stavridis' Namen, andere stritten für Malteios, wieder andere ergingen sich in hämischen Beschimpfungen der Inseln. Manche warfen ihre Hüte in die Luft, manche fuchtelten wild mit den Armen, einige schienen eine eher vage Meinung zu haben, andere waren wild entschlossen – einig waren sie sich jedoch alle in der Absicht, so viel Lärm wie möglich zu machen. Unbehelligt gelangte Julian zum Haus seines Vaters.

An der Tür fand er Aristoteles mit drei anderen Insulanern. Mit eifrigen Blicken erforschten sie sein Gesicht.

»Das bedeutet Aufstand. Ihr werdet uns nicht im Stich lassen, Kyrie?«

»Kommt mit mir, und ihr werdet es sehen.«

Sie folgten ihm die Treppe hinauf. Eve und Kato kamen ihnen aus dem Salon entgegengelaufen. Das Gesicht der Sängerin war gerötet, zwei goldene Weizenähren zitterten in ihrem Haar, und sie hatte ihre Kleider gelockert. Eve hing an ihrem Arm.

»Julian!«, rief Kato. »Haben Sie das Ergebnis gehört? Platon ist erledigt.«

In ihrer Aufregung benutzte sie unwillkürlich Malteios' Vornamen.

»Das bedeutet«, sagte Julian, »dass Stavridis keine Zeit verlieren wird, um seine ungeheuerlichen Pläne gegen die Inseln durchzusetzen. Es bedeutet, dass der erste Schritt von uns ausgehen muss.«

Mit dem Wort »uns« machte er Kato, Aristoteles, die drei

Insulaner und die unsichtbaren Inseln zu seinen Verschwörern. Kato seufzte:

»Gott sei Dank.«

Voller Vertrauen warteten nun alle auf seine nächsten Worte. Julian hatte seine Unnahbarkeit abgelegt, seine Befähigung, energisch die Führung zu übernehmen, stand greifbar im Raum.

»Wo ist mein Vater?«

»Er ist in die Kathedrale gegangen und noch nicht wieder nach Hause gekommen, Kyrie.«

Julian ging in den Salon, gefolgt von Eve, Kato und den vier Männern. Vor dem offenen Fenster hing die orange-grüne Fahne Herakleions. Julian zog ein Messer aus der Tasche, kappte die Schnur, mit der sie festgebunden war, zog die Fahne ins Zimmer und warf sie auf den Boden.

»Bringt sie fort«, sagte er zu den Insulanern. »Mein Vater wird sonst anordnen, dass sie wieder aufgehängt wird. Und falls er euch befiehlt, eine andere Fahne aufzuhängen«, fügte er mit ernster Miene hinzu, »denkt daran, dass es im ganzen Haus keine andere Fahne gibt und man heute in ganz Herakleion keine Fahnen mehr kaufen kann.«

In diesem Moment kam ein Diener herein, der zum Davenantschen Landhaus gehörte, nahm Julian ohne Umschweife zur Seite und gab ihm mit gedämpfter Stimme einen erregten Bericht. Eve hörte, wie Julian sagte:

»Nicolas schickt nach mir? Er hätte einen Grund angeben müssen. Ich kann jetzt nicht kommen. Ich kann Herakleion nicht verlassen.«

»Kyrie, der Haushofmeister hat mir eingeschärft, dass ich auf keinen Fall ohne Euch zurückkehren darf. Es ist etwas passiert, etwas sehr Ernstes. Ich weiß nicht, was es ist. Die Kutsche wartet am Hintereingang. Wegen der vielen Menschen konnten wir nicht über die *platia* fahren.«

»Ich glaube, ich muss gehen«, sagte Julian, an Eve und Kato gewandt. »Wenn irgend möglich, komme ich noch heute Abend zurück. Nicolas würde nicht ohne triftigen Grund nach mir rufen, obwohl ich nicht verstehe, warum er so ein Geheimnis daraus macht. Möglicherweise eine Botschaft aus Aphros ... Wie auch immer, ich muss gehen.«

»Ich komme mit dir«, sagte Eve unerwartet.

5

Schweigend fuhren sie in einer von zwei kleinen, mageren Pferden gezogenen Mietkutsche zum Landhaus hinaus, verließen die lärmende Stadt, kamen am Rennplatz mit den leeren Tribünen vorbei und glitten durch die Stechpalmenallee wie durch einen dunklen, kühlen Tunnel. Die Magnolien, die die Landstraße säumten, strömten einen betörenden Duft aus. Eve hatte sprechen wollen, doch Julian hatte abrupt gesagt:

»Sei still. Ich will nachdenken.« Und mit einem leisen, erstaunt-beleidigten Seufzer hatte sie sich in ihre Ecke zurückgezogen und den Kopf in die Hand gestützt, sodass ihr Cousin nur noch ihr Profil erkennen konnte. Der kurze Blick, den er ihr zuwarf, sagte ihm, dass ihr roter Mund noch schmollender verzogen war als sonst, ja, dem Mund eines Kindes ähnelte, das jeden Moment in Tränen ausbrechen würde. Dieser Schmollmund war eine offene Einladung, forderte Besorgnis und Bedauern heraus, doch Julian war – eher aus Gleichgültigkeit als in bewusster Absicht – nicht bereit, auf diese Forderung einzugehen. Er saß schweigend da und ließ in Gedanken den Tag Revue passieren, wog die Konsequenzen seiner eigenen Handlung ab und versuchte, die Zukunft zu ergründen. Er war weit entfernt von Eve, und sie wusste es. Manchmal brachte er sie mit seinem Verhalten um jede Selbstbeherrschung. Seine Gleichgültigkeit empfand sie als eine Beleidigung ihrer Weiblichkeit. Sie wusste, dass sie auf ihn keinerlei Einfluss hatte: Er war schweigsam, wenn er es wollte, übel gelaunt, wenn er es wollte, überschwänglich, wenn er es wollte, tobend und wild. Sein Verhalten war verletzend, selbstherrlich, rücksichtslos, auch wenn er sich dessen oft gar nicht bewusst war. Und obgleich sie beide allein waren, hatte er ihre Anwesenheit völlig vergessen.

Ihre Stimme brach das Schweigen:

»Denkst du an die Inseln, Julian?«

Ihre Worte passten sich wie ein Zahnrad reibungslos in den Fluss seiner Gedanken ein, sodass er unwillkürlich antwortete: »Ja.«

»Ich dachte es mir. – Ich habe dir etwas zu sagen, Julian. Es kann sein, dass es dich gar nicht interessiert, aber ich bin nicht mehr mit Miloradowitsch verlobt.«

»Seit wann?«

»Seit gestern Abend. Seitdem du mich stehen gelassen hast und in den Wald gelaufen bist. Ich war wütend und habe meine Wut an ihm ausgelassen.«

»War das fair?«

»Er kann sich bei dir bedanken. Das ist mir schon früher passiert – mit anderen Männern.«

Einen Moment lang hatte sie ihn aus seiner Versunkenheit gerissen, doch dann zuckte er ungeduldig mit den Schultern, drehte ihr den Rücken zu und schaute aufs Meer hinaus. Voller Groll schwieg auch Eve in ihrer Ecke. Plötzlich drehte er sich um und sagte grob:

»Du bist die eitelste und maßloseste Frau, die ich kenne. Du kannst es nicht ertragen, wenn man sich für irgendetwas anderes interessiert als für dich.«

Als sie nicht antwortete, fügte er hinzu:

»Und dieses Schmollgesicht steht dir überhaupt nicht.«

Würde sie sich denn nie einem Gefühl für Verhältnismäßigkeit oder Verantwortung beugen? Er war gereizt, und doch wusste er, dass seine Gereiztheit halb gespielt war und dass er im Innersten seines Herzens über ihre Einbildungen kaum mehr verärgert war als über die Phantastereien von Herakleion. Sie passten zueinander; ihre Unfassbarkeit und ihr Wankelmut reichten aus, um einen Mann zur Verzweiflung zu bringen, und doch begann er zu glauben, dass sie in ihrer Vielfalt und in ihrem romantischen Anspruch – denn in seinen Gedanken trennte er Eve und Herakleion nie – die liebsten Schätze seiner Jugend waren. Verwirrt sagte er:

»Eve, manchmal hasse und verdamme ich dich. Aber du bist der Sonnenschein meines Lebens.«

Sie lächelte, und er registrierte mit amüsierter Resignation die neue Einsicht in das Geheimnis seiner Jugendjahre. Einbildungskraft der Jugend! Prosaischer Sinn der erwachsenen Jahre! Angeregt fuhr er fort:

»Eve! Ich suche das Abenteuer!«

Ihre Augen leuchteten auf, aber er wusste nicht, dass sie wünschte, sein Abenteuer möge nicht Aphros, sondern Eve heißen. Er sah nur ihre leuchtenden Augen und beugte sich vor.

»Du bist doch auch eine geborene Abenteurerin, Eve.«

Sie schwieg, aber sie schaute ihm froh in die Augen, und in ihrem Innersten dachte sie, nicht ohne Ironie, obgleich die Sache für sie von so ungeheurer Wichtigkeit war: »*A la bonne heure*, er merkt, dass ich existiere!«

»Wie schade, dass du kein Junge bist; wir hätten das Abenteuer der Inseln gemeinsam bestehen können.«

(»Immer die Inseln!«, dachte sie wehmütig.)

»Ich würde gern heute Nacht noch nach Aphros übersetzen«, murmelte er mit abwesendem Blick …

(»Schon wieder fort«, dachte sie. »Ich habe ihn nur einen kurzen Augenblick festhalten können.«)

Als sie zum Haus kamen, war niemand zu sehen. Erst als sie klingelten, erschien ein junger, verängstigter Diener mit bleichem Gesicht und verschwand ebenso schnell wieder, um den Haushofmeister zu holen. Der alte Nicolas kam aufgeregt zur Tür; man sah förmlich, welch ein Schwall von Worten sich auf seine Lippen drängte. Doch er hatte Julian allein erwartet, und als er Eve sah, die träge die Briefe durchblätterte, die auf einer Kommode im Flur auf sie warteten, schlug er sich mit der Hand vor den Mund und stand schwankend da, mit dem eigenen Redefluss kämpfend, mitten im Schwung gestoppt.

»Nun, Nicolas?«

Der Haushofmeister nahm die Hand vom Mund.

»Kyrie! Ein Wort unter vier Augen …« Dann verschloss er seine Lippen mit der anderen Hand.

Julian folgte ihm durch die Schwingtür in die Räume der Dienerschaft, wo Nicolas' Wortschwall endlich ungehemmt losbrechen konnte.

»Kyrie, eine Katastrophe! Ich habe schon ein paar Männer mit einer Bahre zum Ufer geschickt. Ich selbst bin im Haus geblieben, um auf Eure Ankunft zu warten. Vater Paul … Vater Paul ist … ertrunken … ja, ertrunken … unten, unterhalb des Gartens. Kommt, Kyrie, kommt in Gottes Namen. Sagt uns, was wir tun sollen. Ich bin ein alter Mann, Kyrie. Gott sei gepriesen, dass Ihr gekommen seid. Beeilt Euch. Die Männer haben eine Bahre und Laternen mitgenommen.«

Er klammerte sich hilflos an Julians Arm, während seine Augen flehentlich Julians Gesicht erforschten.

Ungläubig und schockiert schüttelte Julian den alten Haushofmeister ab. Die Nachricht kam ihm angesichts der aufregenden Ereignisse des Tages wie ein Frevel vor. Der Wechsel zur Tragödie war so plötzlich gekommen, dass er trotzig beschloss, Nicolas' Worten einfach keinen Glauben zu schenken.

»Du musst dich irren, Nicolas!«

»Kyrie, ich irre mich nicht. Die Leiche liegt unten am Ufer. Ihr könnt selbst nachsehen. Ich habe Laternen und eine Bahre hingeschickt. Ich flehe Euch an, kommt mit zum Ufer hinunter.«

Während er sprach, zupfte er unaufhörlich an Julians Ärmel, und als Julian unbeweglich blieb, sank er auf die Knie, rang die Hände und hob flehend die Augen. Seine Fustanella breitete sich kreisförmig auf dem Steinfußboden aus. Die Worte »die Leiche liegt unten am Ufer« hatten seine Geschichte für Julian plötzlich lebendig gemacht. Die Leiche lag am Ufer. Die Leiche! Paul, so lebhaft, so lebendig, ihm so vertraut. Die Leiche! Hatte eine ans Ufer schwappende Welle sie sanft auf die Felsen gelegt und sich dann ohne ihre schwere Last wieder zurückgezogen? Oder war sie mit weißem Gesicht, nur von den Sternen beschienen, im Wasser getrieben, bis irgendein Mensch, der zufällig von der Terrasse am unteren Ende des Gartens aufs Meer hinausschaute, den hellen, fast phosphoreszierenden Schimmer sah, der dort auf den Wellen schaukelte?

Der alte Haushofmeister folgte Julian durch den Zitronenhain. Die Fenster des Hauses hinter ihnen waren hell erleuchtet. Eve blieb unwissend im Haus der Tragödie zurück. Später würde man ihr erzählen müssen, dass ein Mensch aus ihrem vertrauten Lebenskreis verschwunden war. Das Ereignis stand in groteskem Gegensatz zu den Aufregungen des Tages und zu der lauen, friedlichen Nacht.

Vom gepflasterten Pfad unterhalb der Pergola führten grob gehauene Steinstufen zum Ufer hinunter. Julian sah die gelben, viereckigen Laternen und die undeutlichen Männergestalten, hörte leise, unzusammenhängende Worte, die von dem ständigen Rauschen der Wellen unterbrochen wurden. Julian liebte das Meer, doch erfüllte ihn plötzlicher Widerwille gegen die Gleichgültigkeit, mit der es seine ewige Bewegung fortsetzte, nachdem es gerade einen Menschen ermordet hatte. Es hätte wenigstens den Anstand besitzen können, ruhig und still zu sein. Vielleicht unnahbar und reuelos, unergründlich, aber zumindest still. Sein Rauschen klang beinahe, als genösse es seinen Triumph ...

Julian stieg die Stufen hinunter. Als er in Sicht kam, erstarb das Gespräch der Männer, sie traten auseinander, und Julian ging auf Pauls Leiche zu.

Tod. Bisher war er Julian noch nie begegnet. Und als er ihn jetzt sah, dachte er, dass er noch nie etwas so unbestreitbar Reales gesehen hatte wie diese unwiderrufliche Reglosigkeit. Hier war die Endlichkeit; hier war die nicht wieder wettzumachende Niederlage. Angesichts dieses Urteils war kein Widerstand möglich. Alles, was blieb, war vorbehaltloses Akzeptieren. Das letzte Wort im Lebensstreit hat ein abwesender, längst vergessener Widersacher gesprochen – ein Widersacher, der stumm geblieben war angesichts des Geplappers, der wusste, wenn seine Zeit gekommen war, könnte er mit einem Wort die unwiderlegbare Antwort geben. Julian hatte nicht gedacht, dass der Tod so sein würde: weder grausam und hässlich noch schön oder erschreckend – bloß unbeantwortbar. Er erinnerte sich an die Ereignisse und Empfindungen, die nacheinander durch seinen Kopf gegangen waren: die Wahlen, Fru Thyregod, Eves Eifersucht, seine Ungläubigkeit und Verärgerung über die Nachricht von Pauls Tod, seine Abneigung dagegen, etwas unternehmen zu müssen, seine Empörung über die Gleichgültigkeit des Meeres – vergebliche Gedanken, da doch zu seinen Füßen die endgültige Antwort lag.

Paul ruhte auf dem Rücken, die Arme ausgestreckt, sein langer, drahtiger Körper eng in die nasse Soutane eingeschlossen. Die Spitzen seiner Stiefel standen senkrecht nach oben, dicht beieinander, wie die Füße einer eingewickelten Mumie. Sein Gesicht schimmerte grünlich im Licht der Laternen, ja, es schien sogar stärker zu leuchten als sie. So ordentlich, so ruhig lag er da; nur sein Haar war noch immer zerzaust, die roten Strähnen bedeckten seinen Hals und die Steine hinter seinem Kopf.

Plötzlich war aus der Richtung, in der Herakleion lag, ein feines Zischen zu hören, und eine helle Goldfontäne schoss in den Himmel empor, dann folgte das Knattern unzähliger kleiner Explosionen, ganze Kaskaden in Gold und bunten Farben regneten über den Himmel, immer mehr Feuerwerkskörper stiegen vom Ufer auf. Raketen explodierten zu farbigen Sternen, prächtige Lichtfächer breiteten sich über dem Wasser aus. Der Wind trug leisen Applaus und Jubelschreie zu ihnen herüber.

Die Männer, die verwirrt die Leiche des Priesters umstanden, waren erleichtert, dass jemand gekommen war, um die notwendigen Anweisungen zu geben. Ihre Augen richteten sich auf Julian, der stumm auf die Leiche hinunterschaute; sie dachten, er würde für den Toten beten. Schließlich wurde er sich ihrer Gegenwart bewusst. Er zuckte zusammen und sagte:

»Bindet sein Haar zusammen!«

Die Männer beeilten sich, mit ungeschickten Fingern die strähnigen roten Locken zu bändigen, sie hoben vorsichtig den Kopf des Priesters und knoteten sein Haar zu dem vertrauten Dutt zusammen. Der alte Haushofmeister erklärte mit zitternder Stimme, als wäre es seine Schuld:

»Sein Hut ist verloren gegangen, Kyrie.«

Julian ließ die Augen fragend über die kleine Gruppe von Männern schweifen, die allesamt Insulaner waren.

»Wer von euch hat ihn entdeckt?«

Es stellte sich heraus, dass einer von ihnen ans Ufer gegangen war, um das Feuerwerk anzuschauen. Plötzlich hatte er im Wasser unweit der Felsen das kreidebleiche Gesicht des Priesters gesehen. Er war ins Wasser gewatet und hatte ihn ans Ufer gezogen. Der tote Paul lag taub und gleichgültig da, während die Männer von seinem Auffinden berichteten.

»Niemand kann erklären ...«

Oh, nein! Und der, der es hätte erklären können, war ihrer Neugier entzogen. Julian schaute auf die Lippen hinunter, von dort war keine Erklärung mehr zu erwarten; sie wirkten unerschütterlich, zu einem leicht ironischen Lächeln verzogen. Er hatte Paul gekannt, solange er denken konnte, er hatte von ihm gelernt, war mit ihm gereist, hatte mit ihm gegessen, hatte ihn geneckt – doch abgesehen von dem einen Moment, als er den Priester beim Handgelenk genommen und ihm fest in die Augen geschaut hatte, hatten sich ihre Seelen kaum berührt. Julian besaß kein Talent für Freundschaften ... Ihm dämmerte, dass dieser Tod eine Erfahrung beendet hatte, die parallel, aber völlig abgetrennt von seiner eigenen Entwicklung verlaufen war.

Voller Scham lösten sich die Worte von seinen Lippen:
»Hatte er persönliche Schwierigkeiten?«

Die Männer schüttelten traurig die Köpfe. Sie wussten es nicht. Der Priester hatte unter ihnen gelebt, gütig, fast wie ein Heiliger – ja, wie ein Heiliger, und von einem Priester erwartet man keine Vertraulichkeiten. Ein Priester war ein Mann, der das Vertrauen anderer Menschen genoss. Julian hörte zu. Von einem starken Verlangen besessen, von der Notwendigkeit, seinen Selbstvorwürfen Ausdruck zu geben, sagte er im Tonfall dringlicher, unparteiischer Gerechtigkeit, wie jemand, der eine Erklärung abgibt, dabei jedoch weder Widerspruch noch Zustimmung erwartet:

»Ich hätte ihn nach seiner Einsamkeit fragen müssen.«

Die Männer erschraken ein wenig, waren jedoch kaum erstaunt, sondern fragten sich, warum er die erforderlichen Anweisungen so lang hinauszögerte, damit sie endlich die Leiche auf die Bahre legen und hinauf in die Kirche tragen konnten. Über Herakleion stiegen weiter Raketen in die Luft, stießen grüne, rote, orange Sterne aus, bedeckten den Abendhimmel mit einem phantastischen Flitter. Julian stand wie versteinert, starrte den reglosen Körper an und wiederholte traurig:

»Ich hätte ihn nach seiner Einsamkeit, ja, nach seiner Einsamkeit fragen müssen.«

In seiner Stimme lag unendliches Bedauern, als sei er dabei, etwas sehr Wichtiges zu lernen, einen Teil seiner Jugend abzulegen. Er war wie selbstverständlich davon ausgegangen, dass das Leben anderer Menschen ebenso verheißungsvoll und von verborgenem Eifer bestimmt war wie sein eigenes. Wie viele Stunden war er, in einen unendlichen Monolog versunken, in Pauls Arbeitszimmer auf und ab geschritten, hatte seine Theorien dargelegt, den Kopf geschüttelt, genickt, hatte sich ausgebreitet, hatte Entdeckungen gemacht und sich dabei ganz auf die eigenen Gefühle konzentriert, während der Priester, den Kopf auf die Hand gestützt, an seinem Tisch gesessen und kaum ein Wort dazu beigetragen, ihm immer nur zugehört hatte. Hatte er seine persönlichen Schwierigkeiten in diesen Stunden vergessen? Oder waren sie da gewesen und hatten unter der Maske des Mitgefühls an ihm genagt? Ein Priester war ein Mann, der das Vertrauen anderer Menschen genoss!

»Tragt ihn nach oben«, sagte Julian, »tragt ihn in die Kirche.«

Die dunkle *cortège* setzte sich in Bewegung, und Julian folgte ihr in einigem Abstand die Stufen hinauf. In Gedanken hatte er sich schon auf seltsame Weise daran gewöhnt, dass Paul ihr Haus nicht mehr besuchen, seine große, hagere Gestalt nicht mehr durch den Zitronenhain spazieren würde. Die Tatsache war leichter zu akzeptieren, als er erwartet hatte. Nur der Gedanke, dass er es Eve noch sagen musste, erschreckte ihn. Es war ihm selbst bereits so vertraut, dass er dachte, alle anderen müssten auch längst Bescheid wissen.

Die späte Erkenntnis seines selbstsüchtigen Verhaltens Paul gegenüber machte ihn unendlich trauriger als die Tatsache, dass Paul gestorben war.

Er ging langsam. Er wollte den Moment hinausschieben, in dem er Eve davon berichten musste. Voller Widerwillen dachte er auch an die unvermeidlichen Fragen, die ihm sowohl sein Vater als auch sein Onkel stellen würden. Ihnen gegenüber würde er niemals durchblicken lassen, dass der Priester persönliche Schwierigkeiten gehabt haben könnte. Er freute sich über seine frühere Treue, war froh, dass er Eve nichts von jenem unerklärlichen Gespräch erzählt hatte, in dem Paul ihm von den Mäusen in der Kirche berichtet hatte. Die Mäuse in der Kirche! Er musste dafür sorgen, dass die Leiche vollständig abgedeckt wurde. Auch das Gesicht, besonders das Gesicht.

Ein riesiges goldenes Sonnenrad loderte auf, drehte sich und verblich wieder am Himmel.

In der düsteren Kirche hatten die Männer die Bahre vor der Ikonostase abgestellt. Julian tastete sich vorsichtig zwischen den Stühlen mit den geflochtenen Binsensitzen voran. Die Männer umstanden die Bahre, die Fischermützen in der Hand. Julians Stimme unterbrach ihr Flüstern:

»Einer von euch soll ein Tuch holen – das größte Tuch, das ihr hier finden könnt.«

Er sprach mit lauter Stimme – aus Auflehnung gegen den melancholischen Frieden der Kirche, die so selbstgefällig den Leichnam des Priesters in ihren Mauern aufnahm, den Körper, aus dem der von Sorgen gebeutelte und einsame Geist geflohen war. Julian hatte die Kirche immer als selbstgefällig empfunden, auf ärgerliche Weise vom pulsierenden menschlichen Dasein abgeschottet, doch noch nie war es ihm stärker aufgefallen als jetzt, wo sie den toten Körper des Priesters aufnahm, als habe sie ein natürliches Recht, ihn in ihren Mauern und unter ihrem Boden aufzunehmen, wo er sich auflösen und schließlich verrotten würde wie all die anderen Körper der hier begrabenen Menschen, die einst ebenso lebendig und leidensfähig gewesen waren wie er.

»Kyrie, wir können nur zwei große Tücher finden, ein großes Staubtuch für die Ikonen und ein Leinentuch für den Altar. Welches sollen wir nehmen?«

»Welches ist größer?«

»Kyrie, das Staubtuch, aber das Altartuch ist mit Spitzen besetzt.«

»Nehmt das Staubtuch. Staub zu Staub«, sagte Julian bitter.

Schockiert und ohne zu begreifen, was er eigentlich beabsichtigte, gehorchten sie. Die schwarze Gestalt wandelte sich zu einer weißen Fläche, unter der sich die Gliedmaßen und Gesichtszüge des Priesters abzeichneten.

»Ist er völlig bedeckt?«

»Völlig, Kyrie.«

»Die Mäuse können nicht über sein Gesicht laufen?«

»Kyrie, nein!«

»Dann können wir nichts mehr für ihn tun. Einer von euch reitet nach Herakleion und holt den Arzt.«

Julian verließ die Kirche und betrat den Garten durch das Nebentor, das Paul mit seinen geschickten Zimmermannshänden geschaffen hatte. Es gab keinen Grund mehr, das Gespräch mit Eve weiter hinauszuschieben; er musste die Dunkelheit gegen das leidige Licht tauschen, sein Wissen mit Eve und allen anderen teilen. Die einfachen Fischer, die Pauls Leiche vom Ufer heraufgetragen hatten, waren für ihn nicht Zuschauer, sondern Teil einer Bruderschaft der Nacht, der Natur und der Sterne.

Nachdem er sich versichert hatte, dass man ihr noch nichts erzählt hatte, wartete er im Wohnzimmer auf Eve. Nach kurzer Zeit kam sie herein, das schwere Haar hochgesteckt, einen Fächer und eine Blume in der Hand, einen spanischen Fransenschal um die Schultern geschlungen. Ihre Trägheit und ihre schläfrige Zartheit ließen ihn zögern. Am liebsten hätte er ihr die Neuigkeit weiter verschwiegen. Tragödie und Wirklichkeit lagen ihr in diesem Moment so fern ... Freudig, als hätte sie vollständig vergessen, dass es eine rätselhafte, dringende Nachricht gewesen war, die sie und Julian ins Landhaus gebracht hatte, ging sie auf ihn zu und sagte:

»Julian, hast du das Feuerwerk gesehen? Komm mit in den Garten, wir wollen es uns anschauen.«

Er fasste sie sanft am Arm.

»Eve, ich muss dir etwas sagen.«

»Fru Thyregod?«, rief sie entsetzt, und ihm wurde schmerzlich bewusst, wie schwierig seine Aufgabe war.

»Etwas Ernstes. Es hat mit Vater Paul zu tun.«

Ihre unergründlichen Augen schauten ihn misstrauisch an. »Was ist mit ihm?«

»Man hat ihn gefunden, im Wasser, unten, unterhalb des Gartens.«

»Im Wasser?«

»Im Meer. Ertrunken.«

Er erzählte ihr nun alles, was er über die näheren Umstände wusste, erzählte beharrlich und pflichtbewusst und versuchte, das spöttische Glitzern der Rauschgoldflammen zu ignorieren, die aus den Kapitellen der Säulen quollen, und die bunten Lichter des Feuerwerks, die durch die Fenster blitzten. Er sprach wie ein Mann, der in einem fremden Land eine durch schwere Erfahrung gewonnene Wahrheit verkündet, obwohl seine Zuhörer mit seiner Sprache nicht vertraut sind. Diese Wahrheit, die er in Gegenwart einfacher Menschen, angesichts der stummen Sterne und des noch stummeren Todes gewonnen hatte, wurde entweiht, indem er einer eitlen Frau davon berichtete, in einem Zimmer, dessen gesamte Architektur auf Täuschung beruhte. Dennoch gab er nicht auf. Die Intensität seiner eigenen Gefühle würde den Weg zum Innersten ihres Herzens finden, glaubte er. Selbst die eigene vernachlässigte Verantwortung gestand er ihr ein ...

»Ich hätte es ahnen müssen ... Ich hätte es ahnen müssen ...«

Er schaute Eve an. Sie schluchzte und stammelte Pauls Namen. Er bezweifelte nicht, dass sie schockiert war, doch mit neu gewonnenem Zynismus schrieb er ihre Tränen eher dem Schock als der Trauer zu. Er selbst wäre nicht fähig gewesen, eine einzige Träne zu vergießen. Er wartete stumm, bis sie sich wieder beruhigt hatte.

»Oh, Julian! Der arme Paul! Wie schrecklich, so zu sterben, allein, im Meer, in der Nacht ...« Einen Moment lang lag in ihren Augen aufrichtiges Grauen, sie umfasste Julians Hand, suchte seinen Blick. Sie schien im Begriff, noch etwas hinzuzufügen, brach jedoch wieder in Tränen aus und sagte nach einer ganzen Weile mit erstaunlich nüchterner Stimme: »Du scheinst wie selbstverständlich davon auszugehen, dass er sich das Leben genommen hat?«

Julian dachte nach. Bisher waren ihm nicht die geringsten Zweifel gekommen, ja, er hatte gar nicht an die Möglichkeit eines Unfalls gedacht. Die Ruhe und der tiefe Frieden, die er auf dem Gesicht des Priesters gesehen hatte, waren für ihn ein deutlicher Beweis gewesen: Dieser Mann hatte den einzigen Ausweg gefunden, ein Leben, das für ihn nicht mehr erträglich gewesen war, zu beenden. Julian hatte die kluge Entscheidung des Mannes anerkannt, sich der Erkenntnis, dass der Tod ein unfehlbares, endgültiges Mittel der Flucht sein kann, gebeugt. Feige? So hieß es oft, doch waren unbekannte, rätselhafte Umstände denkbar, die nicht durch mutwillige Spekulationen entkräftet werden konnten. Er sagte ernst:

»Ja, ich glaube, er hat seinem Leben ein Ende gesetzt.«

Die genauen Umstände würden wahrscheinlich nie offenbart werden. Das Geheimnis, das es gegeben haben könnte, nein, gegeben haben musste, hatte sich, als sein Freund noch lebte, kurz gezeigt – jetzt, wo er tot war, musste es unangetastet bleiben. Ihm wurde klar, dass er bereits einen Fehler gemacht hatte.

»Eve, ich habe unrecht. Die Sache muss als Unfall dargestellt werden. Ich habe keinen Grund, anzunehmen, dass er sich umgebracht hat. Ich muss mich auf deine Hilfe verlassen können. Dem armen Paul zuliebe ... Er hat mir nichts gesagt. Jeder Mensch hat das Recht auf Verschwiegenheit.«

Die Wahrheit seiner Entdeckung erschreckte ihn so, dass er innehielt; den Kopf zwischen den Händen, schrie er auf:

»Diese entsetzliche Einsamkeit, unter der wir alle leiden!«

Die Hände fest an die Schläfen gepresst, schüttelte er verzweifelt den Kopf. Dann ließ er die Hände ermüdet sinken und betrachtete Eve.

»Ich habe heute Nacht eine Menge herausgefunden. Ich habe das Gefühl, fünf Jahre älter geworden zu sein. Ich wusste, dass Paul genug gelitten hat, um seinem Leben ein Ende zu setzen. Ich weiß bloß nicht, worunter er gelitten hat. Und ich wollte auch nicht, dass du von seinem Leid erfährst. Wir dürfen nicht zulassen, dass andere einen Verdacht äußern. Stell dir das Ausmaß seines Leidens vor, das ihn in diesen Zustand gebracht hat; stell dir seine Tage und seine Nächte vor. Ich habe in ihm immer nur den Dorfpriester gesehen; ich fand seine langen Haare komisch; Gott, verzeih mir, wenn ich ihn manchmal verachtet habe. Und du, Eve, du hast ihn für ein pittoreskes Anhängsel gehalten hier im Herrenhaus auf dem Lande. Aber die ganze Zeit über ist in diesem Mann der Entschluss gereift, sich umzubringen ... Vielleicht hat er seine Entscheidung gestern getroffen, während wir beide auf dem Picknick waren. Während Fru Thyregod ... Vielleicht hat er schon seit Monaten oder seit Jahren mit der Gewissheit gelebt, dass er sich eines Tages umbringen würde. Nur er wusste es; er hat sein Wissen mit niemandem geteilt. Ich glaube, ich werde keinen Menschen mehr ohne Achtung anschauen, ohne Verehrung und Entsetzen.«

Julian zitterte, sein fiebriger Blick löste sich nicht von Eves Gesicht. Er sprach so hastig, als gelte es, alles in Worte zu fassen, was es in Worte zu fassen gab, ehe diese pulsierende Energie ihn wieder verließ.

»Du eitles, zerbrechliches, unwirkliches Geschöpf, verstehst du überhaupt, wovon ich spreche? Hast du jemals einen toten Menschen gesehen? Du kennst die Bedeutung des Schmerzes nicht. Du fügst Schmerzen zu, um dich zu amüsieren. Du bist eine Müßiggängerin, ein Spielzeug! Das tiefste Gefühl, dass du kennst, ist deine Eifersucht. Du bist sogar eifersüchtig, wo du nicht lieben kannst. Die Schmerzen eines Mannes amüsieren dich. Zwanzigmal am Tag spielst du mit den Masken deiner Person. Die allmähliche Entwicklung eines Mannes kannst du nicht verstehen. Er bleibt sich selbst treu, trägt die Narben seiner Vergangenheit. Dich zu verwunden hieße, ein Gespenst zu verwunden.«

Sie protestierte gegen die Heftigkeit seines unerwarteten Ausbruchs:

»Julian, warum greifst du mich an? Ich habe nichts gesagt, habe nichts getan.«

»Du hast mir verständnislos zugehört. Und falls du dabei überhaupt an etwas gedacht hast, dann wahrscheinlich daran, dass ich diese Laune bis morgen wieder vergessen habe. Aber da irrst du dich. Ich bin heute ein Stück weitergekommen. Ich habe gelernt ... habe gelernt, das Leid der Menschen zu respektieren. Habe etwas über die Beständigkeit und den Zusammenhang des Lebens gelernt. Ein Tag verbindet sich mit dem nächsten. Für dich dagegen stellt jedes Ereignis eine isolierte Episode dar.«

Plötzlich wurde sein Tonfall sanfter.

»Kein Wunder, dass du mich jetzt verwirrt ansiehst. Um aufrichtig zu sein, eigentlich bin ich vor allem wütend auf mich selbst, weil ich Paul gegenüber so blind gewesen bin. Arme kleine Eve! Ich habe es nicht so ernst gemeint.«

»Es war alles ernst gemeint. Die Wahrheit tritt am offensten zutage, wenn man es nicht beabsichtigt.«

Er lächelte sanft, ohne jede Bosheit.

»Eve, du betrügst dich selbst durch Wortgewandtheit. Du weißt nichts von der Wahrheit. Aber ich habe sie heute Abend begriffen. Pauls gesamte Vergangenheit ist ein in dichte Schatten gehülltes Geheimnis, ein Rätsel für mich. Aber der Umstand, dass er gelitten hat, überstrahlt dieses Leben. Sein Leid war so stark, dass er als Priester die Todsünde dem Leiden vorgezogen hat. Es war stärker als sein Überlebenstrieb. Dieser Instinkt, der sich auch dann behauptet, wenn wir in Dunkelheit und Ohnmacht fallen – der Kampf ums Überleben, die wilde Entschlossenheit, unser Geburtsrecht zu verteidigen –, all das wurde in ihm ausgelöscht. Der Instinkt, dem Leben zu entfliehen, war am Ende stärker als der Instinkt, es zu erhalten! Ist das nicht aufschlussreich?«

Er hielt inne.

»Dieser Umstand erhellt den Abgrund des Schmerzes, eine Pein, die ein Mensch erlitten haben muss, ehe er seiner Religion und seinen primitivsten Instinkten abschwören kann! Am Ende war seine Welt vollkommen auf den Kopf gestellt. Was für ein Albtraum! Er sah nur noch einen Ausweg. Unbegreiflich, wie endgültig der Tod ist – so endgültig und einfach. Mehr gibt es nicht zu sagen. Ich wusste nicht ...«

Er sprach mit der Einfachheit, die er auszudrücken versuchte, und wiederholte mit tonloser Stimme, aus der offenbar alle Gefühle gewichen waren: »So schlicht.«

Sie schwiegen lange. Julian hatte Eves Gegenwart offenbar vergessen, und sie fragte sich, ob sie es wagen könnte, ihn auf die persönliche Ebene zurückzuholen. Sie hatte befriedigt zugehört, als er sie angegriffen hatte, war ärgerlich geworden, als er sie vergessen hatte, fühlte sich gelangweilt durch seinen Rückzug, doch sie war klug genug, um sowohl ihren Ärger als auch ihre Langeweile zu verbergen. Sie hatte ihn in seinem Zorn angebetet, hatte seine anziehende Erscheinung im Feuer der Erregung bewundert. Er selbst war für sie unendlich interessanter als alles, was er über Paul gesagt hatte. Sicher, einen Moment lang hatte die Nachricht von Pauls Tod sie schockiert, und sie hatte Mitleid verspürt, doch ihr Interesse an dem höchst lebendigen Julian ließ sie diese Gefühle rasch vergessen.

Sie probierte insgeheim eine Reihe von Sätzen aus, mit denen sie seine Aufmerksamkeit zurückgewinnen wollte.

»Du verachtest mich, Julian«, sagte sie dann.

»Nein, ich grenze mich nur von dir ab. Du bist in einer anderen Sphäre zu Hause. Du gehörst nach Herakleion. Ich liebe dich – an deinem Ort.«

»Aber du tust mir weh.«

Er legte die Hände auf ihre Schultern und drehte sie ins Licht. Mit der beunruhigenden Unterwürfigkeit, die er schon öfter bei ihr entdeckt hatte, ließ sie ihn gewähren. Stumm ertrug sie seinen prüfenden Blick, ließ die Hände locker herabhängen, wirkte zerbrechlich angesichts seiner Stärke. Seine Gedanken kehrten tatsächlich zurück, wandten sich von Paul und dem Tod ab, ihrer Lieblichkeit und Nichtigkeit zu.

»Viele Menschen mögen dich – und machen sich deshalb zum Narren«, sagte er. »Du und ich, Eve, wir müssen jetzt Verbündete sein. Du glaubst, ich würde dich verachten. Meine Hochachtung für dich würde steigen, wenn ich mir deiner Unterstützung sicher sein könnte. Paul ist an den Folgen eines Unfalls gestorben. Kann ich mich auf dich verlassen?«

Unter dem Druck seiner Hände spürte er die Andeutung eines Schulterzuckens.

»Meinst du, man wird dir glauben?«, fragte sie.

»Ich werde darauf bestehen, dass man mir glaubt. Es gibt keine Beweise, die mich widerlegen könnten, nicht wahr?«

Als sie nicht antwortete, wiederholte er seine Frage, dann ließ er sie misstrauisch los.

»Was weißt du? Sag es mir!«

Nach einer sehr langen Pause sagte er ruhig:

»Ich verstehe. Es gibt viele Wege, etwas auszudrücken. Mein Gott, wie blind ich für manche Dinge bin! Wenn ich es früher geahnt hätte, einer von euch hätte gehen müssen, du oder Paul. Ein Priester! Hat man so etwas schon gehört ... Du brauchtest unbedingt einen Priester, um deine Sammlung zu vervollständigen. Erst Miloradowitsch, dann Paul. Schmetterlinge, die du in einen Schaukasten pinnen kannst. Er hat dich geliebt?«

Ohne ihre Antwort abzuwarten, fuhr er leidenschaftlich fort: »Ich sehe es deutlich vor mir: Er hat versucht, sich freizukämpfen, und du hast beharrlich an der Angel gezerrt – bis du ihn sicher am Haken hattest. Für dich war es nur ein Spaß, ein lustiger Zeitvertreib. Aber jetzt ist es kein Spaß mehr – nicht einmal mehr für dich, aus dem Spaß ist bitterer Ernst geworden. Und trotzdem liegt darin für dich ein Triumph. Habe ich recht? Ein Triumph! Ein Mann, der deinetwegen gestorben ist. Ein Priester. Du hast es die ganze Zeit gewusst und hast mich reden lassen.«

»Es tut mir sehr leid für Paul«, sagte sie geistesabwesend.

Er lachte über ihre bedauernswert unpassenden Worte.

»Hab doch wenigstens den Mut, offen einzugestehen, dass

es dir schmeichelt. Die Schmeichelei ist stärker als die Trauer. Es tut dir leid für Paul – ja, du zollst ihm den konventionellen Tribut, ehe du dich wieder im Luxus deiner befriedigten Eitelkeit sonnst. Dass so etwas überhaupt möglich ist! Männer und Frauen leben wohl wirklich in getrennten Welten?«

»Aber Julian, was hätte ich tun sollen?«

»Er hat dir gesagt, dass er dich liebt?«

Sie nickte. Er schaute sie stirnrunzelnd an, die Hände in den Taschen vergraben, und malte sich die unzähligen Szenen zwischen Eve und dem Priester aus. Er ließ seiner Phantasie freien Lauf, um die Qual seines Freundes und Eves Gleichgültigkeit zu ergründen. Er war sich sicher, dass sie ihn nicht völlig entmutigt hatte. Sie hätte ihn niemals einfach aufgegeben. Julian spürte dies, so als hätte er ihren Gesprächen gelauscht. Er wusste, dass sie ihn herausgefordert hatte, ihn amüsiert, mit halb geschlossenen, ironisch blitzenden Augen angeschaut, ihm mit ihrer honigsüßen Stimme ein kluges Wort zugeworfen hatte. Sie hatte ihn mit ihrer Missachtung zur Verzweiflung und mit ihrer kapriziösen Liebenswürdigkeit zum Jubeln gebracht. Im Haus und im weitläufigen Garten hatten sie reichlich Gelegenheit gehabt, sich zu begegnen. Erstaunlich nur, wie verschwiegen Eve gewesen war. Es hatte nicht den geringsten Verdacht gegeben. In seiner Stimme lag widerstrebende Bewunderung, als er laut sagte:

»Dass du, die du so oberflächlich bist, so abgründig sein kannst!«

Ihm hatte sich ein Stück ihres Lebens offenbart, doch wie viele Geheimnisse blieben ihm noch verborgen? Die Schleier hoben sich, allmählich begann er zu begreifen; er sah eine neue Welt, Eves Welt, flüchtig und von geheimnisvollen Gestalten bevölkert. Er betrachtete sie fasziniert, sah eine unbekannte, ganz auf sich selbst gestellte Kunst, die hartnäckig nach Anerkennung strebte, sich beherrschend und gebieterisch gebärdete, sich den Menschen aufzwingen wollte, die geradlinig Denkenden ärgerlich beiseiteschob, indem sie, zweifellos subtil, sich aufdrängte und so unerschütterlich Glaubwürdigkeit vorschützte, dass ihr das Publikum diese auch abnahm – jene Kunst, die Eve so selbstverliebt, so grausam, so unschöpferisch praktizierte. Ja, sie war die Erfolgreichste aller Betrügerinnen!

Sie sah das Staunen in seinen Augen und lächelte sanft.

»Nun, Julian?«

»Ich denke nach«, rief er aus. »Ich versuche, deine Gedanken zu durchdringen, dein lebhaftes Gedächtnis, deine Strategien. Was weißt du? Was hast du gehört? Was hast du gesehen? Du bist so jung ... und dann auf einmal wieder so alt. Ich habe Pauls Geheimnis gesehen. Wie viele andere Geheimnisse gibt es noch in deinem Herzen? Geheimnisse, die du nie verraten wirst? Du bist so jung. Und doch musst du eine außergewöhnliche, instinktive Klugheit besitzen, ein Erbe, von vielen Generationen an dich weitergegeben, damit du die Unzulänglichkeiten deiner eigenen Erfahrung wettmachen kannst. Weil du so jung bist. Und so alt, dass ich Angst bekomme.«

»Armer Julian«, murmelte sie. Ein Abgrund gähnte plötzlich zwischen ihnen, und sie sprach zu ihm wie eine Frau zu einem unreifen Jungen. Er war aufgewühlt, während sie ruhig blieb, auf sanfte Weise sarkastisch, voller Mitgefühl für Julian, der, obgleich um so vieles stärker als sie, auf ihrem

Gebiet zu einem verwirrten Kind geworden war. Er hatte den Tod gesehen, aber sie hatte das lebende Herz gesehen, hatte damit gespielt, hatte es seziert. »Versuch nicht, es zu verstehen. Vergiss mich und sei du selbst. Du machst mich ärgerlich.«

Diese Worte sprach sie mit solcher Ungeduld, dass er aus seinen Gedanken hochschreckte und ungläubig fragte:

»Ich mache dich ärgerlich? Warum?«

Nach kurzem Zögern sagte sie ihm die Wahrheit:

»Es gefällt mir nicht, wenn du Fehler machst.«

Ihre Worte verwirrten ihn nur noch mehr.

»Ich möchte, dass du unfehlbar bist.«

Sie erhob sich aus ihrem Sessel und sagte in der tiefsten Tonlage ihrer herrlichen Altstimme:

»Julian, du hältst mich für wertlos und eitel. Du verdammst mich, ohne mir eine Chance zu geben. Du hast recht, wenn du mich gegenüber denen, die ich nicht liebe, als herzlos empfindest. Du glaubst, ich würde mein Leben mit Nichtigkeiten verbringen. Julian, ich wünsche mir ja nichts mehr, als aus diesem Leben gerissen zu werden. Natürlich habe ich Überzeugungen und Prinzipien, die ich selbst aufgestellt habe, aber ich bin wie ein Schiff ohne Ruder. Ja, ich vergeude mein Leben mit Nichtigkeiten. Aber ich bin auch zu anderen Dingen fähig. Zum Guten ebenso wie zum Schlechten. Niemand – außer vielleicht Kato – weiß, wie sehr mein tatsächliches Leben aus Träumen und Trugbildern besteht. Andere Menschen erscheinen mir oft unwirklicher als meine eigenen Phantasien. Eine meiner Überzeugungen hat mit dir zu tun, und du darfst sie nie zerstören: Ich bin überzeugt, du könntest alles zuwege bringen.«

»Nein, nein«, widersprach er erstaunt.

Aber sie beharrte darauf.

»Doch, alles. Ich hege tiefe Verachtung für die breite Masse – zu der du nicht gehörst. Ich habe an dich geglaubt, seitdem du ein Kind warst. Du hast für mich immer etwas Olympisches besessen, etwas, wovor ich Angst hatte. Und ich habe immer gewusst, dass du meine Überzeugung eines Tages rechtfertigen würdest.«

»Aber ich bin ein ganz gewöhnlicher, normaler Mensch«, verteidigte er sich. Zutiefst misstrauisch geworden, fragte er sich, welchen Angriff sie wohl gerade planen mochte. Die Erfahrung hatte ihn gelehrt, Skepsis zu bewahren.

»Siehst du denn nicht, Julian, wie ernst es mir damit ist?«, erwiderte sie mit gebrochener Stimme. »Ich habe dir ein großes Geheimnis meines Herzens offenbart. Wenn du es doch bloß wüsstest! Das Sanfte, das Liebenswürdige, das Angenehme – ja, damit spiele ich. Ich bin grausam. Jedenfalls wird mir das immer gesagt. Aber es kümmert mich nicht. Sie sind es nicht wert. Ein bisschen Qual tut ihren kleinen Seelen ganz gut. Aber du, mein widerspenstiger Julian ...«

»Kyrie!«, rief Nicolas, der plötzlich im Salon erschienen war. »Tsantilas Tsigaridis aus Aphros ist da und bittet dringend darum, vorgelassen zu werden.«

»Bring ihn herein«, antwortete Julian. Er spürte, wie sehr ihn Nicolas' plötzlicher Auftritt erleichtert hatte. Eves Worte hatten begonnen, ihm ernsthaft zuzusetzen.

Draußen blitzte noch immer das Feuerwerk wie ein endloses Sommergewitter.

6

Tsigaridis trat in den Salon. Er hatte die Fischermütze abgenommen, sodass sein volles weißes Haar, das in drahtigen Locken sein Gesicht umrahmte, zu sehen war. Im gestrengen Ernst seiner Züge lag eine Entschlossenheit, die auch noch in seiner respektvollen Verbeugung vor Julian zum Ausdruck kam. In ihrer Rede unterbrochen, war Eve in den Sessel zurückgesunken, und Julian, der im Zimmer auf und ab gegangen war, blieb mit verschränkten Armen stehen, eine tiefe Furche zwischen den Augenbrauen. Schließlich richtete er das Wort an Tsigaridis:

»Du wolltest mich sprechen, Tsantilas?«

»Ich komme als Bote, Kyrie.«

Seine Blicke wanderten von Julian zu Eve. Sein Alter verschaffte ihm Respekt gegenüber ihrer Jugend, auch wenn das Vorrecht ihrer Geburt ihn unterwürfig erscheinen ließ. Mit fast den gleichen Worten, die er schon einmal benutzt hatte, sagte er zu Julian:

»Das Volk von Aphros ist das Volk Eurer Familie«, und verbeugte sich ein zweites Mal.

Julian hatte seine Selbstbeherrschung wiedergefunden; die Verwirrung und Benommenheit, die er in dem Gespräch mit Eve verspürt hatte, war von ihm gewichen. Mit Tsigaridis sprach er von Dingen, die er verstand. Er wusste sehr gut, welche Aufforderung ihm Tsigaridis brachte, dieser grobschlächtige und doch so feinfühlige alte Mann, entschlossen wie ein Prophet, direkt und unerschütterlich in dem Anliegen, das ihm am Herzen lag. Er spürte förmlich, wie sich die starke Hand des Fischers auf seine Schulter legte und ihn vorwärtsdrängte.

»Kyrie«, fuhr Tsigaridis fort, »heute wehte die Fahne Herakleions am Haus Eures verehrten Vaters, bis Ihr sie mit eigenen Händen eingezogen habt. Ich war in Herakleion, als ich davon erfuhr, und ich bin sicher, inzwischen weiß man es auch auf Aphros. Was Ihr getan habt, kann man nur auf eine Weise verstehen. Ich weiß, dass heute« – er bekreuzigte sich fromm – »Vater Paul, Euer Freund und unser Freund, den Tod gefunden hat. Ich teile Eure Trauer, aber ich habe nicht gezögert. Selbst der Tod kann uns nicht aufhalten, Kyrie. Ich bin gekommen, um Euch zurück nach Aphros zu bringen.«

»Ich werde kommen«, sagte Julian, ohne zu zögern. »Mein Vater und mein Onkel sind in Herakleion. Am besten fahren wir von hier aus ab, ehe sie mich aufhalten können. Hast du ein Boot?«

»Ich kann eins besorgen«, sagte Tsigaridis. Er stand sehr aufrecht und schaute Julian mit glänzenden Augen an.

»Dann treffen wir uns in zwei Stunden unten am Bootssteg. Bis dahin wird das Feuerwerk vorüber sein, und die Dunkelheit wird uns schützen.«

»Gewiss«, nickte der alte Fischer.

»Wir brechen heimlich auf«, fügte Julian hinzu. »Hör zu, Tsantilas: Ich möchte, dass du mit Einbruch der Dunkelheit zwei Befehle weitergibst. Du sagtest doch, ihr hättet ein geheimes System der Verständigung?«

Allmählich entspannte sich das Gesicht des alten Mannes und verlor etwas von seiner strengen Würde; in seiner Miene mischten sich Verschlagenheit, Stolz und Zärtlichkeit – die Zärtlichkeit eines Vaters für sein Lieblingskind. Es stahl sich sogar ein Lächeln auf seine Lippen. Ein seltsames Zucken bemächtigte sich seiner Augenbrauen. Bedeutsam zwinkerte er Julian zu.

»Dann gib die Nachricht an Aphros«, sagte Julian, »dass kein Boot die Inseln verlassen soll, und an das Festland die Nachricht, dass alle Insulaner nach Aphros gerufen werden. Wirst du das schaffen? Ich weiß, die Insulaner, die in Herakleion wohnen, hocken heute Abend in ihren Stammlokalen, um sich die Köpfe heißzureden. Trommelt sie alle zusammen, Tsantilas.«

»So soll es geschehen, Kyrie.«

»Und Madame Kato – auch sie muss benachrichtigt werden.«

»Kyrie, sie schickt Euch die Botschaft, dass sie Herakleion noch heute Nacht mit dem Zug verlassen und nach Athen reisen wird. Wenn sie ihre Aufgabe in Athen erledigt hat, wird auch sie nach Aphros kommen.«

Tsigaridis trat einen Schritt nach vorn und hob, wie es seine Gewohnheit war, Julians Hände an seine Lippen. Er verbeugte sich und verließ mit ehrwürdigem Ernst den Davenantschen Salon.

Sobald er gegangen war, warf sich Julian aufgeregt neben Eves Sessel auf die Knie.

»Eve!«, rief er. »Das wilde Abenteuer! Verstehst du? Es ist endlich da! Paul – seinetwegen hatte ich die Inseln beinahe vergessen, und jetzt muss Paul ihretwegen in den Hintergrund treten. Zu viel ist heute geschehen. Morgen wird ganz Herakleion wissen, dass die Inseln sich vom Festland losgesagt haben und ich und alle anderen Insulaner nach Aphros zurückgekehrt sind. Zuerst werden sie uns drohen. Sie werden Leute schicken, die mit uns verhandeln sollen. Aber ich werde mich weigern, unsere Unabhängigkeitserklärung zu widerrufen. Dann werden sie versuchen, ihre Drohungen wahr zu machen. Panaïoannou – stell dir das bloß vor! – wird einen Angriff organisieren.« Julian wurde nachdenklich und fuhr dann etwas langsamer und vorsichtiger fort: »Sie werden es nicht wagen, die Inseln zu bombardieren. Sie wissen, dass Italien und Griechenland jede ihrer Handlungen beobachten und mit einem Handstreich ganz Herakleion in die Luft jagen können. Kato wird uns von Athen aus beschützen ... Sie werden es nicht wagen, mehr als maßvolle Gewalt anzuwenden. Und es wird ihnen nicht gelingen, die Inseln einzunehmen.«

Eve beugte sich vor und legte beide Hände auf seine Schultern.

»Sprich weiter, Liebster«, sagte sie sanft.

Mit leiser, eindringlicher Stimme, allem anderen gegenüber blind, verriet er ihr all seine geheimen Gedanken, die er bisher nur Paul und Kato anvertraut hatte.

»Ich bin einmal nach Aphros gefahren, es ist mehr als ein Jahr her, du erinnerst dich. Sie haben mich gefragt, ob ich ihr Anführer werden würde, wenn es so weit wäre. Ich habe Ja gesagt. Vater war sehr wütend auf mich. Er ist unerklärlich zynisch, wenn es um die Inseln geht, so zynisch, dass ich versucht war, ihm pure Geldgier zu unterstellen; ängstlich scheint er darauf bedacht, mit Herakleion in Frieden zu leben, um seinen Profit nicht aufs Spiel zu setzen. Er ist genauso zynisch wie Malteios und all die anderen Politiker hier, denen es nur um den Erhalt ihrer Macht geht. Er hat mir eine Gardinenpredigt gehalten und das Volk eine Horde rebellischer Nichtsnutze genannt. Eve, was kümmert es mich? Eines ist wahr, eines ist Wirklichkeit: Die Menschen auf den Inseln sind unglücklich. Nichts zählt auf dieser Welt, außer dem Schmerz. Paul hat so sehr gelitten, dass er lieber gestorben ist. Aber ein ganzes Volk stirbt nicht. Ich bin nach England gegangen und habe Herakleion zurückgelassen, doch im Innersten meines Herzens habe ich nie an irgendetwas anderes gedacht. Ich wusste, ich bin diesem Volk verpflichtet, und ich schwöre dir, der einzige Gedanke, der mich am Leben erhielt, war die Vorstellung, dass ich zurückkehren und dieses Abenteuer eines Tages wahr machen würde – genauso, wie es jetzt geschieht. Ich habe in Kato und Tsigaridis fast schon mythologische Geschöpfe gesehen, meine Schutzgötter, Kato so energisch, Tsigaridis so streng. Eve, ich würde lieber sterben, als in den Augen dieses Mannes Enttäuschung zu sehen. Ich habe ihm nie große Versprechungen gemacht, aber ich will, dass er weiß, dass ich zu meinem Wort stehe.«

Julian stand auf und ging ein paarmal im Salon auf und ab, schlug mit der geballten Faust in die andere, offene Hand und sagte:

»Wenn ich in meinem Leben etwas Gutes tun werde, wird es auf den Inseln geschehen.«

Er blieb neben Eve stehen.

»Eve, gestern Morgen, als ich über die Berge geritten bin, sah ich die Inseln draußen im Meer liegen ... Ich dachte an meinen Vater, wie zynisch und gleichgültig er ist, und an Stavridis, der von Selbstsucht getrieben wird. Ich fragte mich, ob ich jemals so werden würde. Und ich hatte das Gefühl, nur in der Illusion die wahre Schönheit finden zu können.«

»Oh, wie sehr ich dir zustimme!«, sagte sie leidenschaftlich.

Er sank wieder neben ihr auf die Knie, und sie strich mit den Fingern leicht über sein Haar.

»Als Tsigaridis kam, hast du mir gesagt, du würdest an mich glauben – der Himmel weiß, warum. Ich für meinen Teil glaube, dass man nur etwas erreichen kann, wenn man an seine Sache glaubt und blind ist für das eigene Schicksal. Ich bin davon überzeugt, die einzige Sache, die einer solchen Hingabe würdig ist, ist die Rettung von Menschen, die leiden. Ich werde alle Zweifel beiseiteschieben, keine Einwände gelten lassen, sondern ohne Umschweife auf mein Ziel zugehen. Falls meine Hingabe eine Illusion ist, werde ich diese Illusion mit der Kraft meiner Überzeugung in Wirklichkeit verwandeln.«

Er hob den Kopf zu Eve, die ihn seltsam durchdringend anschaute.

»Du siehst«, sagte er und spielte mit den Fransen ihres spanischen Schals, »Herakleion ist mein Schlachtfeld, und wenn ich gegen Windmühlen kämpfe, muss ich es in Herakleion tun. Ich beanspruche Herakleion für mich, wie man ein Revier im Goldgräberland beansprucht. Die Inseln sind mein Abenteuer.«

»Und was bin ich für dich?«, murmelte sie.

Er schaute sie an, ohne sie wirklich wahrzunehmen. Er stützte den Arm auf ihre Knie, schmiegte sein Kinn in die Hand und fuhr fort, von den Inseln zu sprechen.

»Ich weiß, dass ich aus der ganzen Sache eine Religion

mache, aber ich könnte mich im Leben nie einfach so treiben lassen. Ziellos ... Es liegt mir nicht. Ich bin bereit, für mein Ziel alles aufs Spiel zu setzen. Mein Vater kann mich enterben, und es ist sehr wahrscheinlich, dass ich getötet werde. Aber das schreckt mich nicht. Ich kann mich irren, einen Fehler begehen. Es macht mir nichts aus. Dieses Volk ist mein Volk. Diese Inseln sind meine Zuversicht. Ich bin blind.«

»Und du genießt das Abenteuer«, sagte sie.

»Natürlich genieße ich das Abenteuer. Aber es steckt mehr dahinter als das«, sagte er kopfschüttelnd. »Tief eingebrannte Überzeugung. Fanatismus. Wer bereit ist, für seine Überzeugung den größten Preis zu zahlen, hat das Recht auf diese Überzeugung erwirkt. Der Himmel bewahre mich davor«, rief er mit geballter Faust, »jemals so zu werden wie mein Vater, wie Malteios oder Stavridis. Eve, du verstehst das doch?«

Sie murmelte wieder:

»Und was bin ich für dich? Welche Rolle spiele ich in deiner Welt?«

Wieder schien er sie nicht zu hören. Er machte Anstalten aufzustehen.

»Ich habe Tsantilas versprochen, mich mit ihm zu treffen, ich muss jetzt gehen.«

Aber Eve drückte die Hände fest auf seine Schultern.

»Bleib noch ein bisschen. Ich möchte mit dir reden.«

Endlich, noch immer neben ihr kniend, sah er, dass ihr Mund fest und entschlossen wirkte und in ihren Augen verzweifelte Entschlusskraft lag. Sie beugte sich so weit in ihrem Sessel nach vorn, dass er die Wärme ihres Körpers spürte. An ihrem Hals sah er eine Ader pochen.

»Worüber, Eve?«

»Über mein Gefühl«, sagte sie, »dass ich, wenn ich dich jetzt gehen lasse, dich vielleicht niemals wiedersehe. Wie viel Zeit hast du noch?«

Er schaute auf die große Standuhr zwischen den Lasursteinsäulen.

»Anderthalb Stunden.«

»Schenk mir eine halbe Stunde.«

»Willst du mich hindern zu gehen?«

»Selbst wenn ich es versuchen würde ... könnte ich es denn?«

»Ich sollte nicht auf dich hören.«

»Julian«, sagte sie, »wie du weißt, prahle ich selten, aber ich glaube, es gibt in Herakleion einige Menschen, die für mich ihre liebste Sache in den Wind schreiben würden. Und wenn du das für leere Prahlerei hältst, denk bitte an Paul.«

Er war erstaunt über die Sichtweise, die sie ihm nahelegte.

»Aber ich bin anders«, antwortete er schlicht, und in seinen Worten klang etwas Endgültiges mit.

Sie lachte leise.

»Du hast es gesagt, Julian: Du bist anders. Natürlich bist du anders. So anders, dass du mich gar nicht wahrnimmst. Andere kommen auf allen vieren zu mir gekrochen – dir gegenüber kann ich ja offen sein –, aber du, Julian, du bist entweder wütend auf mich oder du vergisst, dass ich überhaupt da bin.«

Sie schaute auf die Uhr, und zum ersten Mal verlor sie ein wenig von ihrer Selbstsicherheit, was bei ihr, die sonst jede Situation mit verächtlicher Selbstbeherrschung meisterte, überraschend und reizvoll war.

»Nur eine halbe Stunde«, bat sie. »Ich will dir alles sagen, was ich so mühsam vor dir verborgen habe – weil ich gehofft hatte, du würdest dir gewaltsam Zutritt verschaffen und meine Heuchelei mit Füßen treten!«

Der ironische Glanz in ihren Augen erlosch, sie wurde unruhig und schaute ihn ängstlich an wie ein kleines Kind. Julian war sich seiner eigenen Verlegenheit bewusst; er verspürte die Scham des Eindringlings, der die Selbstsichere in einem Moment der Schwäche ertappt, verspürte die Freude und Verblüffung des Jägers, der plötzlich die Nymphe nackt am Rand des Teiches überrascht. Instinktive Ritterlichkeit drängte ihn, sich zurückzuziehen und ihr Zeit zu lassen, damit sie ihre Selbstbeherrschung wiederfinden konnte. Er wollte ihr helfen, ihr zärtlich und beschützend zur Seite stehen; aber vielleicht hätte er sie damit nur beleidigt, hätte sie zur Selbstoffenbarung gezwungen, ihr keine Erniedrigung erspart und ihre Demütigung genossen. Zugleich wollte er den Triumph über ihren Stolz, wollte den Kampf mit einer ebenbürtigen Gegnerin; und er allein wollte sie in ihrem neuen, jähen Gefühlsausbruch trösten dürfen, denn er wusste, nur er würde sie trösten können. Sie rief in ihm archaische, primitive Regungen wach, die Leidenschaft der Tyrannei und die Leidenschaft besitzergreifenden Beschützens.

Fürs Erste entschied er sich für die Tyrannei und schaute sie weiter erwartungsvoll an, ohne zu sprechen.

»Hilf mir ein wenig, Julian«, murmelte sie mitleiderregend, die Augen auf die im Schoß gefalteten Hände geheftet. »Schau zurück und erinnere dich an mich. Ich kann mich so lebhaft an dich erinnern, wie du gekommen und wieder gegangen bist, mich missachtet hast oder wütend auf mich warst. Sehr oft warst du unfreundlich zu mir, manchmal hast du meine Nähe geduldet. Du warst nachlässig und beleidigend – auf jeden Fall warst du dir meiner immer sicher!«

»Wir haben doch beide gesagt, dass wir, auch wenn wir monatelang getrennt sind, immer wieder zusammenfinden.«

Sie hob dankbar die Augen. Er kniete noch immer auf dem Boden vor ihr, schaute sie aber nicht an; er starrte ins Nichts, sah einfach vor sich hin.

»Julian«, sagte sie und begann, von ihrer Kindheit zu sprechen. Sie wusste, ihre einzige Hoffnung bestand darin, seine Gedanken vom heutigen Abend abzulenken.

Ihre Verzweiflung, die aufrichtig gewesen war, war jetzt vergangen. Sie hatte ein lebenswichtiges Spiel zu meistern, und sie setzte ihre Fähigkeiten voll und ganz ein. Sie beugte sich noch ein wenig weiter vor, um den Ton anzuschlagen, der bisher immer zur gewünschten Reaktion geführt hatte.

»Wie ich es dir vorhin schon sagte, ich habe immer an dich geglaubt. Du und ich, wir haben das Zeug zu leidenschaftlichem Handeln. Wir haben nie das zahme Leben in der Herde geführt und werden es auch niemals tun.«

Diese Worte berührten ihn, und sie erlangte erneut die Macht über seinen Blick. Diesmal hielt sie ihm stand. Aber sie bemerkte auch die immer grimmiger werdenden Falten auf seiner Stirn; er sprang auf und machte eine Geste, als wolle er sie von sich stoßen.

»Du spielst mit mir! Wenn ich dort drüben tot auf dem Teppich läge, würdest du dich von mir genauso gleichgültig abwenden wie von Paul.«

In diesem Augenblick größter Gefahr, als er hoch aufgerichtet über ihr stand, ließ sie das Gesicht in die Hände sinken. Er sah auf ihren Nacken und ihr wogendes Haar. Doch ehe er noch weitersprechen konnte, schaute sie wieder auf. Ihre Augen sahen ihn kummervoll an, und ihr Gesicht war wehleidig verzogen.

»Habe ich das wirklich verdient, dass du so mit mir sprichst? Ich habe nie vorgegeben, für die, die ich nicht liebe, etwas anderes als Gleichgültigkeit zu empfinden. Vielleicht hätte ich heucheln sollen. Dass du mich verachtest, ist die Strafe für meine Offenheit. Ich besitze nicht die liebenswürdige Anmut einer Frau Thyregod, Julian – jedenfalls nicht für dich. Ich würde dich nicht mit seichter Tändelei beleidigen. Eher würde ich dir das Leben zur Hölle machen, dich sogar töten. Ich weiß, ich habe mich in der Vergangenheit dir gegenüber oft genug unmöglich verhalten. In Zukunft werde ich wahrscheinlich noch unmöglicher sein. Würde ich dich weniger lieben, könnte ich dich zweifellos besser lieben. Du siehst, dass ich ehrlich bin.«

Überrascht dachte er über ihre Worte nach. Sie sprach wahrhaftig, ja, es gab tatsächlich eine gewisse Offenheit, die den kleinlichen Betrügereien und Falschheiten widersprach, die ihn so verärgert und beleidigt hatten. Aber er wollte sein Zögern nicht eingestehen.

»Ich habe dir schon hundertmal gesagt, dass du grausam und eitel und zu nichts nütze bist.«

Sie antwortete mit der tiefen, wundervollen Stimme, die sie so geschickt einzusetzen verstand:

»Du bist grausamer als ich. Du tust mir mehr weh, als ich sagen kann.«

Er widerstand dem Impuls, seine Worte zurückzunehmen,

so zu tun, als hätte er sie nur aus Bosheit gewählt. Als er weiter schwieg, setzte sie nach:

»Und außerdem: Was hast du je davon zu spüren bekommen? Ich bin nicht grausam zu dir gewesen. Noch nicht einmal egoistisch. Du hast keinen Grund, an mir herumzukritisieren.«

Sie war zu weit gegangen. Er bekam einen Zornesausbruch.

»Deine verdammte weibliche Logik! Dieser verdammte persönliche Standpunkt, den du immer einnimmst! Ich habe doch gesehen, wie du andere Männer behandelst. Mein Urteil beruht nicht nur darauf, wie du dich mir gegenüber verhältst.«

Er hatte sie an einer wunden Stelle getroffen, sodass sie nicht in der Lage war, sein Argument überhaupt zu begreifen. Sie versuchte, auf ihrer Meinung zu bestehen, sich zu rechtfertigen, doch sein Zorn ließ sie zusammenzucken:

»Julian, du machst mir Angst.«

»Du tust nur so, als ob du Angst hättest.«

»Du bist brutal. Du drehst mir jedes Wort im Mund herum«, sagte sie resigniert.

Er hatte sie zum Schweigen gebracht und stand nun bedrohlich neben ihr, wie ein Tierbändiger, der auf den nächsten Sprung des Panthers wartet. Verzweifelt regte sich nach einer Weile wieder ihr Widerstandsgeist:

»Du behandelst mich abscheulich! Es ist reine Dummheit, wenn ich meine Zeit mit dir verschwende. Ich bin an eine andere Behandlung gewöhnt.«

»Du bist verwöhnt, daran gewöhnt, dass man dir schmeichelt. In Wirklichkeit sind diese Schmeicheleien nicht das

Geringste wert«, machte er ihren Versuch, sich durch Arroganz zu retten, kurzerhand zunichte.

»Ah, Julian!«, sagte sie, mit einem Male wieder ganz liebenswürdig. Sie beugte sich weit vor und streckte ihm beide Hände entgegen, sodass er sie ergreifen musste, und dann zog sie ihn noch einmal neben sich auf die Knie, lächelte ihn an und nahm mit dem festen Vorsatz, dass kein Zornesausbruch sie noch einmal entfremden sollte, die Situation in die Hand. »Von dir werde ich nie irgendwelche Schmeicheleien hören, nicht wahr? Mein ungestümer, unmöglicher Julian. Solange ich denken kann, habe ich die kleinsten Komplimente aus deinem Mund gehütet wie einen kostbaren Schatz! Aber meine Zeit des Wartens ist jetzt vorbei ...« Sie hielt noch immer seine Hände, und das Lächeln, mit dem sie ihn anschaute, verklärte ihr Gesicht.

Er wusste, dass sie es ernst meinte. Er zitterte und versuchte schwach, sich zur Wehr zu setzen.

»Du hast den Augenblick schlecht gewählt. Du weißt, dass ich nach Aphros abreisen muss.«

»Aber das kannst du nicht!«, rief sie empört.

Sie sah, wie sich seine Miene verhärtete, und rief sich selbst zur Vernunft; sie wusste, dass sie sich seinem Willen ohne jeden Widerstand unterwerfen musste – im eigenen Interesse. Gefühlsbetont und verwöhnt, wie sie war, hatte sie sich noch nie so beherrscht. Ihre Sinne arbeiteten ohne Unterlass, machten sich zu eilfertigen Sklaven ihrer Leidenschaft.

»Natürlich musst du gehen«, sagte sie.

Sie hielt den Kopf gesenkt und spielte mit seinen Fingern. Er war überrascht von der Zartheit ihrer Berührung.

»Was für müßige Hände«, sagte er und schaute sie an. »Schon als Kind hast du dir viel auf sie eingebildet.«

Aber sie wollte nicht, dass er wieder über ihre Eitelkeit sprach.

»Julian, bin nicht auch ich mein ganzes Leben lang beständig gewesen? Nimmst du mich wirklich ernst? Weißt du, dass ich die ganze Wahrheit sage? Das ist ein seltener Luxus. Für dich könnte ich sogar noch mehr tun. Betrachtest du das, was ich dir sage, mit dem Ernst, den es verdient? Du darfst aus dem, was ich dir offenbare, kein billiges Spielzeug machen. Ich besitze wenig Charakterstärke, Julian, das gebe ich zu, aber ich glaube, ich kann mit Recht behaupten, dass meine Liebe umso stärker ist. Willst du nehmen, was ich dir anbiete? Und willst du die Verantwortung dafür übernehmen, es zurückzuweisen?«

»Soll das eine Drohung sein?«, fragte er beeindruckt.

Sie zuckte mit den Schultern und hob die Augenbrauen. Er meinte, die ebenmäßigen Züge ihres Gesichts noch nie so sehr bewundert zu haben.

»Ich bin nichts ohne den Menschen, den ich liebe. Du hast selbst das Urteil über mich gefällt: Ich bin zu nichts nütze. Was noch? Grausam, eitel. All das ist wahr. Denn bisher habe ich nur versucht, die Jahre zu vertreiben. Willst du mich in ein solches Dasein zurückstoßen?«

Seine Lebensenergie lehnte sich gegen ihre Schwäche auf.

»Du bist viel zu begabt, Eve, um dich an ein träges, müßiges Leben zu verschwenden.«

»Ich habe doch gesagt, ich besitze keine Charakterstärke«, antwortete sie in bitterem Ton. »Was bedeuten mir meine Begabungen schon? Du bist es, den ich haben will.«

»Du könntest mit deinen Begabungen viele Ziele verfolgen.«

»*Mit* dir, ja.«

»Nein, unabhängig von mir, unabhängig von jedem anderen Menschen. Das Werk eines Menschen steht für sich. Es ist unpersönlich.«

»Nichts ist unpersönlich für mich«, erwiderte sie missmutig, »das ist mein Unglück.«

Sie streckte die Hände aus.

»Julian, ich hänge endlosen Träumen nach! Ich verachte mein Leben mit seinen nichtigen Abenteuern. Ich unternehme sie nur, um das zu vergessen, was mir bis jetzt stets verweigert worden ist. Ich habe versucht, die Vision von einem gemeinsamen Leben mit dir abzutöten, aber sie ist immer lebendig geblieben – ein so weites, so offenes Leben, so froh, voller Musik und Schönheit, Julian! Ich würde arbeiten – für dich. Ich würde etwas schaffen – für dich. Ich möchte dich nicht heiraten, Julian. Meine Freiheit ist mir wichtiger als alles andere. Bindung taugt nicht für uns beide. Aber ich gehe überall mit dir hin – auch nach Aphros, wenn du willst.«

»Nach Aphros?«, wiederholte er.

»Warum nicht?«

Und mit Arglist fügte sie hinzu:

»Ich gehöre nicht weniger zu den Inseln als du.«

Insgeheim dachte sie:

»Wenn du wüsstest, wie wenig ich mir aus den Inseln mache!«

Er starrte sie an und versuchte, über ihre Worte nachzudenken. Er war ebenso leichtsinnig wie sie, gab jedoch gewissenhaft zu bedenken:

»Es könnte gefährlich sein.«

»Ich bin nicht feige – und wenn doch, dann nur in unwichtigen Dingen. Außerdem hast du selbst gesagt, dass sie die Inseln niemals einnehmen können.«

Julian dachte: »Wer weiß? Vielleicht könnte sie Aphros auf irgendeine Weise nützlich sein.«

Sie fragte sich, welche Überlegung für ihn wohl den Ausschlag gab.

»Du warst immer wie eine Schwester für mich«, sagte er plötzlich.

Sie schenkte ihm ein reumütiges Lächeln, ohne jedoch etwas darauf zu sagen.

»Nein, nein!«, rief er und sprang auf. »Das kann niemals sein. Hast du mich behext? Lass mich gehen, Eve. Du spielst nur mit mir.«

Sie schüttelte langsam, sehr langsam den Kopf. Tränen traten in ihre Augen.

»Dann geht es in diesem Spiel um mein ganzes Leben, Julian. Es ist mir vollkommen ernst. Wenn du es mir nicht glaubst, kannst du mich auf die Probe stellen.«

Sie überzeugte ihn gegen seinen Willen, und das machte ihn wütend.

»Du hast mich schon allzu oft in die Irre geführt.«

»Ich war gezwungen, dich in die Irre zu führen, weil ich dir die Wahrheit nicht sagen konnte.«

»Sehr einleuchtend«, murmelte er.

Wohlvertraut mit der Heftigkeit seiner Launen und Reaktionen, wartete sie und wurde belohnt. In seinen Augenwinkeln lauerte ein Lachen, als er sagte: »Solange ich denken kann, habe ich mit dir mindestens einmal am Tag gestritten.«

»Aber heute Abend haben wir keine Zeit zum Streiten«, erwiderte sie erleichtert und streckte ihm wieder die Hände entgegen. Und als er sie nahm, fügte sie mit leiser Stimme hinzu: »Ich bin dir hoffnungslos verfallen, mein kratzbürstiger Julian.«

»Wir werden nach Aphros fahren«, sagte er, »als Freunde und Kampfgefährten.«

»Du diktierst die Bedingungen«, erwiderte sie mit ironischem Ernst.

Einen Moment lang durchkreuzte ein klarer Gedanke seinen Versuch der Selbsttäuschung; er sah die Gefahr, in die sie mit offenen Augen tappten, Julian und Eve, allein inmitten phantastischer Ereignisse, in einem Märchenland, zwei eigensinnige, ungeduldige Geschöpfe, die ihre Launen nicht zu beherrschen vermochten, geschweige denn ihre Leidenschaften ... Er wusste, welcher Gottheit der Tempel geweiht war, der am Ende des Pfades stand, den sie jetzt eingeschlagen hatten. Er sah den Tempel in seiner Phantasie so lebhaft, wie seine sterblichen Augen ihn gesehen hätten: Weiß und lieblich schimmerte er zwischen dunklen Zypressen, und drinnen war es schattig und kühl. Natürlich würden sie hineingehen. Eve könnte er auf keinen Fall vertrauen. Ob er sich selbst vertrauen durfte? Er musste die Frage ehrlich verneinen. Eve beobachtete ihn, versuchte, seine Gedanken zu erraten. Er stutzte und schaute sie an, Grauen und heftige Zurückweisung zuckten über sein Gesicht. Einen Moment lang ruhten seine Augen unverwandt auf ihr, dann sah sie – denn sie kannte ihn gut und war geschickt darin, seine Gesten zu deuten –, wie er mit einer kurzen Kopfbewegung die Einsicht wieder vertrieb.

»Komm auf die Terrasse«, sagte sie und zupfte sanft an seinem Arm.

Sie standen auf der Terrasse und beobachteten die Lichter in der Ferne; der Himmel leuchtete golden; Feuerbälle explodierten und formierten sich zu Federbüschen, Fontänen und Regentropfen; gleißende Bahnen durchschnitten wie riesige Krummschwerter den Vorhang der Nacht. Eve schrie entzückt auf. Feurige Schlangen zuckten über den Himmel und erstarben in einem Funkenregen. Einen Moment lang wurde die gesamte Küstenlinie herrlich erleuchtet:

»Märchenland!«, rief Eve und klatschte in die Hände.

Sie hatte Aphros vergessen, Aphros und Paul.

Das Feuerwerk war vorüber. Ohne jede Eile ruderte Tsigaridis mit kräftigen Bewegungen über das weite Meer, das jetzt wie ein großer schwarzer Diamant unter dem Mondlicht glänzte. Das Wasser unter dem kleinen Boot fiel und stieg so sanft und regelmäßig wie der Atem eines Schläfers. An einem milchigen, von Sternen übersäten Himmel stand der riesige Mond scheinbar flach und reglos, sein Licht warf einen breiten silbrigen Streifen auf das dunkle Wasser und erleuchtete ein paar kleine, gebrochene Wolken, die über den Horizont ausgebreitet lagen wie die Rückenwirbel eines riesigen Krokodils. Das Licht an der Spitze des Piers von Herakleion strahlte grün. Erst als sie eine Weile parallel zur Küste gefahren waren, sahen sie für kurze Zeit das halb grüne, halb rote Leuchten. Tsigaridis ruderte beständig, und abgesehen vom Glucksen des Wassers, das gegen den Bootsrumpf schlug und von den erhobenen Rudern tropfte, war es vollkommen still. Dann lenkte er sein Boot fort von den Lichtern des Festlands auf die winkenden Lichter im Herzen des Meeres zu.

Denn vor ihnen leuchteten die kleinen gelben Lichter des Dorfes an der jäh aufsteigenden Felsküste von Aphros. Sie sahen drei oder vier einzelne Leuchtpunkte unten am Hafen, dann, oberhalb eines dunklen schwarzen Streifens, die Lichter der Häuser in unregelmäßigen, übereinanderliegenden Terrassen. Aber es waren nicht diese gelben Lichter, auf die ihre Blicke gerichtet waren. Hoch darüber, auf dem höchsten Gipfel der Insel, brannte ein blutrotes Leuchtfeuer, ein wilder, einsamer roter Fleck, eine Flamme, die wie eine Fahne wirkte, wie ein Emblem, das Hoffnung schenkte, während es stolz und rebellisch gegen den Nachthimmel flackerte. Im Mondlicht waren die dunklen Umrisse der winzigen Inseln zu sehen, doch das friedliche, gutartige Mondlicht war für die Bewohner bedeutungslos; nur das Leuchtfeuer, das gegen die Blässe des Mondes so unverschämt rot abstach, brannte sich in ihre Herzen ein. Seine Botschaft verhieß allen Menschen Kampf, manchen den Tod und den Überlebenden die langersehnte Freiheit.

Aphros selbst erschien im Mondlicht nur mehr als eine bucklige, schemenhafte Silhouette, die auf ihrem Kamm eine flammende Blume trug. Auf einer Insel wie dieser bricht die Morgendämmerung oft mit großer Lieblichkeit an, die ersten Farben erscheinen wie auf Vogelschwingen, zerbrechlich wie Porzellan, lieblich wie ein Obstgarten in voller Blüte. Heute Nacht lag die Insel in geheimnisvolles Dunkel gehüllt, nur von dieser einzelnen Flamme erleuchtet, ein Zeichen der Sache, die sie erfüllte. Die Flamme signalisierte Entschlossenheit, Vorfreude, Hoffnung, die unerschütterliche

Hoffnung auf Veränderung, die Verlockung des Abenteuers, das Rebellen und Idealisten gleichermaßen zu faszinieren vermag. Die Flamme, ihr Leuchten in der Dunkelheit, wirkte wie der Ton eines Horns inmitten völliger Stille.

Eine leichte Brise streifte das kleine Boot, als es sich endgültig von der Küste trennte. Tsigaridis zog mit einem zufriedenen Schnalzen die Ruder ins Boot und erhob sich von seinem Platz. Das kleine Boot schaukelte heftig, als er mit geschickten Bewegungen die Vorbereitungen zum Segeln traf. Eve und Julian, die ihm vom Bug aus zuschauten, sahen, wie sich das dreieckige Segel langsam entfaltete und sich dann dunkel gegen den Silberstreif des Mondes abhob. Tsigaridis sank zurück in die Dunkelheit des Bootsrumpfes. Die beiden Männer wechselten murmelnd ein paar Worte.

»Ich nehme das Ruder, Tsigaridis.«

»Malista, Kyrie.«

Dann herrschte wieder Schweigen. Hart am Wind segelte das kleine Boot rasch auf das Leuchtfeuer zu. Der Mond stand herrlich klar und ruhig am Himmel. Eve, die nicht zu sprechen wagte, betrachtete Julians Profil. Seine Miene war finster. Er war sich ihrer Nähe intensiv bewusst, und ihn quälte die Erinnerung – die Erinnerung daran, wie er sie in ihrem Zimmer wutentbrannt in den Armen gehalten hatte ... weich, schwer und völlig wehrlos. Und als sich seine Finger über der Ruderpinne schlossen, fuhr er so zärtlich darüber wie über die Rundungen ihres Körpers in der Erinnerung. Sie hatte ihren Hut abgenommen, und der warme, vertraute Duft ihrer Haare kitzelte seine Nase. Sie war ihm nah, weich, duftend, schweigend, geheimnisvoll lebendig. Das Verlangen, sie zu berühren, wuchs wie ein unerträglicher Durst; das

Leben schien ihn mit seltsamer Vollständigkeit zu umfangen. Doch noch immer hielt ein Grauen ihn zurück: Ging es um Eve, das Kind, für das er brüderliche Gefühle gehegt hatte? Oder ging es um Eve, die erwachsene Frau? Doch trotz aller Vorbehalte – denn es war nicht seine Gewohnheit, sein Verlangen zu unterdrücken – nahm er das Ruder in die andere Hand und legte den freien Arm um ihre Schultern. Er spürte, wie sie seiner Berührung sofort nachgab und sich noch enger an ihn schmiegte, spürte ihren Atem, spürte, wie sie den Kopf zurückfallen ließ. Er wusste, dass sie die Augen geschlossen hatte. Seine Finger legten sich sehnsüchtig um ihren Hals; sie sank noch tiefer in seine Arme, und fast widerwillig zitterte seine Hand über der Weichheit ihrer Brust.

III
Aphros

1

Im größten Klassenzimmer des Schulgebäudes hockte niedergeschlagen eine Gruppe griechischer Beamter an den hässlichen gelben Tischen und Bänken, die den Schulkindern von Aphros gehörten. Vergebens hatten sie sich am Abend und in der Nacht in empörten, leidenschaftlichen Appellen an ihre Bewacher gewandt. Um den Insulanern Gerechtigkeit widerfahren zu lassen, mussten jedoch selbst die Griechen eingestehen, dass man sie höflich behandelt hatte. Doch alle Forderungen nach einem Gespräch mit dem Machthaber der Insel schienen auf taube Ohren zu stoßen. Ihre Bewacher erklärten höflich, das sei nicht möglich, weil der Machthaber noch gar nicht auf der Insel sei, und sie weigerten sich, diesen Machthaber beim Namen zu nennen. Sie hatten die griechischen Beamten aus ihren Häusern geholt, zum zentralen Sammelplatz in der Schule gebracht und ihnen zwei Klassenzimmer zugeteilt, eins für die sechs Frauen, eins für die zwanzig Männer. Zwischen den beiden Zimmern durften sie sich frei bewegen, und es war für alle sechsundzwanzig offenbar am tröstlichsten, wenn sie sich in dem größeren Klassenzimmer zusammenscharten, während ihre in farbenfrohe Fustanellas gekleideten Bewacher jeweils zu zweit an den Eingängen saßen, ihre modernen und gefährlich wirkenden Waffen im Arm.

Die meisten der Griechen hatten natürlich mit der Schule zu tun. Missmutig stellten sie fest, dass alle auf Griechisch geschriebenen Merktafeln ebenso entfernt worden waren wie die großen Lithographien, auf denen Malteios und die anderen Präsidenten abgebildet waren, sodass an den Pechkieferwänden – die modernen Schulgebäude waren aus Holz gebaut – nur noch einige Karten, anatomische Zeichnungen und unverfängliche bunte Plakate hingen. Eines der Plakate zeigte drei kleine Kinder, die auf einem grauen Esel ritten, auf einem anderen stand ein Kind vor einem Spiegel und setzte einen Sonnenhut auf.

»Eine Revolution!«, murmelte der Postmeister mit finsterer Miene.

Die Bewacher blieben stumm. Das Feuer ihrer revolutionären Leidenschaft hatte ihre natürliche Redseligkeit besiegt. Von einfachen Weinbauern waren sie zu stolzen Soldaten geworden, und ihr neuer, ungewohnter Beruf erfüllte sie mit Selbstachtung. Draußen im Dorf war es überraschend ruhig; es gab kein Rufen, keinerlei Aufregung. Gelegentlich waren schnelle Schritte zu hören, aber es schienen die Schritte von Menschen zu sein, die geordneten Geschäften nachgingen. Die Griechen kamen nicht umhin, von der geordneten Situation beeindruckt und beunruhigt zu sein.

»Wird man uns freilassen?«, fragten sie ihre Bewacher.

»Wenn er kommt, werdet ihr es erfahren«, war alles, was die Wächter antworteten.

»Wer ist er?«

»Ihr werdet es früh genug erfahren.«

»Er ist immer noch nicht angekommen?«

»Er ist angekommen.«

»Wir haben nichts gehört. Er muss während der Nacht gekommen sein.«

Darauf bekamen sie ebenso wenig eine Antwort wie auf ihre nächste Frage:

»Wozu die Geheimniskrämerei? Es kann doch eigentlich nur der verrückte junge Engländer sein?«

Die Wächter zuckten ungerührt mit den Schultern, als wollten sie sagen, dass jeder, selbst ein Gefangener, ein Recht auf seine eigene Meinung habe.

Die Schuluhr zeigte auf neun, als auf der Straße die ersten Geräusche zu hören waren. Rasch wurde klar, dass sich in der Nähe der Schule eine große Menschenmenge versammelte. Laute Rufe und schrilles Gelächter ließen auf eine gewisse Erregung schließen, aber eine Stimme rief: »Ruhe!«, und sofort wurde es still. Die Griechen in der Schule konnten nur das Flüstern und Murmeln der Menge hören. Es erstaunte sie nicht, denn sie wussten, die Insulaner waren ein ordentliches, zurückhaltendes und genügsames Volk, dessen stärkste Gefühlsregung der Patriotismus war. Nachdenklich betrachteten die Griechen die Gewehre ihrer Bewacher. Dem Anschein nach Lehrer, Telegraphisten, Post- und Zollbeamte, hatten sie in Wirklichkeit als Spione Herakleions fungiert und hätten eigentlich von der Existenz dieser Waffen wissen müssen. So wenig wünschenswert ihnen eine lange Gefangenschaft im Schulhaus von Aphros schien, wo sie auf Gedeih und Verderb einer gerade erst befreiten und wahrscheinlich rachsüchtigen Bevölkerung ausgeliefert waren – ihre Rückkehr nach Herakleion konnte sich unter diesen Umständen als kaum weniger unangenehm erweisen.

Draußen folgte auf einige scharfe Befehle hin das klickende Geräusch der abgesetzten Gewehre auf den Pflastersteinen. Der Postmeister wechselte vielsagende Blicke mit dem Leiter der Zollbehörde, hob die Augenbrauen, schüttelte den Kopf und schnalzte mit der Zunge »Tscha!«, als wollte er sagen: »Diese miesen Schurken! Hinter unserem Rücken!« Im Stillen aber dachte er: »Kein Beruf mehr, keine Pension! Wir sind allesamt am Ende.« Auf der Straße waren Jubelschreie zu hören. »Ruhe!«, rief die vertraute Stimme, doch diesmal verschaffte sie sich kein Gehör. Der Jubel setzte sich minutenlang fort, die hohen Stimmen der Frauen mischten sich mit dem Bass der Männer, und es waren einzelne, inbrünstige Ausrufe zu hören. Die Griechen versuchten, aus den Fenstern zu schauen, wurden jedoch von ihren Bewachern höflich daran gehindert. Als die Jubelrufe verklungen waren, begann jemand, zu der Menge zu sprechen, aber durch die geschlossenen Fenster war es unmöglich, einzelne Worte zu verstehen. Auf die Rede folgte ein Moment der Ruhe, dann begann ein anderer Redner mit gemessener Betonung etwas vorzulesen. Teile seiner Ansprache oder Proklamation wurden von der Menge mit Befriedigung quittiert. An einer Stelle wurde er von wiederholten »Viva! Viva! Viva!«-Rufen unterbrochen, und als er zum Ende kam, erschütterte ein donnernder Jubel und Applaus das hölzerne Schulgebäude. Die Griechen waren blass geworden; sie wussten nicht, ob die Proklamation einen Passus enthielt, der ihr weiteres Schicksal betraf.

Danach meldete sich offenbar ein dritter Redner zu Wort, der durch zahllose Freudenrufe, besonders vonseiten der Frauen, unterbrochen wurde. Die Menge schien förmlich zu beben in ihrer Begeisterung, Zuversicht, Entschlusskraft und guten Laune. Ihr Lachen klang jedoch nicht fröhlich, es war eher ein grimmiges Lachen der Entschlossenheit und der Brüderlichkeit – überhaupt schien unter den Insulanern ein bemerkenswert brüderlicher Geist und große Einmütigkeit zu herrschen. Dann trat erneut Stille ein. Die Griechen hörten, wie die Menge eine Gasse bildete und sich gegen das Schulgebäude presste, offenbar um jemandem den Durchgang zu ermöglichen.

Die Tür ging auf, Zapantiotis erschien und verkündete:
»Gefangene, der Präsident.«

Seine Worte erregten ein gewaltiges Aufsehen bei den Geiseln, die sich, einander Schutz und Trost spendend, instinktiv in einer Zimmerecke zusammengedrängt hatten. Sie wähnten sich auf einmal von der Bosheit und Vergeltung der Insulaner auf wunderbare Weise befreit und rechneten fest damit, Malteios oder Stavridis mit Gehrock und Zylinder durch die Tür treten zu sehen. Stattdessen erschien Julian Davenant, barhäuptig und nachlässig gekleidet, in Gesellschaft zweier stämmiger, bewaffneter Insulaner.

Er blieb stehen, um die kleine, zur Sprachlosigkeit erstarrte Gruppe zu mustern. Angesichts der Verwirrung auf den Gesichtern seiner Gefangenen spielte ein leichtes Lächeln um seine Lippen. Es dauerte eine Weile, bis die Griechen ihre Gedanken geordnet hatten: Zunächst hatten sie Julian erwartet, dann jedoch für einen Augenblick den Präsidenten von Herakleion, und nun stand ihnen plötzlich doch Julian gegenüber. Den Lippen des Postmeisters entschlüpfte schließlich die sie alle bewegende Frage:

»Präsident *wovon*?«

Vielleicht klammerte er sich ja noch an die wahnwitzige Vorstellung, weder Malteios noch Stavridis, sondern Julian habe am Vortag die Präsidentschaftswahl gewonnen.

Zapantiotis antwortete mit ernster Miene:

»Der Präsident des Archipels San Zacharie.«

»Sind denn plötzlich alle verrückt geworden?«, rief der Postmeister entsetzt.

»Sie sehen, Gentlemen«, ergriff Julian zum ersten Mal das Wort, »die Torheiten meines Großvaters wurden zu neuem Leben erweckt.«

Er ging in die Mitte des Zimmers und ließ sich am Pult des Schulmeisters nieder. Seine Leibwächter nahmen hinter ihm zu beiden Seiten Aufstellung.

»Ich bin hergekommen«, sagte er, »um aus Ihrer Mitte denjenigen zu bestimmen, der die eben auf dem Marktplatz verlesene Unabhängigkeitserklärung nach Herakleion bringen wird. Es gilt, die neue Regierung über unsere Vorstellungen zu informieren. Zapantiotis, händige diesen Gentlemen die Erklärung aus.«

Die fassungslosen Griechen rückten noch näher zusammen, um über die Schultern ihrer Gefährten hinweg die Unabhängigkeitserklärung zu lesen. Die zum Archipel San Zacharie gehörigen Inseln einschließlich der Hauptinsel Aphros erklärten sich darin nach langen Jahren der Unterdrückung zu einer freien und unabhängigen Republik unter der Präsidentschaft von Julian Henry Davenant, dem die Bildung einer provisorischen Regierung obliegen sollte. Wenn sie nicht angegriffen würden, seien die Bewohner der Inseln bereit, mit ihren Nachbarn in Frieden und Eintracht zu leben. Würde man sie jedoch auf irgendeine Weise belästigen, seien sie entschlossen, ihre Küsten zu schützen und ihre Freiheit bis zum letzten Blutstropfen zu verteidigen.

In der ernsten Entschlossenheit dieser Worte lag ein gewisser Edelmut.

Mit einem hinterhältigen Lächeln beobachtete Julian, wie sich die Gefangenen durch das Dokument quälten, das im italienisch gefärbten Griechisch der Inseln abgefasst war. Sie deuteten mit den Fingern auf bestimmte Absätze, schnaubten leise vor Wut und warfen Julian, der mit gleichgültiger Miene auf dem Stuhl des Schulmeisters saß, empörte Blicke zu. Die Türen waren geschlossen worden, damit die Menge draußen blieb, nur Zapantiotis und die beiden Leibwächter waren im Zimmer anwesend. Trotz der frühen Stunde war die Hitze schon zu spüren; ein paar verirrte Fliegen brummten an den Fensterscheiben.

»Wenn Sie zu Ende gelesen haben, Gentlemen«, sagte Julian, »wäre ich Ihnen dankbar, wenn Sie aus Ihrer Mitte einen Vertreter wählen könnten, da ich mich heute noch um andere Dinge kümmern muss. Ein Boot wird ihn und alle anwesenden Damen zum Festland bringen.«

Die anwesenden Damen stießen erleichterte Seufzer aus.

»Dieses Ding hier«, rief der Schulmeister und schlug mit der Hand auf das Papier, »ist der reinste Wahnsinn, junger Mann. Ich kenne Sie gut, und ich flehe Sie an: Ziehen Sie es zurück, ehe es zu spät ist.«

»Ich habe keine Zeit für lange Diskussionen. Ich gebe Ihnen fünf Minuten Zeit, sich zu entscheiden«, antwortete Julian und legte seine Uhr auf den Tisch.

Seine Gefolgsleute hatten wirklich keinen Grund mehr, sich über seine mangelnde Entschlusskraft Sorgen zu machen.

Da die Griechen seine Entschlossenheit zur Kenntnis nehmen mussten, begannen sie erregt zu disputieren. Doch es zeigte sich rasch, der Selbsterhaltungstrieb war bei ihnen offenbar stärker ausgeprägt als der Geist der Selbstaufopferung. Trotz aller zu erwartenden Unannehmlichkeiten schien es unbedingt richtig, die Überfahrt nach Herakleion einer längeren Gefangenschaft bei den Insulanern und ihrem exzentrischen, womöglich blutrünstigen Präsidenten vorzuziehen. Der Postmeister empfahl sich als ältestes Mitglied der Gruppe; der Schulmeister argumentierte, er sei der Gebildetste und könne seine Gefährten vor dem Senat am besten vertreten; der Leiter der Zollbehörde begründete seinen Anspruch mit der längsten Dienstzeit im öffentlichen Dienst von Herakleion. Die Beratung drohte, in ein Gerangel auszuarten.

»Ich sehe, Gentlemen, dass ich die Entscheidung selber treffen muss«, sagte Julian schließlich und wählte den Zollbeamten.

Auf dem Marktplatz, wohin er und die griechischen Frauen sogleich gebracht wurden, wartete in dicht gedrängten bunten Reihen die schweigsame Menschenmenge. Die Männer standen ein wenig abseits, die Arme vor der Brust verschränkt, geknotete Taschentücher und breite Strohhüte auf dem Kopf – sie warteten geduldig, zufrieden, bescheiden. Keiner von ihnen trug ein Gewehr, obgleich viele eine Pistole oder ein langes Messer am Gürtel hatten; trotz seiner Verwirrung – gemischt aus Grauen und Erleichterung – entging dem Zollbeamten diese Tatsache nicht; im richtigen Moment erwähnt, könnte sie den aufgebrachten Senat besänftigen. Keine Gewehre, außer in den Händen der Wächter! Die Ordnung in Aphros würde schnell wieder hergestellt sein.

Doch der Eindruck von Organisation und Disziplin, der sich den Griechen bereits aufgedrängt hatte, als sie der Versammlung durch die hölzernen Wände des Schulgebäudes hindurch gelauscht hatten, wurde hier auf dem Marktplatz noch offensichtlicher. Diese Insulaner wussten, was sie zu tun hatten. Eine kleine Gruppe von Männern löste sich aus der Menge, um den Zollbeamten und die Frauen auf ihrem Weg zum Festland zu begleiten. Im gleichen Moment trat Julian mit seinen beiden Leibwächtern aus dem Schulgebäude. Die Menge zollte ihm einmütigen Respekt. Doch der Zollbeamte und seine Begleiterinnen durften nicht länger verweilen, sie wurden unverzüglich zu der Treppe gebracht, die zum Hafen hinunterführte. Der letzte Eindruck, den sie von Aphros mitnahmen, war die Erinnerung an die bunte Menschenmenge – und an Julian, der ein paar Schritte abseits stand und ihre Abfahrt beobachtete.

Die Proklamation und die Szene im Schulgebäude bildeten den Auftakt zu den vielen Bildern, die in Julians Erinnerungen an jenen Tag ihren unauslöschlichen Platz hatten. Er sah sich selbst am Kopfende des großen Tisches im Versammlungsraum von Aphros, zu beiden Seiten die führenden Männer der Insel, Tsigaridis und Zapantiotis, die als ernst zu nehmende Berater fungierten. Er hörte ihre außerordentlichen Reden, wurde doch jedes ihrer Argumente mit einer Fülle von Tatsachen untermauert, und hinter all dem lagen die Jahre des Erduldens und der beharrlichen, unerschütterlichen Hoffnung auf Veränderung. Er hörte die Einzelheiten der neuen Verfassung und den entschlossenen Schwur, mit dem jeder einzelne Inselbewohner sie bereitwillig anerkannte. Wie benommen, die Augen fest auf das in aller Eile wieder aufgehängte Porträt seines Großvaters gerichtet, hörte er sich selbst als Staatsoberhaupt bezeichnet – Präsident eines Staates, der, wenn es hochkam, fünftausend Einwohner zählte. Er hörte seine eigene Stimme Befehle erteilen, deren Klugheit niemand anzweifelte: Kein Boot sollte die Inseln verlassen, kein Boot durfte ohne seine ausdrückliche Erlaubnis anlegen, es sollte Tag und Nacht Wache gehalten werden. Noch während er sprach, standen einzelne Männer von ihren Plätzen auf, übernahmen die Verantwortung und verließen den Saal, um den Befehl ohne Verzögerung in die Tat umzusetzen.

Er sah sich später, endlich ohne seine Leibwächter, jedoch noch immer von Tsigaridis und Zapantiotis begleitet, im Innern der Insel, auf den Berghängen, deren Terrassen von kleinen, groben Steinmauern eingefasst wurden und wo zwischen den Stämmen der Olivenbäume das Meer glitzernd und blau zu sehen war. Hier war die Insel trocken und steinig; in breiten, niedrigen Stufen angelegte Maultierpfade schlängelten sich die Hänge hinauf und verloren sich jenseits der Bergkämme. Ein paar Ziegen kletterten rastlos zwischen Kakteen und Dornenbüschen umher, zupften an dem stachligen Futter und hoben die Köpfe, um gelegentlich nach ihren Jungen zu rufen, die mit dünnen, steifen, doch schon erstaunlich sicheren Beinen ausgelassen von Terrasse zu Terrasse sprangen. Ab und zu ragten einsame Zypressen wie dunkle Pfeile in den Himmel. Jenseits des Meeres lag Herakleion, die weiße Stadt mit ihren bunten Sonnenblenden, die aussahen wie kleine Schmetterlinge auf einer großen weißen Blüte. Die Häuser schmiegten sich eng an den schmalen Küstenstreifen, den das steil aufragende Mylassa-Gebirge ihnen so widerwillig gewährte.

Da die in Stufen angelegten Pfade für Karren unpassierbar waren, hatte Tsigaridis zehn Maultiere mit Tragekörben ausgestattet, die jetzt in einer langen, geduldigen Reihe hinter ihnen hertrotteten. Julian ritt auf einem gesattelten Maultier voraus; Zapantiotis folgte ihm zu Fuß, den langen Stab in der Hand, seinen Hund an den Fersen. Julian erinnerte sich, wie er im Stillen die Gesundheit dieses fünfundsechzigjährigen Mannes bewundert hatte, der den steilen Pfad unter der sengenden Sonne hinaufsteigen konnte, ohne ein Zeichen der Erschöpfung zu zeigen. Der Junge, der die Maultiere führte, stimmte ein wehmütiges Volkslied an, das Julian schon einmal von Kato gehört hatte. Die Zikaden zirpten unaufhörlich, und über ihnen kreisten die Möwen mit schrillen Schreien.

Nachdem sie eine ganze Weile immer höher gestiegen waren, ließen sie schließlich die Olivenhaine unter sich und erreichten einen ausgedehnten Weinberg; die herbstlich gefärbten Blätter leuchteten in allen Schattierungen von Gelb, Rot und Orange. Fern dem Schatten der Olivenbäume war die Hitze fast unerträglich; die Steine der Mauern glühten so, dass man sie nicht mit der nackten Hand berühren konnte. Hier wurden die Weintrauben ausgebreitet, bis sie zu Korinthen getrocknet waren. Die ganze Terrasse war voller Weintrauben; eine Gruppe Würfel spielender junger Männer, die sich aus Stangen und Matten eine primitive Schutzhütte gebaut hatten, bewachte sie.

Julian, der nichts von dieser Angelegenheit verstand und nur aus Neugier mitgekommen war, überließ Zapantiotis das Kommando. Er führte sein Maultier in den Schatten einiger Krüppelkiefern, die am Rande der Terrasse wuchsen, und sah den anderen zu. Sie hatten jetzt den Gipfel der Insel erreicht, und wenn er lang genug suchte, würde er zweifellos auf die Reste des Leuchtfeuers stoßen; doch wollte er sich an das Feuer lieber als an ein lebendiges Wesen erinnern, wollte nicht mit dem Fuß in grauer, toter Asche scharren – trotz der Hitze erschauderte er ein wenig bei dem Gedanken, dass die Flamme erloschen war. Von dort, wo er stand, konnte er an zwei Seiten hinunterschauen und die Insel tatsächlich als Insel sehen, vom Wasser umgeben. Ringsherum sah er die anderen im Meer verstreuten Inseln des Archipels. Einige waren zu klein, um bewohnt zu werden, aber zurzeit waren sie *alle* verlassen, denn das Leuchtfeuer, das vereinbarte Zeichen, hatte jede lebende Seele der gemeinsamen Sache wegen nach Aphros gerufen. Julian stellte sich vor, wie die unzähligen kleinen Boote in der Nacht, ebenso wie er selbst, über das vom Mond erleuchtete Wasser nach Aphros gekommen waren; kleine Boote, unter deren dreieckigen Segeln ganze Familien mit allem, was sie von ihren ärmlichen Habseligkeiten tragen konnten, den Hafen und die Buchten von Aphros angesteuert und sich auf den Schutz brüderlicher Gastfreundschaft verlassen hatten. Kein Zweifel, dass bei dieser Reise ihre Augen, ebenso wie die seinen, fest auf das Leuchtfeuer gerichtet gewesen waren ...

Die jungen Männer waren grinsend aufgesprungen und hatten, offenbar begeistert über die Abwechslung in ihrer täglichen Arbeitsroutine, ihre armselige Schutzhütte verlassen. Mit großen, rotfleckigen Holzschaufeln begannen sie, die trocknenden Trauben beiseitezuschieben. Zapantiotis stand, auf seinen Stock gelehnt, neben Julian.

»Seht Ihr, Kyrie! Es war eine gute Idee, nicht wahr? Ja, die Frauen! Nur eine Frau hat diesen Plan aushecken können.«

»Eine Frau?«

»Anastasia Kato«, antwortete Zapantiotis mit Respekt und doch im Gefühl der Vertraulichkeit mit der großen Sängerin, die für ihn einfach eine Frau des eigenen Volkes war. Wahrscheinlich, dachte Julian, ist ihm gar nicht einmal bewusst, dass sie eine bedeutende Sängerin ist.

Unter den Trauben waren Gewehre versteckt, die man vor den Früchten durch sorgsam ausgebreitete Leinentücher geschützt hatte. Die modernen, glänzenden Gewehre lagen ordentlich aufgereiht da. Einhundert, zweihundert, dreihundert ... Julian konnte ihre Zahl nicht schätzen.

Er war abgestiegen und hinübergegangen. Die jungen Männer schaufelten noch immer die Früchte zur Seite und brachten immer mehr Waffen ans Tageslicht. Julian bückte sich, um sie näher zu betrachten.

»Italienisch«, sagte er und traf Tsigaridis' Blick, sah das zufriedene Lächeln auf dem Gesicht des alten Mannes, den Stolz auf das Resultat monatelanger Vorbereitung.

Dann war Julian den Berghang wieder hinuntergeritten, hinter sich die lange Reihe beladener Maultiere, aus deren Körben die glänzenden Gewehrläufe ragten, hatte später auf dem Marktplatz bei der Verteilung der Waffen geholfen. Zweihundertfünfzig Gewehre waren es und für jeden fünfhundert Munitionsringe ... Er hatte an die nächtlichen Schmuggeleien gedacht, an all die Fische – die »schlüpfrige, glänzende Ernte der See« –, unter denen der tödliche Fang versteckt gelegen hatte, damit die Augen des Zollbeamten abgelenkt werden konnten. Er erinnerte sich an den Überfall auf das Casino, und ihm wurde vieles klarer. An Geld hatte es nicht gefehlt.

Dies waren jedoch nicht die einzigen Bilder, die ihm von jenem Tag im Gedächtnis blieben. Plötzlich gab es unzählige Dinge, um die er sich kümmern musste. Er saß stundenlang im Versammlungsraum, während die Insulaner kamen und gingen, überraschend diszipliniert und organisiert, doch gleichzeitig in allen Einzelheiten mit ihm Rücksprache nehmend. Den ganzen Tag über kam kein Zeichen aus Herakleion. Julian wurde müde, und seine Gedanken wanderten zu Eve. Er hatte in ihr Zimmer gehen wollen, ehe er das Haus am Morgen verließ, aber sie hatte sich geweigert, ihn zu sehen. Folglich hatte der Gedanke an sie ihn den ganzen Tag nicht losgelassen. Eine der Botschaften, die ihn im Versammlungsraum erreichten, stammte von ihr: Würde er ein Boot nach Herakleion schicken, um Nana holen zu lassen?

Er hatte lächelnd eingewilligt, doch bezweifelt, dass man dem Boot die Rückkehr erlauben würde. Ihre Botschaft war wie eine Berührung von ihr gewesen, hatte den Hauch ihrer Persönlichkeit in den Saal gebracht. Sie war so nah, wartete auf ihn, so vertraut, und doch so fremd, so unbegreiflich. Er hatte das Gefühl, auch wenn er ein Jahr mit ihr zusammenbliebe, wäre noch vieles zu entdecken, ihren Vorlieben und Geheimnissen schienen keine Grenzen gesetzt. Sie fügte sich keinen normalen Wertmaßstäben, sie würde immer alles zugleich sein: kapriziöses, wehleidiges Kind, reife, verführerische Frau und – in wieder anderen Momenten – eine beredte Dichterin, in deren ungezügeltem, unentwickeltem Talent er erstaunliche Möglichkeiten erspürte! Wenn sie Gedichte schrieb, bekleckerte sie sich, wie er wusste, gerne mit Tinte, so eng lagen bei ihr Makelhaftes und Makelloses nebeneinander. Aber er weigerte sich, seine augenblickliche Beziehung zu ihr analysierend unter die Lupe zu nehmen, und es war Anstand, nicht Heuchelei, was ihn zurückhielt. Er erinnerte sich nur allzu lebhaft an den Tag, an dem er sie im Arm gehalten hatte; seine brüderlichen Gefühle waren schockiert und beleidigt gewesen, doch die Erinnerung an diesen Augenblick war beständig gewesen und hatte sich gewandelt, und jetzt fand er sich, die Brüderlichkeit vergangener Jahre noch fest im Herzen, auf der Schwelle zu einem Abenteuer wieder, das mit brüderlichen Gefühlen nichts mehr zu tun hatte. Er versuchte, diese Gedanken zu vertreiben. Er hielt sie für erniedrigend und inzestuös. Andererseits war er zu Abenteuern aufgelegt. Es herrschten außergewöhnliche Umstände, das Abenteuer lag in der Luft und Julian glühte vor Aufregung ... Er verließ den Versammlungssaal, ging rasch die Straße hinauf, betrat das Davenantsche Haus und schloss die Tür hinter sich.

Die Geräusche der Straße verstummten, kühles Wasser plätscherte im offenen Innenhof. Zwei Tauben turtelten auf dem flachen Rand des Marmorbassins, das Männchen gurrte laut und verbeugte sich mit absurder Ehrerbietung, warf sich wichtigtuerisch in die weiße Brust, fächerte die Schwanzfedern auf und stolzierte mit zierlichen, gestelzten Schritten vor dem Weibchen auf und ab. Als Julian erschien, flatterten sie erschreckt zur anderen Seite des Hofes, um dort ihr ritualisiertes Liebesspiel fortzusetzen. Der milde Abend brach an, am tiefblauen Himmel standen winzige rosige Wölkchen. Die Fresken im alten Kreuzgang, die das Leben des heiligen St. Benedikt darstellten, waren verblasst, ausgeblichen und alt, er aber fühlte sich so jung und unternehmungslustig. Leichtsinnig und voller Lebenskraft.

Er war erstaunt, Eve in Gesellschaft zu finden: Der Sohn von Zapantiotis war da. In dem lang gestreckten, niedrigen Raum, der früher einmal das Refektorium des Klosters gewesen war und der sich über die ganze Länge des Kreuzgangs erstreckte, ließ sie sich von ihm das Flötenspiel erklären. Durch die tief eingelassenen Fenster mit den schweren Eisengittern schaute man über die Dächer des Dorfes aufs Meer hinaus. In einem dieser Fenster lehnte Eve und hielt die Flöte an ihren Lippen, während der junge, hübsche, eifrige Zapantiotis ihr zeigte, wie sie die Finger auf die Löcher zu drücken hatte. Sie schaute Julian herausfordernd an.

»Nico hat mich gerettet«, sagte sie. »Ohne ihn wäre ich den ganzen Tag allein gewesen. Ich habe ihm das Tanzen beigebracht.« Sie zeigte auf das Grammophon, das auf einem der Tische stand.

»Wo kommt das her?«, fragte Julian, entschlossen, seine Verärgerung vor dem Insulaner zu verbergen.

»Aus dem Café«, antwortete sie.

»Dann sollte Nico es jetzt besser wieder dorthin zurückbringen. Sie werden es brauchen«, sagte Julian mit drohender Stimme. »Und er sollte seinen Vater fragen, ob er nicht eine Aufgabe für ihn hat. Im Augenblick können wir jeden Mann gebrauchen.«

»Du hast mich den ganzen Tag über allein gelassen«, beschwerte sie sich, als Nico gegangen war. »Ich bereue schon, dass ich mit dir gekommen bin, Julian. Ich würde lieber wieder zurück nach Herakleion gehen. Nana ist auch nicht gekommen. Ich hätte nicht gedacht, dass du mich den ganzen Tag allein lassen würdest.«

Er schaute sie an. Sein Zorn verrauchte, und sie war erstaunt, als er sanft, ja fast amüsiert erwiderte:

»Du bist immer für eine Überraschung gut, und trotzdem bleibst du dir selber treu: Ich komme in dem Glauben zurück, dich allein im Haus zu finden, froh, dich nach einem einsamen, unbeschäftigten Tag zu sehen ... Doch nein, du vergnügst dich in Gesellschaft des schönsten Bauernlümmels, den Aphros zu bieten hat, lernst von ihm das Flötenspiel, bringst ihm das Tanzen bei und hast dir im Dorfcafé das Grammophon ausgeliehen!«

Mit einer Geste, die ihr seit Langem vertraut war, legte er die Hände auf ihre Schultern.

»Ich glaube, ich liebe dich«, sagte er knapp, schien jedoch nicht geneigt, weiter über sie beide zu sprechen. Stattdessen berichtete er ihr von seinen Plänen und Anordnungen. Eve hörte ihm nicht zu.

Sie standen einander gegenüber in der engen Fensternische, lehnten sich an die dicken Steinwände des alten genuesischen Gebäudes. Durch das Gitter sahen sie das Meer und das ferne Herakleion.

»Es ist sehr ungewöhnlich«, bemerkte er und starrte über die weite Bucht, »dass Herakleion noch gar nicht reagiert hat. Ich gehe davon aus, dass sie uns angreifen werden, sobald Panaïoannou seine Armee zusammengetrommelt hat, und da er sie gestern für die Parade vollständig mobilisiert hatte, kann das eigentlich nicht allzu lange dauern.«

»Wird es einen Kampf geben?«, fragte sie mit einem ersten Anzeichen von Interesse.

»Ich hoffe es«, erwiderte er.

»Ich möchte, dass du kämpfst«, sagte sie.

Wie so oft im Urteil über sie zwischen widerstreitenden Meinungen hin- und hergerissen, stellte er fest, dass er ihr innerlich zustimmte: Ein Mann muss kämpfen, um sich einer Frau würdig zu erweisen, oder er muss zumindest bereit sein, in den Kampf zu ziehen. Allerdings hätte er von jemandem, der so nachgiebig gegen sich selbst, so vergnügungssüchtig und so wenig bereit war, auch den unangenehmen Seiten des Lebens ins Auge zu schauen, eine weniger heroische Einstellung erwartet. Sie war verärgert gewesen, weil er sie den ganzen Tag allein gelassen hatte, um Vorbereitungen für den Kampf zu treffen. Wäre sie nicht auch verärgert gewesen, wenn der Kampf ihn von ihrer Seite ferngehalten hätte? Doch er respektierte ihre Wertschätzung körperlichen Muts und ließ das Pendel zu ihren Gunsten ausschlagen.

Zu seiner Überraschung kehrte das Boot, das er nach Herakleion geschickt hatte, um Nana zu holen, tatsächlich zurück, wenn auch ohne Nana. Stattdessen brachte es einen Brief von seinem Vater mit:

Lieber Julian,
mit der freundlichen Erlaubnis von Monsieur Stavridis – dank dessen Anordnung mein Haus streng überwacht wird, was ich allein Deiner Torheit zu verdanken habe –, bin ich in der Lage, Dir einen Brief zukommen zu lassen, den persönlich zu zensieren sich Monsieur Stavridis vorbehalten hat. Dein Bote kam mit der überraschenden Bitte, die Gouvernante Deiner Cousine mit nach Aphros nehmen zu dürfen. Ich wäre natürlich anstelle der Gouvernante am liebsten selbst mitgekommen, hätte Monsieur Stavridis nicht verständlicherweise die Verfügung erlassen,

dass ich mich weder mit Dir treffen noch Herakleion überhaupt verlassen darf.

Ich bin im Moment noch viel zu zornig, um irgendeine Bemerkung über Dein Verhalten machen zu können. Ich versuche, mir einzureden, dass Du den Verstand verloren hast. Monsieur Stavridis wird jedoch in Kürze drastische Schritte unternehmen, um Deinen Verstand wieder zu kurieren. Ich hoffe nur, dass Du keinen Schaden nehmen wirst – ich denke voller Sorge an Dich, denn Du bist immer noch mein Sohn. Einstweilen verlange ich jedoch von Dir, in meinem Namen und im Namen Deines Onkels und Deiner Tante, dass Du Deine Cousine ohne jede Verzögerung nach Herakleion zurückschickst. Monsieur Stavridis besaß die große Güte, seine Zustimmung dazu zu geben. Wenn Du in Ruhe darüber nachdenkst, wird Dir sicherlich klar werden, dass Du Dich einer alles Bisherige noch übertreffenden Torheit schuldig gemacht hast, als Du sie mit nach Aphros nahmst. Ich weiß, dass Du dickköpfig und unbesonnen bist. Ich bitte Dich: Nimm wenigstens in dieser einen Hinsicht Vernunft an, ehe es zu spät ist.

Ich fürchte, ich würde nur meine Zeit vergeuden, falls ich versuchte, Dich von dem Kurs abzubringen, den Du eingeschlagen hast. Mein armer, irregeleiteter Junge, erkennst Du denn nicht, dass Deine Unternehmungen in einer Katastrophe enden müssen und den Menschen, denen Du eigentlich helfen willst, am meisten schaden werden?

Ich warne Dich hiermit in aller Strenge, Dein Starrsinn wird auch für Deine Zukunft sehr ernste Konsequenzen haben. Mir wird es das Herz brechen, die Maßnahmen zu ergreifen, an die ich jetzt denken muss, aber ich bin verpflichtet, die Interessen unserer Familie zu wahren, und Dein Onkel und ich sind uns in dieser Hinsicht völlig einig.

Ich stehe tief in Monsieur Stavridis' Schuld, der seine Pflicht als erster Bürger von Herakleion natürlich nicht vernachlässigen kann, mir jedoch jeden Beweis seiner persönlichen Freundschaft und seines Vertrauens gegeben hat.

W. Davenant

Julian zeigte Eve den Brief seines Vaters.

»Wie wirst du ihm antworten?«

»So«, erwiderte er und zerriss den Brief vor ihren Augen.

»Du bist wütend. Oh, Julian, wie sehr ich deinen Leichtsinn liebe.«

»Ich sehe rot. Er droht mir damit, mich zu enterben. Er tut alles, nur um nicht bei Stavridis in Ungnade zu fallen. Möchtest du zurück?«

»Nein, Julian.«

»Natürlich hat Vater recht. Ich habe den Verstand verloren, und du ebenfalls. Aber du bist hier nicht in Gefahr, und dass ich dich kompromittiere, ist doch absurd: Wir sind schon so oft allein zusammen gewesen. Außerdem hast du gesagt, du würdest ebenso zu den Inseln gehören wie ich. Du kannst also auch ein wenig leiden, wenn es notwendig sein sollte.«

»Ich beschwere mich nicht«, erwiderte Eve mit einem rätselhaften Lächeln.

Sie nahmen gemeinsam am Brunnen im Hof das Abendessen ein. Der Himmel über ihnen wurde dunkler, der Diener brachte Kerzen, zündete sie an und stellte sie auf den Tisch. Julian sprach wenig; er gönnte sich den Luxus, sich von einer Frau verwöhnen zu lassen, die es zu ihrer Aufgabe gemacht hatte, ihm zu gefallen. Er beobachtete sie kritisch und anerkennend, er schätzte ihre Kunst, registrierte voller Bewunderung, wie der Instinkt der geborenen Kurtisane die mangelnde Erfahrung wettmachte. Sie war ihm ein größeres Rätsel, als er sich eingestehen wollte.

Doch er überließ sich ihrem Charme. Die Vertraulichkeit dieses Abendessens – des ersten, das sie allein zu zweit einnahmen – nahm ihn voll und ganz gefangen, und sein beobachtendes Schweigen, das dem Verlangen entsprang, ihre Fähigkeiten auf die Probe zu stellen und sich gleichzeitig dem eigenen, männlichen Vergnügen hinzugeben, schützte ihn unmerklich gegen ein Gefühl, das ihn immer deutlicher überkam. Der Diener hatte sie verlassen. Das Wasser fiel plätschernd ins Marmorbassin. Die Kerzen brannten ruhig und beständig in der stillen Abendluft, ihr Schimmer fiel auf den Wein – schlicht, rot und golden – in den langhalsigen Flaschen, fiel auf die überquellende Fruchtschale mit Trauben, aufgeschnittenen Melonen und reifen, platzenden Feigen. Ihr Tisch war wie eine Insel aus Licht; Hof und Kreuzgang steckten voll dunkler, rätselhafter Schatten.

Eve beugte sich vor, stützte die bloßen Ellenbogen auf den Tisch, wählte mit verächtlicher Miene einige besonders schöne Früchte aus und erzählte dabei. Er schaute auf ihre weichen, wunderschönen Arme und die kleinen weißen Hände, die er immer geliebt hatte. Er wusste, dass er ihre Gesellschaft der aller anderen Menschen vorzog. Ihr Humor, ihre Verwegenheit, die Vielfalt ihrer Unternehmungen, ihre oft so pittoreske Ausdrucksweise, ihr schier grenzenloser Erfindungsgeist, der feine persönliche Unterton in allen ihren Bemerkungen, obgleich die Worte »du« und »ich« kaum über ihre Lippen kamen, entzückten ihn. Sie war ein Genussmensch, eine Künstlerin, doch Glut und Leichtsinn retteten sie vor jedem Anflug steriler Vernünftelei. Er wusste, dass sein Leben in ihrer Gegenwart reicher wurde, dass es in jeder Hinsicht ein ärmeres, graueres, weniger bezauberndes Erlebnis gewesen wäre, wenn es sie nicht gegeben hätte. Er schloss einen Moment lang die Augen, als ihm klar wurde, dass er sie besitzen könnte, wenn er es wollte, sie, die Unnahbare, Unerreichbare. Er könnte die Einlösung ihrer grenzenlosen Versprechen fordern, könnte sie in der Rolle ernst nehmen, für die sie geschaffen schien, könnte das Heiligtum entweihen und das Geheimnis des Schatzes, der allen anderen verweigert worden war, lüften. Er könnte ihrer Leidenschaft die ersten Geheimnisse abverlangen. Er wusste, dass sie ihm eine vollkommene Freundin sein konnte, und er ahnte, dass sie auch eine vollkommene Geliebte war. Er schauderte und erschrak bei diesem ungeheuerlichen Gedanken. Dann schaute er sie an, sah, wie sie eine geöffnete Feige zu den Lippen führte und spürte plötzlich, dass sie allein auf der Insel waren, auf der er fast so etwas wie ein König war.

»Eine verlassene Stadt«, sagte sie, »eine Stadt portugiesischer Siedler. Rosa Marmorpaläste am Ufer, vom immer weiter vorrückenden Dschungel fast ins Wasser gedrängt. Affen, die durch verfallene Fenster schauen, auf dem Sand große, schläfrige Schildkröten, und in den verfallenen Fluren der Paläste Orchideen und Hibiskusbüsche ... das ist Trinkomali! Würden dir die Tropen gefallen, Julian? Ihre Üppigkeit, ihre Vulgarität? ... Man kauft kleine Beutel mit wertvollen Steinen. Man öffnet sie und lässt die Saphire, Rubine und Smaragde durch die Finger gleiten ...«

Ihre Blicke trafen sich. Sie schien verwirrt ...

»Du hörst ja gar nicht zu«, murmelte sie.

»Du warst fünfzehn, als du in Ceylon warst«, sagte er und schaute dem blauen Rauch seiner Zigarette nach. »Du hast mir von dort aus geschrieben. Du hattest dunkelrotes Schreibpapier. Du warst ein bedauernswert affektiertes Kind.«

»Ja«, sagte sie, »das einzig Natürliche an mir war meine Affektiertheit.«

Sie lachten, fühlten sich einander nahe, vertraut.

»Es hat angefangen, als du drei warst«, sagte er, »und darauf bestanden hast, immer braune Kinderhandschuhe zu tragen. Deine Stimme war damals sogar noch tiefer als jetzt, und du hast deinen Vater Robert genannt.«

»Du warst fünf und hast mich immer in den stachligen Birnbaum geschubst.«

»Und du hast versucht, mich mit einem Dolch umzubringen. Erinnerst du dich noch?«

»Oh, ja«, erwiderte sie ernst. »Es gab eine Zeit, in der habe ich stets einen Dolch getragen.«

»Als du aus Ceylon zurückgekommen bist, besaßest du eine echte Tigerkralle.«

»Mit der habe ich meine Initialen in deinen Arm gekratzt.«

»Du warst sehr theatralisch.«

»Du warst sehr stoisch.«

Sie lachten wieder.

»Als du nach Ceylon gefahren bist«, sagte er, »hat sich einer der Schiffsoffiziere in dich verliebt. Das hat dich amüsiert.«

»Das einzige Mal, Julian, dass ich damit vor dir prahlte! Du musst mir verzeihen – *il ne faut pas m'en vouloir.* Ich war erst fünfzehn.«

»Solche Dinge amüsieren dich immer noch«, sagte er eifersüchtig.

»*C'est possible.*«

Er beharrte:

»Wann ist dir deine eigene Herzlosigkeit bewusst geworden?«

Sie lachte laut.

»Ich glaube, es hat mit dem simplen Sinn für Humor begonnen«, sagte sie, »und hat sich nach und nach in den jetzigen Zustand zwanghafter Niedertracht verwandelt.«

Sie sah, wie sich sein Gesicht plötzlich verdüsterte. Er stand abrupt auf und ging zum Brunnen, Eve den Rücken zugewandt.

»Mein Gott«, dachte sie voller Schrecken. »Er hat an Paul gedacht.«

Sie stand ebenfalls auf und ging zu ihm, stand ganz nahe bei ihm, griff mit der Hand nach seinem Arm, versuchte, vielleicht unbewusst, die entwaffnende Macht ihrer körperlichen Nähe einzusetzen. Er schüttelte ihre Hand nicht ab, er reagierte gar nicht, schien völlig in den Anblick des Wassers versunken. Sie zögerte, ob sie das Thema direkt ansprechen sollte – sie wusste, sie begab sich in Gefahr: Er war so schwer zu gewinnen, so einfach zu verlieren, so wenig lenkbar wie ein junges Fohlen. Dann hörte sie ganz schwach die Musik des Grammofons, das im Dorfcafé spielte.

»Komm mit ins Wohnzimmer und lass uns der Musik zuhören, Julian«, sagte sie und zog an seinem Arm.

Er folgte ihr missmutig. Sie tauschten den Innenhof mit

seiner Insel aus Licht gegen die Dunkelheit des Wohnzimmers ein. Eve tastete sich, seine Hand haltend, voran, bis sie zu einem Fenstersims kamen, sie setzte sich und zog ihn auf den Platz neben sich. Durch das rostige Eisengitter sahen sie das vom aufgehenden Mond beschienene Meer.

»Wir können einfach Musik hören«, flüsterte sie.

Eves Herz pochte hart und schnell. Sie waren wie verzaubert gewesen, einander so unendlich nah. Jetzt wurde ihr schmerzlich bewusst, dass sie ihn verloren hatte. Sie wusste, er war vom Märchenland Aphros in die Welt der Prinzipien und Moralvorstellungen zurückgekehrt. Im Märchenland, in das sie ihn gelockt hatte, war alles möglich, alles erlaubt, ja eigentlich fast unumgänglich. Und er hatte sie so bereitwillig begleitet, Hand in Hand waren sie auf herrlichen Pfaden gewandelt. Zwar hatten sie alle Ausflüge in die gefährlichen Wälder ringsum vermieden, doch vielleicht wären sie, sehr bald schon, vom Pfad abgekommen. Sie beide ganz allein ... Eve war so glücklich gewesen, voller Triumph. Jetzt war er ihr wieder entflohen, zurück in eine andere Welt, die von all den Feinden bevölkert war, die sie ihn hatte vergessen lassen: ihre Grausamkeit, ihre Eitelkeit – ihre Eitelkeit! Er konnte ihre Eitelkeit und den verführerischen Glanz ihrer Person nicht zusammenbringen; es war ihm unmöglich, beides gleichzeitig zu sehen, denn in seinen jugendlichen Augen schloss das eine das andere aus. Ihre unzähligen Täuschungsmanöver, ihre Ausflüchte vor der Wahrheit, all die Männer, die sie in die Irre geführt hatte, den einen Mann vor allem, den sie getötet und dessen Tod sie fast teilnahmslos hingenommen hatte – all diese Dinge erhoben sich wie Widersacher gegen sie, und sie schaute sie an, klein, ängstlich und ratlos. Denn Eve sah sich gezwungen, ihre Existenz zuzulassen, die niederschmetternde Wirklichkeit ihrer Existenz, die in Julians Augen so außerordentlich wichtig war; und das, obgleich es ihr selbst offenbar an Moralgefühl mangelte und sie seine Empörung als nicht gerechtfertigt empfand. Ihr war traurig bewusst, dass ihre Widersacher stets bedrohlich im Hintergrund lauern würden und sie sich glücklich schätzen könnte, wenn es ihr gelänge, sie dort zu halten. Sie wünschte sehnlichst, es gäbe einen Trank des Vergessens, den sie Julian einflößen könnte. Doch da es jenseits des Märchenlandes solche Tränke nicht gab, durfte sie die Rolle der Kalypso nicht einen Moment lang fallen lassen. Sie wusste, sobald sich Julians Zorn regte – und sein Zorn regte sich leider häufig und heftig –, würden die Widersacher sofort wieder auferstehen und sich gegen sie stellen.

Sie war mit seiner gegenwärtigen düsteren Laune nur allzu vertraut. Sie hatte Angst, und der verzweifelte Wunsch, ihn wiederzugewinnen, beherrschte sie. Sie ahnte, dass jeder Streit völlig nutzlos wäre. Sie flüsterte seinen Namen.

Mit versteinertem Gesicht wandte er sich zu ihr um.

»Warum bist du plötzlich so anders?«, fragte sie hilflos. »Ich war glücklich, und jetzt machst du mich so traurig.«

»Ich habe kein Mitleid mit dir«, sagte er. »Du bist selbst viel zu herzlos, um Mitleid verdient zu haben.«

»Du brichst mir das Herz, wenn du so mit mir redest.«

»Ich würde es dir gern brechen«, erwiderte er ungerührt.

Sie antwortete nicht, doch dann hörte er sie schluchzen. Misstrauisch streckte er die Hand aus, um ihre Tränen zu spüren.

»Ich habe dich zum Weinen gebracht«, sagte er.

»Nicht zum ersten Mal«, bemerkte sie.

Sie wusste, dass er beunruhigt war, in seiner Strenge erschüttert, und fügte hinzu:

»Ich weiß, was du manchmal von mir denkst, Julian. Und ich habe nichts zu meiner Verteidigung vorzubringen. Vielleicht gibt es eine einzige gute Seite an mir, aber du musst mir versprechen, sie niemals gegen mich einzusetzen.«

»Wovon redest du?«

»Du klingst sehr skeptisch«, antwortete sie wehmütig. »Ich rede von meiner Liebe zu dir. Lass es uns dabei belassen.«

»Ich frage mich«, sagte er. Und noch einmal: »Ich frage mich ...«

Sie trat noch ein wenig näher an ihn heran und schmiegte sich an ihn, sodass ihr Haar seine Wange streichelte. Verlegen, fast geistesabwesend, legte er die Arme um sie. Er spürte ihr pochendes Herz, streichelte ihren bloßen Arm, schaute nachdenklich auf sie herunter. Sie ließ ihn gewähren. Körperlich war er ihr nah, moralisch war er weit von ihr fort. Sie rührte sich nicht, war bereit, sich zu demütigen, den Stolz ihres Körpers zu opfern, wenn sich damit seine Rückkehr erkaufen ließ. Doch Julian schreckte plötzlich aus seinem düsteren Groll auf und schob sie von sich. Wenn die Versuchung ihn übermannen sollte, musste dies im Sturm geschehen, nicht so schäbig und zögerlich ... Er erhob sich und sagte: »Es ist schon sehr spät. Du musst ins Bett, Eve. Gute Nacht.«

2

Am nächsten Tag, noch vor Sonnenaufgang, unternahm Panaïoannou einen Landungsversuch.

Es waren noch vereinzelt Sterne zu sehen, doch der tief am Himmel stehende Mond verblasste schon, und am östlichen Horizont zeigten sich bereits rosige und gelbe Streifen. Erde, Wasser und Luft erschienen rein und schön. Julian, der hastig aufgestanden war, erinnerte sich, wie er am Morgen des Picknicks von Madame Lafarge die Inseln vom Festland aus betrachtet hatte. In der gleichen wundervollen Morgenstimmung erstrahlten sie auch jetzt, doch diesmal lag ihr Schicksal in seiner Hand ... Über alle Maßen erregt, warf er hastig seine Kleider über. Er hörte das Läuten der Schulglocke, die die Männer zu den Waffen rief, hörte, wie das Dorf erwachte, Türen wurden zugeschlagen, hölzerne Sohlen klapperten auf den Pflastersteinen. Und von überall her waren aufgeregte Stimmen zu hören. Julian lief auf den Flur und traf auf Eve.

Sie war sehr blass, ihr Haar fiel offen auf ihre Schultern. Sie klammerte sich an ihn.

»Oh, Julian, was ist los? Warum läutet die Glocke? Warum bist du schon angezogen? Wo gehst du hin?«

Er erklärte es ihr, hielt sie im Arm, streichelte ihr Haar.

»Es sind Boote gesichtet worden, die von Herakleion ausgelaufen sind; sie denken wahrscheinlich, sie könnten uns überraschen. Wie du weißt, habe ich zwei Männer abkommandiert, die dich beschützen werden. Sie bringen dich zu der kleinen Hütte im Landesinnern, die für dich vorbereitet ist. Hab keine Angst, sie werden nicht auf Aphros landen, und du bist dort vollkommen sicher. Ich werde dir sofort Bescheid geben, wenn wir die Angreifer vertrieben haben. Du musst mich jetzt loslassen, Liebes.«

»Aber was ist mir dir? Was wird aus dir?«, rief sie verzweifelt.

»Sie werden mir kein Härchen krümmen«, lachte er.

»Julian, Julian«, sagte sie und klammerte sich an seine Jacke, als er versuchte, ihre Finger zu lösen. »Julian, du sollst eines wissen: Du bist mein Ein und Alles, ich gehöre dir, du kannst mich haben, für immer, wenn du willst, für eine Woche, wenn du willst. Du kannst mit mir machen, was du willst, mich so lange behalten, wie du willst. Du hältst mich für nutzlos, aber ich liebe nur dich auf der Welt.«

Die heftige Leidenschaft, die in ihren Augen brannte und in ihrer Stimme zitterte, überraschte ihn.

»Aber ich bin nicht in Gefahr«, sagte er, um sie zu besänftigen.

»Um Gottes willen, küss mich«, sagte sie verzweifelt, da sie merkte, dass er von ihr fortstrebte.

»Ich werde dich heute Abend küssen«, antwortete er, und in seiner Stimme lag der Triumph eines Menschen, der eine Entscheidung getroffen hat.

»Nein, nein. Jetzt.«

Er küsste ihr Haar, vergrub sein Gesicht in ihren dichten Locken.

»Dieser Angriff ist eine Komödie, keine Tragödie«, rief er über die Schultern zurück, als er die Stufen hinunterrannte.

Der Wachtposten, der die Flotte von Herakleion zuerst erspäht hatte, stand noch immer auf seinem Platz, einem erhöhten Felsen, lehnte sich auf sein Gewehr und schaute angestrengt über das Wasser. Julian sah seine Silhouette gegen den Morgenhimmel. Von einem Dutzend Insulaner begleitet, war er auf einem Maultierpfad ein Stück bergan gestiegen, um sich selbst einen Überblick zu verschaffen. Oberhalb eines kleinen, felsigen Bachlaufes hielten sie an und schauten hinunter auf das grünweiß schäumende Wasser. Draußen auf dem Meer waren die Boote jetzt deutlich auszumachen. In breiter Front über das Wasser verstreut, trug jedes eine Ladung bewaffneter Männer; es mochten jeweils zehn oder fünfzehn, vielleicht aber auch zwanzig oder dreißig Soldaten sein.

»Sie müssen den Verstand verloren haben«, grummelte Tsigaridis, »ihre einzige Chance wäre ein nächtlicher Überraschungsangriff gewesen – bei Vollmond allerdings kein einfaches Unterfangen. Aber sie kommen bei hellem Tageslicht und setzen sich einem Gemetzel aus.«

»Sind die Männer alle auf ihren Posten?«, fragte Julian.

»Malista, Kyrie, malista.« Sie blieben noch eine Weile stehen und betrachteten die langsam näher kommende Flotte. Um sie herum wurde es immer heller. Die hellen Streifen am Horizont vertieften sich, das stahlgraue Wasser nahm eine violette Färbung an und schien am Horizont die Durchsichtigkeit des Himmels widerzuspiegeln. Die tief ziehenden grauen Wolken trugen orangerote Ränder, ein goldener Streifen markierte die Stelle, wo Himmel und Wasser sich trafen. Eine Anhäufung winziger Wölkchen sah wie ein Schwarm roter Flamingos aus, und das tiefe Blau des Himmels begann, während die Sonne aus den Wolken stieg und das Meer mit ihren hellen Strahlen überflutete, sich weiter auszubreiten. Zur Linken fielen die ersten Strahlen auf die Küste des Festlandes, ließen das mächtige Mylassa-Gebirge und an seinem Fuße die Stadt aufleuchten. Aus den Häusern Herakleions stiegen die ersten dünnen Rauchsäulen auf, und an der Spitze des Piers erstarb plötzlich das rote Licht. Die Möwen drehten kreischend ihre Kreise, Blitze in Weiß, in Grau, marmorne Vögel; und jenseits der schmalen Linie, wo sich die Wellen schäumend an den Felsen der Inseln brachen, leuchtete das Wasser an den seichten Stellen in einem durchsichtigen Grün.

Rund um Aphros bezogen die Posten der Insulaner ihre natürlichen Verteidigungsstellungen, die ihnen die felsige Küste im Überfluss bot. Der Hafen, der einzig sichere Landeplatz, war vom Dorf aus gut zu verteidigen; kein Boot konnte hoffen, länger als fünf Minuten dem konzentrierten Gewehrfeuer aus den Häusern des Dorfes zu widerstehen. Alle anderen, weniger sicheren Landeplätze – die Buchten und kleinen Strände – ließen sich von einem halben Dutzend Männer, die sich hinter den großen Steinen und Felsvorsprüngen verschanzt hatten, erfolgreich verteidigen. Julian war voller Zuversicht. Die Gefahr eines massiven Beschusses ließ er außer Acht, denn erstens besaß Herakleion keine Kriegsschiffe – das schnellste Fahrzeug war das Motorboot der Polizei –, und zweitens wussten die Behörden in Herakleion, dass Italien sich im Hinblick auf das zukünftige Schicksal der Inseln bislang weder vollkommen blauäugig noch gänzlich desinteressiert gezeigt hatte, sodass es die völlige Zerstörung der Inseln niemals dulden würde. Und der

Versuch, Aphros auszuhungern, wäre ebenfalls zum Scheitern verurteilt, da die Bevölkerung fast ausschließlich vom Fischfang in den eigenen Gewässern lebte, von dem Gemüse und Obst aus eigenem Anbau, der Milch und dem Käse ihrer Ziegen und – nicht üppig, aber ausreichend – vom Fleisch ihrer Schafe und Ochsen.

»Kyrie«, sagte Tsigaridis, »sollten wir nicht in Deckung gehen?«

Nicht ohne Bedauern verließ Julian seinen Aussichtspunkt. Zu seinem Posten hatte er das Davenantsche Haus bestimmt. Er ging davon aus, dass Panaïoannou, der ja nicht wissen konnte, dass es auf der Insel eine relativ große Menge von Gewehren gab, seine Anstrengungen auf den Hafen von Aphros konzentrieren würde. Nach einer problemlosen Landung würde Panaïoannou dort sicherlich einen kurzen Nahkampf erwarten. Die mit Messern, Steinen, Mistgabeln und einigen Pistolen bewaffnete Menge würde seinen Soldaten einen kurzen, verzweifelten und möglicherweise auch blutigen Widerstand leisten, den zu brechen jedoch nur eine Frage der Zeit sein dürfte, nachdem das Dorf einmal in die Hände der Eindringlinge gefallen und der Aufstand niedergeschlagen wäre. Im äußersten Fall, hörte Julian in Gedanken Panaïoannou argumentieren, würden die Kämpfe noch eine Weile auf der Hauptstraße des Dorfes weitergehen, dem Rückgrat des Dorfes, das auf der einen Seite durch den Marktplatz und auf der anderen Seite durch das Haus der Davenants begrenzt wurde; einige Soldaten, die vereinzelt fliehende Insulaner verfolgten, könnten in den steilen, engen Gassen, die im rechten Winkel von der Hauptstraße abbogen und sich zwischen den Häusern des Dorfes den Hang hinaufschlängelten, in kleinere, allerletzte Scharmützel verwickelt werden. So stellte sich Panaïoannou wahrscheinlich seinen Sieg vor. Das Gewehr auf dem Schoß saß Julian in einer der tiefen Fensternischen seines Hauses und grinste bei der Vorstellung, welche Überraschung Panaïoannou bald erleben sollte. Julian wollte kein Massaker unter den wohlgenährten, gutmütigen Soldaten von Herakleion anrichten. Das Casino, dachte er, war heute sicherlich geschlossen, sehr zum Ärgernis seiner spielwütigen Besucher; aber es wurde ihnen als Trostpflaster ja eine andere Art von Aufregung geboten. Nein, Julian wollte kein Gemetzel mit den gutmütigen Croupier-Soldaten, die er erst vor zwei Tagen auf der *platia* hatte paradieren sehen. Aber er wollte ihnen ein für alle Mal einbläuen, dass Aphros ein Hornissennest war, von dem sie lieber die Finger lassen sollten. Er hielt es für sehr wahrscheinlich, dass sie sich nach einer ersten, empfindlichen Niederlage weigern würden, einen zweiten Angriff zu unternehmen. Sie hatten Spaß daran, am Unabhängigkeitstag über die *platia* zu marschieren und in der bewundernden Menge ihren Freunden zuzuwinken, aber er bezweifelte, dass es ihnen Spaß machen würde, in offenen Booten von einem Feind beschossen zu werden, den sie nicht einmal sehen konnten.

Er hörte in der Ferne erste Schüsse und sah aus den herankommenden Booten Rauch aufsteigen. In einem der Boote schien große Aufregung zu herrschen; die Männer standen auf und wechselten die Plätze, das Boot wendete und ruderte in die entgegengesetzte Richtung davon. Der junge Zapantiotis, der an einem anderen Fenster des Hauses stand, rief ihm zu:

»Seht Ihr sie, Kyrie? Jemand ist getroffen worden.«

Julian lachte triumphierend. Auf dem Tisch neben ihm lagen ein zerknülltes Taschentuch von Eve und eine Gardenie; er steckte die Blume in sein Knopfloch. Bei allen praktischen Erwägungen und aller Aufregung hatte er die wenigen Worte, die sie am Morgen im Flur gewechselt hatten, nicht vergessen; unter dem großen Druck ihrer Gefühle hatte sie ihm eine Leidenschaftlichkeit offenbart, wie er sie sich bislang kaum vorzustellen gewagt hatte. Heute würde ihm sicher ein größeres Glück zuteilwerden, als einem Sterblichen gerechterweise zustand: ein siegreicher Kampf und die begehrenswerteste aller Frauen! Er spürte seine Jugend, die Kraft seines pochenden Blutes. Und doch empfand er Mitleid für die liebenswürdigen Croupier-Soldaten.

Die Boote kamen näher, ermutigt durch die verräterische Stille, die auf der Insel herrschte. Julian war froh, dass es für die jungen Männer Herakleions, seine Freunde, nicht üblich war, in der Armee zu dienen. Er fragte sich, was wohl Grbits jetzt von ihm denken mochte. Wahrscheinlich stand er am Kai und beobachtete mit einem Fernglas das Geschehen. Oder hatte man den Ausflug geheim gehalten? Bestimmt! Am fernen Kai jenseits der Bucht war jedenfalls niemand zu sehen.

Ein Schuss löste sich aus einem der Fenster im Dorf, in einem der vorderen Boote warf ein Soldat die Hände in die Luft und fiel nach hinten.

Julian wurde leicht übel. Er wusste, dass es unvermeidlich war, aber er hatte keine Lust, auf diese kaltblütige Weise zu morden. Auf dem Fenstersitz kniend, steckte er sein Gewehr zwischen die Stäbe des Eisengitters, zielte und feuerte eine ganze Reihe von Schüssen auf die Boote ab. Seine Schüsse landeten im Wasser, ohne Schaden anzurichten, erzielten jedoch die gewünschte Wirkung: Eines der Boote wendete und zog sich zurück.

Inzwischen prasselten von allen Teilen der Insel Schüsse auf die Boote ein. Es gab immer mehr Tote und Verletzte. Wütend und voller Panik feuerten die Soldaten zurück; sie zielten willkürlich auf die Insel und die Häuser im Dorf; Kugeln zischten durch die Luft und gingen auf den Dächern nieder; gelegentlich war das Klirren zerberstender Fensterscheiben zu hören. Dann hörte Julian einen Schrei; auf der Straße vor seinem Haus lag ein Insulaner; aus seiner Schulter sickerte Blut, der rote Fleck auf seinem weißen Hemd vergrößerte sich rasch.

»Mein Volk!«, rief Julian leidenschaftlich und schoss willkürlich auf die herankommenden Boote.

»Gott!«, sagte er einen Augenblick später. »Ich habe einen Menschen getötet.«

Voller Grauen legte er sein Gewehr nieder und ging in den Hof, wo noch immer der Brunnen plätscherte und sich die Tauben schniegelten und putzten. Er öffnete die Haustür und ging die Straße hinunter zu dem verletzten Insulaner, hob ihn vorsichtig auf und trug ihn ins schützende Haus. Im Innenhof traf er auf Zapantiotis.

»Kyrie«, sagte Zapantiotis vorwurfsvoll, »Ihr hättet mich schicken sollen.«

Julian überließ es ihm, sich um den Verwundeten zu kümmern, und kehrte zu seinem Fensterplatz zurück. Das Feuer war abgeflaut, denn die sich zurückziehenden Boote hatten sich weit übers Meer verstreut und boten bei ständig wachsender Entfernung kaum noch ein Ziel. Die Zeit war rasch vergangen, die Sonne stand jetzt hoch am Himmel. Julian schaute der geschlagenen Flotte von Herakleion nach, die schwer an der Last der Überraschung, des Todes und der Schmerzen trug. War es denkbar, dass der Angriff endgültig abgeschmettert war?

Er verspürte Bedauern darüber, dass es keine Gelegenheit zu einem persönlicheren Kampf aus der Nähe gegeben hatte.

Eine Stunde verstrich. Julian ging ins Dorf, wo sich die Straßen und der Marktplatz langsam wieder belebten. Die Dorfbewohner kamen heraus, um die zersplitterten Fenster und angeschossenen Fassaden ihrer Häuser zu begutachten. Sie lachten und waren bester Laune, zeigten einander stolz die entstandenen Schäden und freuten sich wie Kinder, als sie sahen, dass in dem Schulgebäude, in dem noch immer die griechischen Beamten festsaßen, fast alle Fenster zersprungen waren. Julian wehrte den Männern und Frauen, die versuchten, seine Hände und seine Kleider zu küssen, und betrat kurz das Klassenzimmer, um die Insassen des behelfsmäßigen Gefängnisses zu besänftigen. Sie hockten hinter einer Barrikade aus Tischen und Bänken ängstlich in einer Ecke zusammengedrängt. Der einzige Bewacher, der während des Kampfes bei ihnen geblieben war, hatte sich die Zeit damit vertrieben, sie mit Gruselgeschichten zur Verzweiflung zu bringen. Die Holzwand, die gegenüber den Fenstern lag, war an zwei oder drei Stellen von Schüssen durchlöchert.

Als Julian wieder hinaus auf den Marktplatz trat, sah er den alten Tsigaridis auf seinem großen weißen Maultier von zwei Läufern begleitet den Berg herunterreiten. Er wartete, während sich das Maultier vorsichtig den in Stufen angelegten Pfad hinuntertastete, der an der gegenüberliegenden Seite des Marktplatzes ins bergige Innere der Insel führte.

»Sie sind zurückgeschlagen, Tsantilas.«

»Wir müssen wachsam bleiben«, erwiderte der ernste alte Mann und empfahl den Leuten, die sich um sein Maultier drängten, im Schutz ihrer Häuser zu bleiben.

»Aber, Tsantilas, wir können die Boote sehen. Sie können nicht unbeobachtet zurückkehren, wir haben noch reichlich Zeit, Schutz zu suchen.«

»Es gibt zumindest ein Boot, von dem wir nicht wissen, wo es geblieben ist – das Motorboot. Es ist schnell und könnte uns überraschen«, entgegnete Tsigaridis mit düsterer Miene.

Er stieg von seinem Maulesel und schritt an Julians Seite die Straße hinauf, während die Menschen niedergeschlagen und mit schleppenden Schritten in ihre Häuser zurückkehrten. Das Motorboot sei »irgendwo dort drüben« gehört worden, sagte Tsigaridis und zeigte mit dem linken Arm auf das offene Meer. Die Posten an der Ostküste der Insel schworen, das Tuckern des Motors gehört zu haben – er war zum Glück alt und laut –, doch plötzlich sei alles still gewesen und seitdem habe man nichts mehr gehört. Tsigaridis vermutete, dass sich das Motorboot irgendwo zwischen den winzigen Inseln versteckt hielt. Von dort könnte es überraschend auftauchen und zu einem Angriff ansetzen.

»Es können bis zu fünfzig Soldaten auf dem Motorboot sein«, fügte er warnend hinzu.

Julian jubelte bei dem Gedanken. Ein Motorboot mit einer solchen Besatzung gäbe einen würdigeren Gegner ab als die kleinen Nussschalen, die am Morgen den Hafen von Aphros angegriffen hatten. Vielleicht gehörte Panaïoannou selbst mit zur Besatzung. Julian sah den General bereits als seinen Gefangenen.

Dann dachte er an Eve. Solange das Motorboot in seinem Versteck lag, konnte er ihr nicht erlauben, ins Dorf zurückzukehren. Womöglich hatten sie sogar eine kleine Kanone an Bord. Er wollte Eve sehen, verspürte eine schmerzliche Sehnsucht nach ihr, doch als geborener Epikureer begrüßte er die Umstände, die ihn dazu zwangen, das Wiedersehen auf den Abend zu verschieben.

Er riss eine Seite aus seinem Notizbuch, kritzelte rasch eine Nachricht darauf und bat einen von Tsigaridis' Läufern, sie ihr zu überbringen.

Das stundenlange Warten quälte ihn, und um seine Ungeduld zu zähmen, unternahm er mit Tsigaridis einen Ritt rund um die Insel. Sie blieben auf dem gewundenen Pfad, der nicht ins Landesinnere aufstieg, sondern sich knapp am Rand der Steilküste rund um die Insel schlängelte. An einigen Stellen kam der schmale Pfad dem Abgrund so nahe, dass Julian, wenn er sich im Sattel ein wenig zur Seite wandte, direkt ins Wasser blickte, das am Fuß der Klippen wirbelte und schäumte. Er hatte als Junge dort so oft gebadet, dass er mit allen Buchten und Felsvorsprüngen der Insel wohlvertraut war. Er murmelte leise:

»Aphros ...«

Hier zwischen den Felsen gab es weder Häuser noch Bäume, abgesehen von einigen vereinzelten Kiefern, deren kleine Zapfen unter den silbrigen Zweigen im hellen Licht tiefschwarz aussahen. Oberhalb der Sandbuchten, in denen die Landung eines kleinen Bootes möglich wäre, hatten bewaffnete Insulaner Posten bezogen. Die meisten von ihnen hatten ihre Deckung verlassen, saßen auf den Steinen und unterhielten sich, die Gewehre aufrecht zwischen den Knien, während ein einzelner Posten am höchsten Punkt aufmerksam Wache hielt, eine einsame Gestalt im traditionellen Faltenrock, die sich von ihrer Umgebung ebenso weiß abhob wie die kreischenden Möwen und die schäumende Gischt. Eine träge Siesta-Stimmung lag über dem Nachmittag. Bei jedem Posten stellte Julian die gleiche Frage, und überall wurde die gleiche Antwort gegeben:

»Wir haben seit dem frühen Morgen keine Motorengeräusche mehr gehört, Kyrie.«

Als sie um den nächsten Felsvorsprung bogen, kamen die ersten winzigen, unbewohnten Inseln in Sicht. Einige bestanden bloß aus einem einsamen Felsen, der aus dem Meer ragte; andere waren ein wenig größer und mit Bäumen und Sträuchern bewachsen, sodass ein Boot sich dahinter hätte verstecken können, ohne dass es von Aphros aus zu sehen gewesen wäre. Julian schaute sehnsüchtig auf die schmale Wasserstraße, die sie von den Inseln trennte und schlug vor, nach dem Boot zu suchen.

»Das wäre Wahnsinn, Kyrie.«

Oberhalb einer kleinen Bucht, in der die Küste weniger steil zum Wasser hin abfiel und der Sand von seichten, kleinen Wellen überspült wurde, hielten sie an und leisteten den Insulanern, die dort Wache hielten, Gesellschaft. Julian genoss es, unter diesen Männern zu sitzen, sie reden zu hören und ihnen zuzuschauen, wie sie mit geübten, schwieligen Fingern eine Zigarette nach der anderen drehten. Und während er den Fachsimpeleien über ihre ländlichen Berufe lauschte – sie waren ausnahmslos Fischer, Weinbauern oder

Schaf- und Ziegenhirten –, sah er in Gedanken plötzlich Eve vor sich stehen. Er lächelte und stellte sich vor, wie ihre leichten Kleider aus weichem Musselin, einem vorbeistreifenden Geist gleich, die groben wollenen Kleider der Männer streiften, wie ihre kleinen weißen, müßigen Hände die schwieligen Hände der Männer berührten. Doch nur er allein konnte sehen, wie sie zwischen die Männer trat, ihn anlächelte und über den Pfad, der an der Küste entlang zur nächsten Sandbucht führte, wieder verschwand. Der flaue Nachmittag machte Julian schläfrig. Er hatte das Gefühl, gekämpft und eine Ruhepause verdient zu haben, und der Schlaf würde ihn mit neuer Kraft stärken. Ruhe zwischen zwei Stürmen. Kampf, Schlaf und Liebe; Liebe, Schlaf und Kampf – ein würdiger Lebensplan!

Er schlief.

Als er erwachte, hockten die Männer noch immer um ihn herum und sprachen von ihren seit Menschengedenken ausgeübten Berufen. Julian lag mit geschlossenen Augen da, hörte ihnen zu und dachte, dass in einer so schlichten Welt der Wechsel der Generationen von untergeordneter Bedeutung sei; in die Gespräche von Saat und Ernte, von zunehmenden und schwindenden Monden, vom Verrat des Meeres und der Treue des Landes konnten die überkommenen Worte ihrer Vorfahren als ein Erbteil an ihre Enkel und Urenkel unverändert einfließen. Ja, sie waren mit der Natur so eng verbunden, dass er die Stimmen der Männer im Zustand des Halbschlafs kaum vom Rauschen der Wellen und dem Kreischen der Möwen unterscheiden konnte. Er schlug die Augen auf. Die Sonne, die er am Morgen über dem Meer hatte aufgehen sehen, hatte ihren großen, flammenden Bogen über den Himmel geschlagen und war wieder hinter den Horizont gesunken. Schwere dunkelrote Wolken befleckten den westlichen Himmel wie verschütteter Wein. Das Meer hatte die Farbe frischer Feigen angenommen.

Plötzlich waren unverkennbare Motorengeräusche zu hören.

Die Blicke der Männer trafen sich, ihre Gespräche verstummten, und sie lauschten angespannt. Die Geräusche wurden immer lauter, statt des gleichmäßigen Tuckerns waren jetzt einzelne Schläge zu hören. Ohne dass ein Befehl nötig gewesen wäre, griffen die Männer nach ihren Gewehren, sprangen flink und geräuschlos über die Steine und suchten den Schutz der Felsen auf. Julian fand sich mit drei Männern in einer Art Höhle wieder, von deren Öffnung aus sich der Strand überschauen ließ. Die Höhle war so niedrig, dass sie kriechen mussten. Vorsichtig nahmen sie ihre Stellungen ein und legten die Gewehre auf ihre Schultern. In der Enge nahm Julian den rauen Geruch der wollenen Kleider wahr; einer der Männer, wahrscheinlich ein Ziegenhirte, verströmte den scharfen Geruch seiner Tiere.

Ehe die unbequeme Position sie noch ermüden konnte, kam das Motorengeräusch näher; das mit bewaffneten Männern beladene Boot bog um die nächste Felsenspitze und hielt direkten Kurs auf den Strand. Als die erste Gewehrsalve sie begrüßte, waren die Soldaten bereits über Bord gesprungen, standen bis zur Brust im Wasser und wateten, die Gewehre hoch über die Köpfe haltend, an Land, während die Mannschaft abrupt den Rückwärtsgang einwarf und das Boot mit langen Stangen vom Ufer abstieß, damit es sich nicht auf dem Sand festlaufen konnte. Der Angriff war gut geplant und wurde von Männern ausgeführt, die die Gegebenheiten der Küste genau kannten. Mit lauten Schlachtrufen stiegen sie aus dem Wasser an Land.

Es waren mindestens vierzig Soldaten, und an dieser Stelle der Insel waren nur ein Dutzend Männer postiert, aber sie hatten den Vorteil des Hinterhalts. Einige Soldaten wurden noch im Wasser getroffen; andere fielen so, dass ihre Unterkörper von den Wellen überspült wurden, ihre Köpfe und Schultern jedoch auf dem Trockenen lagen; viele erreichten den Strand, wurden aber wenige Meter vom Ufer entfernt getötet; die Überlebenden warfen sich flach auf den Boden, suchten Schutz hinter den herumliegenden Felsbrocken und feuerten wild in die Richtung, aus der die Schüsse kamen. Das alles schien in wenigen Minuten zu geschehen. Julian hatte drei der Eindringlinge getroffen; sein Blut war erhitzt, und er hatte jeden Abscheu vor dem blutigen Kampf verloren.

Er konnte später nicht mehr sagen, wie es eigentlich zu dem Kampf aus nächster Nähe gekommen war. Er wusste nur noch, dass er plötzlich draußen vor der Höhle stand, auf dem offenen Strand, ohne sein Gewehr, doch eine Pistole in der Hand, begleitet von seinen Männern, angegriffen von den Soldaten Herakleions, die durch ihre nasse Kleidung stark behindert waren und nur noch ums nackte Überleben kämpften. Sie hatten ihre Gewehre weggeworfen und schlugen wie wild um sich, verfluchten die Insulaner, versuchten, sich durch Rufe gegenseitig anzufeuern, stolperten über die Verwundeten und die Toten. Julian erkannte kaum seine eigene Stimme, als er rief: »Aphros!«, Kampfeslust hatte ihn gepackt. Er hatte gesehen, wie die Soldaten nach einem

Schuss aus seiner Pistole zu Boden gefallen waren, und er hatte mehrere mit der nackten Faust niedergestreckt. Er kämpfte enthusiastisch, warf sich zwischen seine Feinde wie ein Schwimmer, der gegen einen kräftigen Strom ankämpft. Alle seine Gedanken richteten sich darauf, zu töten und seine Insel von den Eindringlingen zu befreien. Das Blatt hatte sich bereits gewendet, und das feine Gespür für Niederlage und Sieg, das sich auf dem Höhepunkt jeder Schlacht einstellt, führte zu Verzweiflung beziehungsweise Triumph. Angreifern und Verteidigern war klar, wie der Kampf enden würde. Den Angreifern blieben nur noch drei Möglichkeiten: Kapitulation, Tod oder die Flucht hinaus auf das Meer.

Einige hatten sich bereits für die Kapitulation entschieden, und diejenigen, die kehrtmachten, um das Boot zu erreichen, wurden erschossen oder gefangen genommen, ehe sie das Wasser erreichen konnten. Die Gefangenen, die man entwaffnet und unter die Bewachung eines Insulaners gestellt hatte, schauten resigniert und mit einer gewissen Teilnahmslosigkeit ihren Kameraden zu, die noch rufend und fluchend über den Strand stolperten. Die Verwundeten mühten sich schwach, den noch fortdauernden Kämpfen zu entkommen. An den Stellen, wo Blut vergossen worden war, hatte sich der Sand in einen dunklen Schlamm verwandelt. Ein verwundeter Soldat, der halb im Wasser lag, schrie jedes Mal herzzerreißend, wenn das Salzwasser über seine Wunden schwappte.

Die Mannschaft auf dem Motorboot führte schließlich die endgültige Entscheidung herbei. Als sie sah, dass immer mehr ihrer Gefährten von den Insulanern überwältigt wurden, und da sie selbst wenig Lust verspürte, vom Ufer aus angegriffen zu werden, warf sie den Motor an und floh aufs offene Meer hinaus. Ein Schrei des Entsetzens erhob sich unter den zurückgebliebenen Soldaten: Die Möglichkeit des Rückzugs war ihnen genommen, der Tod erschien als hohle, unnötige Zurschaustellung von Heldentum, es blieb ihnen also nichts anderes als die Kapitulation. Dankbar unterwarfen sie sich dieser letzten Möglichkeit.

3

Sooft er auch fragte, Julian sollte nie in Erfahrung bringen, warum Eve ohne seine Erlaubnis ins Dorf zurückgekehrt war. Er konnte sich später nur noch daran erinnern, dass er sie in der Tür des Hauses stehen sah, als er, von den Bewohnern der Insel begleitet, die Straße hinaufging. Die Insulaner sangen und pressten sich an ihn, griffen nach seiner Hand, streuten Blumen und sogar Früchte auf seinen Weg und hielten ihm ihre Kinder entgegen, damit er sie berühren konnte. Den hellen Innenhof in ihrem Rücken, stand sie auf der obersten der drei Stufen, die zur Haustür führten, und streckte nach ihm die Hände aus. Obgleich nie ein Wort darüber verlautet war, wusste Julian, dass die Insulaner in ihnen das Liebespaar erkannten. Noch einmal spürte er die phantastische Vollständigkeit seines Lebens, eine Erfüllung, die alles übertraf, was ihm jene andere, überschaubare Welt geboten hätte, die weiterhin ihren merkantilen, falschen Kurs verfolgte. Auf Aphros rückte jene demütigende Scheinheiligkeit in wohltuende Ferne. In Heraklcion hatten die Menschen bar jeder Ehrlichkeit die Motive ihres Handelns aus den Augen verloren, bis sie in der allgemeinen Verwirrung sogar die Würde ihres Gewissens preisgaben. Hier, auf einer Insel des Zaubers, hatte er für seine liebsten und wichtigsten Überzeugungen gekämpft – was für ein Privileg, was für ein ungehindertes, seltenes Bekenntnis! Ja, er hatte gekämpft, doch nicht mit irgendwelchen geheimen Waffen, sondern einzig und allein mit der männlichen Kraft seines Körpers. Und hier, unter den Augen dieser einfachen Menschen, deren Gegenwart ihm zu keiner Zeit aufdringlicher erschienen war als die Gegenwart des Meeres oder des Abendwinds, forderte er die ihm zustehende Belohnung ein, den Triumph, das Recht der Jugend, all das, was ihm jene andere, pharisäische Welt verweigert hätte.

Eve erkannte die Stimmung, in der er sich befand. Und während er noch in Gedanken darüber staunte und jubelte, mit welcher Einfachheit sie hier, im Beisein dieser freundlichen Menschenmenge, vereinigt sein konnten, hatte sie mit einer spontanen Geste des Besitzergreifens beide Hände nach ihm ausgestreckt. Sie hatte sich in all den Jahren zurückgehalten, hatte eine Verschwiegenheit an den Tag gelegt, die die Willenskraft eines Kindes bei Weitem überstieg. Jetzt endlich hatte sie Julian für sich gewonnen, hatte ihn in ein Zauberland entführt, dessen Gepflogenheiten ihren eigenen Vorstellungen entgegenkamen, in dem sie ebenso wie er für die eigenen Wünsche und Überzeugungen kämpfen konnte. Endlich fühlte sie sich wirklich zu Hause und bewegte sich ohne jedes Erstaunen in vollkommener Freiheit; eine Freiheit, die er mit Dankbarkeit akzeptierte, die sie jedoch als ein Recht ansah, um das die Menschen anderswo betrogen wurden. Julian war stets überrascht gewesen, wenn gelegentlich einmal ein Hinweis auf ihre Lebensphilosophie, ein Bruchstück ihrer Überzeugungen unbewusst ihren Lippen entschlüpft war. Aus diesen Fragmenten hatte er das Ganze nicht rekonstruieren können. Er hatte sie allzu streng beurteilt, war zu jung und unwissend gewesen, um sich die Frage zu stellen, ob die Heuchelei der Konvention nicht jene

Menschen, die von ihrem Wesen her direkt und unbeherrscht sind, aus Notwehr zu noch größerer Heuchelei treiben könnte ... Er hatte ihre Eitelkeit gesehen, doch nicht ihre Rückhaltlosigkeit. Sehr, sehr vage begann er jetzt, mehr von ihr zu verstehen, auch wenn sich sein Verständnis im Wesentlichen auf die Erkenntnis einer bestimmten Wechselbeziehung zwischen ihren und seinen Wünschen beschränkte: Er brauchte ihre Schwäche, um seiner Stärke eine kleine Erleichterung zu verschaffen, brauchte Unterwerfung, um seine Tyrannei zu besänftigen, brauchte aber auch Leidenschaft, die sich mit seiner Leidenschaft messen konnte, und sie sollte es ihm nicht allzu leicht machen, um den Reiz der Eroberung in seinen Augen zu erhöhen. Sie sollte für ihn nicht weniger sein als aller Liebreiz und alle Köstlichkeit des Lebens – kurz, wonach er verlangte, war Schmeichelei, direkt und doch subtil, treffend genau und zugleich erhaben, und er wusste, dass sie instinktiv bereit war, ihm dies zu geben.

Als sie ihre Hand in seine legte, spürte er ihren Stolz so deutlich, als hätte er beobachtet, wie sie einen Blick des Einverständnisses mit den Frauen des Dorfes wechselte. Lächelnd schaute er zu ihr auf. Sie hatte sich einen breiten Schal aus dunkelroter Seide um ihren Körper geschlungen wie einen indischen Sari. Im Zusammenspiel mit dieser dunklen Farbe schien ihr Hals noch weißer als sonst, ihre roten Lippen kontrastierten reizvoll mit der Blässe ihres Gesichts, und in ihrem wogenden Haar schimmerten die Farben herbstlicher Blätter. Es war ihr gelungen, seinen unausgesprochenen Forderungen zu entsprechen. Die Ausbeutung ihrer sinnlichen Reize gebührte ihm – ihm allein!

Er hatte erwartet, dass sie sich ihm nach dieser stolzen, öffentlichen Begrüßung liebevoll zuwenden würde, sobald sie allein im Haus waren. Stattdessen setzte sie eine gleichgültige Miene auf und enthielt sich jeder Andeutung auf ihre ängstliche Haltung am Morgen. Julian erinnerte sich all der denkwürdigen Wiedersehen, bei denen sie nach Monaten der Trennung keine Freude über seine Rückkehr gezeigt hatte, ihm aus dem Weg gegangen war und seine Freundlichkeit missachtet hatte. Als Junge hatte ihn dieses Verhalten oft gekränkt und verwirrt, zumal es ihn jedes Mal wie aus heiterem Himmel traf. An diesem Abend machte es ihm nichts aus, im Gegenteil, er akzeptierte amüsiert das von ihr gewählte Muster; es fiel ihm leicht, ihr den Luxus oberflächlicher Beherrschung zuzugestehen. Die Harmonie, die an diesem Tag zwischen ihnen herrschte, gab dem Spiel der Verstellung einen besonderen Reiz. Julian freute sich über ihre Unberechenbarkeit. Ihre jetzige Zurückhaltung erregte ihn durch den Gegensatz zu ihrer Anhänglichkeit am Morgen. Sie schlenderte vom Innenhof ins Wohnzimmer und vom Wohnzimmer zurück in den Innenhof, und er folgte ihr und gab sich dabei ebenso ungerührt wie sie; unterdrückte alle Zeichen seines Triumphes, gewährte ihr gern die Achtung ironischer Ritterlichkeit. Nur das Schweigen war bedrohlich. Und deshalb redeten sie, redeten wie Menschen in der unentrinnbaren Nähe einer wilden Bestie, deren Aufmerksamkeit sie auf keinen Fall erregen, deren Gegenwart sie auf keinen Fall erwähnen durften, obwohl sie beide von der großen Gefahr wussten, in der sie sich befanden. Eve redete und lachte, und Julian lächelte ernst. Sobald wieder Schweigen eintrat, beeilte sie sich, es zu brechen. Sie hatte das Gefühl, es mache ihm Spaß, ihre Fähigkeit, das schützende Gespräch immer wieder zu beleben, auf die Probe zu stellen, doch es wurde zunehmend schwieriger; seine Ernsthaftigkeit begann lähmend auf sie zu wirken.

Harmonie zwischen Eve und Julian! Wenn zwischen ihnen etwas Derartiges existierte, so war es die Harmonie der Feindschaft. Sie waren Feinde an jenem Abend, keine Freunde. Wenn zwischen ihnen Verständnis herrschte, war es aus ihrer Sicht eher ein Verständnis, das sie verspottete, und er seinerseits hatte den Eindruck, dass sie aus Angst den Schein der Selbstsicherheit um jeden Preis bewahren musste und dass eine grundlegende Konvention – falls der Ausdruck in diesem Zusammenhang nicht unpassend war – seine Mithilfe verlangte. Er gewährte sie ihr. Unter anderen Umständen konnte sein Verhalten grob, heftig und unbeherrscht sein, an diesem Abend war es von tadelloser Höflichkeit. Zum ersten Mal in ihrem Leben fühlte sie sich im Nachteil. Sie erfand Vorwand über Vorwand, um das Gespräch in Gang zu halten. Sie wusste, wenn es ihr gelang, ein vergessendes Lachen auf Julians Lippen zu zaubern, hätte sie weniger Angst vor ihm; doch er lächelte weiterhin ernst zu ihrem Geplauder und beobachtete sie mit dem gleichen, unbeugsamen, eindringlichen Blick. In der Mitte eines Satzes schaute sie auf, sah, wie er sie unverwandt anschaute und vergaß, was sie hatte sagen wollen. Einmal stand er auf, um die Glieder zu strecken und den Blick auf den Sternenhimmel über dem offenen Innenhof zu richten. Sie dachte, er wolle etwas sagen, doch zu ihrer Erleichterung nahm er gleich darauf wieder Platz, wendete seine Aufmerksamkeit der Schüssel mit Weintrauben zu und begann, davon zu essen.

Sie sprach weiter, sprach von Kato, ja sogar von Alexander Christopoulos. Sie bemerkte nicht, dass er ihr nicht zuhörte, bis er plötzlich mitten in einem Satz ihren Namen sagte, ohne sich bewusst zu sein, dass er ihre Rede unterbrach. Er stand auf, trat neben sie und legte die Hand auf ihre Schulter. Sie konnte ihr Zittern nicht unterdrücken. Der ganze unterdrückte Triumph schwang in seiner Stimme, als er sagte: »Eve, komm.« Sie gehorchte ihm ohne ein weiteres Wort, schaute ihm nur in die Augen, atmete kaum. Alle Täuschung war von ihr abgefallen, sodass nichts weiter blieb als nackte Ehrlichkeit. Selbst die Angst vor ihm hatte sie verloren. In ihrem starken Verlangen füreinander waren sie einander ebenbürtig. Er streckte die Hand aus und löschte die Kerzen; Dunkelheit fiel über den Hof.

»Eve«, sagte er mit der gleichen bedeutungsvollen Stimme, »du weißt, wir sind allein in diesem Haus.«

Sie nickte. »Ich weiß.« Sie hatte nicht flüstern wollen, doch die Worte glitten unfreiwillig mit ihrem Atem heraus.

Sie fühlte, wie sich seine Hand auf ihrer Schulter verkrampfte; ihre Augenlider waren geschlossen. Dann sagte er verwundert:

»Ich habe dich noch gar nicht geküsst.«

»Nein«, erwiderte sie schwach und doch gleichzeitig mit wunderbarer Stärke.

Er legte den Arm um sie und führte sie zur Treppe.

»Lass mich«, flüsterte sie, um seinen Widerspruch zu hören.

»Nein«, sagte er und zog sie noch enger an sich.

»Wohin bringst du mich, Julian?«

Er antwortete nicht, doch sie begannen, gemeinsam die

Stufen hinaufzusteigen, sie auf seinen Arm gelehnt, mit geschlossenen Augen und geöffneten Lippen. Sie kamen zu ihrem Zimmer, das leer war und doch voller Schatten auf den weiß verputzten Wänden. Jenseits der offenen Fenster lag das schwarze, mondbeleuchtete Meer.

»Eve!«, murmelte er triumphierend. »Aphros! ...«

4

Die Melodie ihrer jungen Liebe hallte klar und süß auf den Terrassen von Aphros wider.

Ihre Umgebung und ihre Jugend schienen sich freudig miteinander verschworen zu haben. Herrlich lag die Insel in der friedlichen See unter dem strahlend blauen Himmel, als wäre sie aus ihrem irdischen Dasein entlassen, farbig wie ein Regenbogen, magisch im Zauber ihrer Isolation. Die weiße Gischt, die sich wie eine weiße Spitzenborte an ihren Felsen brach, begrenzte den Bannkreis. Ihre Einsamkeit und Schönheit übertrafen selbst die Träume der Liebenden. Sie lebten in der Gewissheit, dass kein Eindringling sie stören konnte – nur jene, die im offenen Kampf zu schlagen waren. Es gab keine anderen Besucher von außerhalb als die, die auf Flügeln kamen, vom Himmel herabstießen und für einen Moment auf der Insel verweilten, um dann mit rastlosem Schrei weiterzuziehen. Die Seevögel waren die einzigen, die ihren Frieden störten. Im Schatten der Olivenbäume oder Krüppelkiefern, deren Zapfen wie kleine schwarze Samtkugeln im durchsichtigen Filigranmuster der Zweige baumelten, lagen sie müßig da und schauten den Möwen und den weißen Wölkchen zu, die über den blauen Himmel zogen. Die Bewohner der Inseln waren in ihren Augen ebenso eins mit der Natur wie die Bäume, Steine und Felsen oder die umherschweifenden Schaf- und Ziegenherden. Eve und Julian stießen weder auf Neugier noch auf Erstaunen;

überall herrschte einmütiges Verständnis. Auf ihrem täglichen Gang über die Dorfstraße zu den Maultierpfaden, die ins Innere der Insel führten, begegnete ihnen überall eine lächelnde Aufmerksamkeit, die auf sie ebenso natürlich und angenehm wirkte wie der Schatten der Bäume oder das kühlende Meer. Und nachts, allein in ihrem Haus, unter einem Dach aus Sternen, in einer Stille, in die nur das Plätschern des Brunnens drang, hatten sie das Gefühl, auf dieser Insel, über die sie in vollkommener Abgeschiedenheit herrschten, von unsichtbaren Händen behütet zu sein.

Sie gaben sich ganz dem unglaublichen Zauber hin. Julian hatte sich zu Beginn noch halbherzig dagegen aufgelehnt, während Eve sich mit jeder Faser ihres Herzens dankbar hineingestürzt hatte; sie hatte sich genommen, worauf sie ein Anrecht besaß. Freudig streifte sie die Fesseln ab, die sie wo möglich ignoriert hatte, deren latente Anwesenheit ihr jedoch stets zuwider gewesen war. Endlich konnte sie sich ihren Wunsch erfüllen, mit und dank des Geliebten in einer Welt der Schönheit zu leben, zu der nichts Materielles Zutritt fand. Und in diesem Traum, dieser Ekstase der Einsamkeit gewann ein jeder in den Augen des anderen ungemein. Eve offenbarte sich Julian in ihrer ganzen Vielfalt und Einzigartigkeit, sodass bei ihm der freudig-schaurige Eindruck entstand, mit einem Wechselbalg zusammenzuleben, einem Wesen, das sich aus Zufall in diese Welt verirrt hatte. Die kleinlichen Moralvorstellungen und Liebenswürdigkeiten anderer Menschen hatten keine Bedeutung für sie; sie waren längst in der verzehrenden Flamme ihrer eigenen Ideale verbrannt. Ihm war endgültig klar geworden, dass Eve in der Vergangenheit mit ihrer Umgebung stets nur äußerlich Kontakt aufgenommen hatte.

Ihre Sinnlichkeit, die sich selbst in der Wahl der Künste niederschlug, denen sie den Vorzug gab, stellte sie nun ganz in den Dienst der Leidenschaft. Er bemerkte ihren Instinkt, sich für ihn herauszuputzen, nahm die erlesene Raffinesse wahr, mit der sie ihre Person umgab. Und er erkannte, wie sie die Gestaltung ihrer Liebesbeziehung ebenfalls in eine Kunst verwandelte, ihn vom Wert ihrer Zurückhaltung, ihrer Ausflüchte und plötzlichen Rücksichtslosigkeiten überzeugte. Doch er fand nie heraus – und da er nicht weniger ein Genussmensch war als sie, versuchte er auch nie, es herauszufinden –, wie weit ihre Handlungsweisen angeboren, instinktiv oder aber bewusst herausgebildet waren. Insgeheim begrüßten sie beide, dass der Schleier eines Geheimnisses die Peinlichkeiten der Selbstoffenbarung im Dunkeln ließ.

Julian wagte nicht mit furchtloser Ehrlichkeit, zwischen körperlicher und geistiger Anziehung zu unterscheiden.

Woraus bestand die Verbundenheit des Fleisches? So materiell und doch so herrisch und zwingend, dass sie fast zu einer geistigen, nicht nur körperlichen Notwendigkeit wurde? So vergänglich, und doch stets erneuerbar? Wie eine Flamme, die scheinbar erlosch, um stets wieder neu entfacht zu werden? So nebensächlich, so furchtbar alltäglich, und doch der Grund zu enger, bebender Vertraulichkeit? Dieser Zauber, der alle sorgfältig aufgebauten Barrieren niederriss, der ihren Stolz durch einen anderen, neuen Stolz ersetzte? Dieses einzigartige, unteilbare Geheimnis?

Sie hatten keine Zärtlichkeit füreinander. Was sich an Zärtlichkeit in ihre Beziehung hätte einschleichen können, zerstörten sie in stillschweigendem Einverständnis; sie zogen die scharfe, saubere Luft der Gipfel den Behaglichkeiten der

Täler vor, waren nie weit vom Ungestüm entfernt. Sie liebten voller Stolz, und in dieser hellen Flamme verbrannte ihre Liebe, läuterte sich zur idealen Leidenschaft.

»Ich lebe mit einer Mänade zusammen«, sagte Julian und zerzauste liebevoll ihr offenes Haar.

Inmitten der Weinberge von Aphros, unter dem grob aus Zweigen und Matten zusammengeflochtenen Sonnenschutz, bildeten die Girlanden aus rankendem Wein mit ihren rot und gelb leuchtenden Bändern für Eves Liebreiz einen harmonischen Rahmen. Die Erde war von den Schatten des zarten Weinlaubs gesprenkelt, und flinke Eidechsen huschten über die groben Mauersteine.

Den Gedanken weiterspinnend, fuhr er fort:

»Und du hast wirklich nie, wie andere Frauen, den Wunsch nach Dauerhaftigkeit verspürt? Nach einem gemeinsamen Haus? Niemals die leiseste Andeutung dieses Wunsches?«

»Fesseln!«, erwiderte sie. »Besitz war mir schon immer zuwider.«

Er betrachtete sie lange, spielte mit ihrem Haar, schmiegte seine Wange an die Weichheit ihrer Wange und lachte.

»Mein Wechselbalg. Meine Nymphe«, sagte er.

Sie lag schweigend da, die Arme hinter dem Kopf verschränkt, die Blicke auf ihn geheftet, während er weiter unvollständige Sätze murmelte.

»Wo ist die Eve aus Herakleion? Die Maske, die du getragen hast! Ich habe mich mit deiner unbedeutenden Eitelkeit aufgehalten, und du hast dich nicht verteidigt. So geheimnisvoll in deinem Stolz! Unberührt, von allem unberührt. Welche Beherrschung! Meine Eve ...«

Dann fuhr er fort:

»So ohne jeden Makel mein. Es übertrifft alle Erwartungen. Du hast es hingenommen, falsch beurteilt zu werden, auch von mir. Um dich nicht zu verraten, hast du geschwiegen, dich zurückgehalten und dein oberflächliches Leben gelebt. Was für ein eigenartiger Humor ... Ich habe dich nie für seicht gehalten – nicht alle deine Täuschungen konnten dein Geheimnis verbergen. Aber – verzeih mir! – Tiefe habe ich nur in deiner Bosheit vermutet.« Er musste lachen. »Ich habe dir eine große Karriere als Herzensbrecherin prophezeit, eine große Kurtisane in dir gesehen. Stattdessen erweist du dich als große Geliebte. *Une grande amoureuse.*«

»Wenn das boshaft ist«, erwiderte sie, »geht meine Liebe zu dir weit über Bosheit hinaus. Sie würde auch vor einem Verbrechen nicht haltmachen.«

Er bedeckte sein Gesicht kurz mit den Händen.

»Ich glaube dir. Ich weiß es.«

»So verstehe ich nun mal die Liebe«, erklärte sie, setzte sich auf und schüttelte ihr Haar. »Ich kann mein Herz nicht teilen und meine Liebe ist selbstsüchtig: Ich würde, ohne nachzudenken, mein Leben für dich geben, aber meinen Anspruch auf deine ungeteilte Aufmerksamkeit würde ich niemandem opfern. Ich weiß, dass ich maßlos bin. Ich stelle große Forderungen. Aber ich muss dich ganz allein für mich haben.«

Er neckte sie:

»Und trotzdem weigerst du dich, mich zu heiraten.«

Es war ihr ernst.

»Ungebunden, Julian! Die große Liebe! Die Welt liegt uns zu Füßen, wir können sie nach Lust und Laune durchstreifen, können auf allen Festen tanzen, mit fremden Menschen zusammentreffen, um in ihren Augen ein verschwörerisches Lächeln zu sehen, auf ihren Lippen die Worte ›Liebende‹ zu lesen. Wir wollen die Anständigkeit und die Konvention an der Nase herumführen, ihr den Stuhl wegschnappen, auf dem sie sich niederlassen will! Wer, wenn er noch ein wenig Verstand besitzt, würde dem göttlichen Ross Zaumzeug anlegen und es vor einen Postkarren spannen?«

Sie strahlte von innen heraus.

»Vagabunden!«, sagte er. »Soll das Leben denn ein einziger Karneval sein?«

»Und eine einzige Ehrlichkeit. Ich will dich vor aller Welt besitzen – und um ihre Missbilligung buhlen. Ich werde dich freigeben, werde dich aus freien Stücken verlassen, wenn du meiner überdrüssig bist. Ich will die goldenen Flügel der Liebe niemals beschneiden. Ich will dich nie mit Versprechungen quälen, dich zum Meineid erpressen, dir einen Schwur abringen, von dem wir beide wissen, dass er nur gegeben wird, um gebrochen zu werden. Das alles wollen wir den Älteren überlassen. Es soll sie ja geben. Mal fett, mal träge, auf jeden Fall immer langweilig! Bestenfalls weise, erfolgreich, zufrieden. Vielleicht sogar von einer gewissen Liebe erfüllt. Aber wir sind jung. Jung!« Ihre Stimme wurde tiefer. »Wir sind die Beflügelten und die Göttlichen.« Wenn er mit ihr über die Inseln sprach, hörte sie nicht zu, wagte es aber auch nicht, ihn zum Schweigen zu bringen. Er redete auf sie ein, rang um ihr Interesse, versuchte, ihre Begeisterung anzufachen. Während er sprach, hielt er seine Blicke stets auf das Meer gerichtet, da ein vager Instinkt ihn davor warnte, ihr ins Gesicht zu schauen. Manchmal lagen sie zwischen den Weinstöcken, an denen langsam die schweren

Früchte reiften; von dort aus schimmerte das Meer fast grausam blau zwischen den sich rötlich verfärbenden Blättern, wogte in sanften perlmuttfarbenen Wellen. Manchmal ruhten sie in der Nähe der Küste zwischen den Felsen, wo an windigeren Tagen die weiß gekrönte Brandung am Rande der grünlich schimmernden Untiefen wuchtig gegen die Insel schlug. Manchmal stiegen sie aber auch nach Sonnenuntergang zu den Olivenhainen hinauf und sahen den Mond durch die Zweige der Bäume aufsteigen und eine seltsam graue und silberne Welt erschaffen, die aller Farben beraubt war. Julian lag meist flach auf dem Boden, wenn er von den Inseln sprach, die Hände gegen die Erde von Aphros gepresst. Erst dieser unmittelbare Kontakt gab ihm den nötigen Mut … Und er redete beharrlich; in der ersten Woche mit dem Feuer der Inspiration, danach getrieben von aufrichtiger Loyalität. Doch seine Monologe endeten immer auf die gleiche Weise: Er richtete seinen Blick vom Meer auf ihr Gesicht, brach seinen Satz in der Mitte ab und kam zu ihr, um ihr Haar, ihren Hals und ihren Mund zu küssen. Froh und verwöhnt wandte sie sich ihm nun zu, schmiegte sich in seine Arme und verzauberte ihn mit dem Liebreiz ihrer gemurmelten Worte, bis er auf ihren Lippen sein leidenschaftliches Plädoyer für Aphros vergaß.

Es gab Zeiten, in denen er darum kämpfte, ihr zu entfliehen; seine Vitalität rebellierte gegen die Abhängigkeit, in der sie ihn hielt. Er führte an, dass die Inseln ihn bräuchten, dass Herakleion für friedliche Verhandlungen nur einen Monat Zeit anberaumt hätte; es müssten Vorkehrungen getroffen, Regierungsgeschäfte erledigt und Zukunftspläne entworfen werden. Wenn er so sprach, traf ihn ihr wütender Blick, und die ganze Bitterkeit ihres Grolls brach sich ungehemmt Bahn. Jetzt, wo sie ihn endlich bezwungen hatte, schien ihre frühreife Klugheit sie völlig im Stich zu lassen.

»Ich habe zehn Jahre auf dich gewartet, und du willst mich verlassen! Bedeute ich dir denn weniger als die Inseln? Ich wünschte, sie würden auf dem Meeresboden versinken.«

»Vorsichtig, Eve.«

»Ich verabscheue alles, was dich mir fortnehmen will«, erwiderte sie ohne Rücksicht auf seine Gefühle.

Ein anderes Mal rief sie, finster vor Leidenschaft:

»Immer diese Beratungen mit Tsigaridis und den anderen Insulanern! Immer diese geheimen Botschaften zwischen dir und Kato! Gib mir den Brief.«

Julian weigerte sich, zerriss Katos Brief und warf die Schnipsel ins Meer.

»Was für Geheimnisse hast du mit Kato, die du vor mir verstecken musst?«

»Sie wären für dich ohnehin uninteressant«, antwortete er, denn in diesem Moment erinnerte er sich, dass sie nicht vertrauenswürdig war, erinnerte sich an den Zweifel, der sein Vertrauen unterhöhlt hatte.

Der Wind fächelte über den Sand, wo sie im Schatten einer Kiefer lagen. Draußen hob sich ein Tümmler über das glitzernde Wasser, beschrieb einen eleganten schwarzen Bogen. Die Hitze brütete auf den Felsen.

»Wir haben unsere Liebe gemeinsam«, sagte er missmutig, »aber keinen anderen Aspekt unseres Lebens. Die Inseln bedeuten dir nichts. Sie sind ein Hindernis, kein Bindeglied zwischen uns.« Es war eine Wahrheit, der er sich selten stellte.

»Das stimmt nicht ganz. Sie sind dein Hintergrund, eine Szenerie, die ich sehr schätze.«

»Ja, du magst das Pittoreske daran, das weiß ich. Du bist eine Künstlerin, die sich für ein gelungenes Bühnenbild begeistern kann. Aber was das Übrige angeht ...« Er machte eine Geste, die voller Sarkasmus und Entsagung war.

»Du solltest mich aufgeben, Julian, mich und alle meine Fehler. Ich habe dir immer gesagt, dass ich nur eine Tugend habe. Ich gestehe alle meine Unzulänglichkeiten ein. Gib dich deinen Inseln hin und lass mich gehen.« Sie klang traurig – als wäre sie sich ihrer eigenen, unrettbaren Gleichgültigkeit und Andersartigkeit bewusst.

»Und doch hast du mir – wie waren noch deine Worte? – erst kürzlich gesagt, du würdest an mich glauben. Du hast es mir sogar geschrieben, ich erinnere mich noch ganz genau: ›Erobere, zerschlage, zerstöre!‹ Und trotzdem muss ich ständig gegen dich kämpfen, machst du es mir unglaublich schwer. Was willst du eigentlich? Freiheit ohne jede Verantwortung? Du bist unersättlich!«

»Weil ich dich unersättlich liebe.«

»Du bist manchmal einfach zu unvernünftig ...« (»Vernunft!«, unterbrach sie ihn wütend, »was hat Vernunft denn schon mit Liebe zu tun?«) »Es ist unvernünftig von dir, mir jeden Augenblick zu missgönnen, den ich nicht allein mit dir verbringe. Verstehst du denn nicht, dass ich für fünftausend Menschen verantwortlich bin? Du musst mich jetzt gehen lassen. Es ist ja nur für eine Stunde. Ich verspreche dir, dass ich in einer Stunde wieder bei dir bin.«

»Bist du meiner denn schon überdrüssig?«

»Eve ...«

»Als wir in Herakleion waren, hast du immer gesagt, du müsstest zu Kato. Jetzt musst du immer zu irgendeiner Besprechung. Werde ich dich denn nie ganz für mich allein haben?«

»Ich gehe nur für eine Stunde. Ich *muss* gehen, Eve, mein Liebling.«

»Bleib bei mir, Julian. Ich werde dich küssen. Ich werde dir eine Geschichte erzählen.« Sie streckte die Hände nach ihm aus. Doch er schüttelte lachend den Kopf und lief in Richtung Dorf davon.

Als er zurückkam, weigerte sie sich, mit ihm zu sprechen.

In anderen Zeiten jedoch kamen sie einander wunderbar nahe, verbrachten Stunden und Tage in ungestörter Innigkeit, bis die schlichte Tatsache, dass sie trotz allem zwei getrennte Persönlichkeiten waren, sie zur Verzweiflung trieb. Dann schwiegen sie wie zwei gefolterte Seelen im Fegefeuer und rangen um das Gefühl, das sich ihnen stets entzog – die vollständige befriedigende Öffnung ihrer Seelen füreinander, die immer schon zum Scheitern verurteilt ist und ironischerweise den unerwünschten Segen eines nicht durchschaubaren Geheimnisses birgt.

Jenseits dieser stummen Raserei erreichten sie eine noch engere Kameradschaft, vielleicht die Tage ihres größten Glücks. Wenn es ihr gelang, ihn mit ihrer ausschweifenden Phantasie völlig zu bezaubern, sah Julian in ihr die unstete Nymphe, die von Land zu Land und von Zeitalter zu Zeitalter zog, sich mit jeder Blume schmückte, die sie am Wegesrand fand, stets auf der Suche nach noch größerer Schönheit, kindlich, wild und rein wie eine hoch auflodernde Flamme. Er konnte nicht umhin, sich vor diesem Wagemut, dieser elementaren Reinheit des Geistes zu verbeugen. Sie schien so unberührt von allen weltlichen Belangen, Habgier oder Boshaftigkeit ... Er sah Eves Leben jetzt viel klarer, erkannte ihre innere Stimmigkeit. Sie ließ sich nicht mit Besitz, mit solider Behaglichkeit zusammenbringen. Sie war frei und flüchtig wie eine Schwalbe, und die geringste Verantwortung empfand sie als unerträgliches, unzulässiges Joch, das sie ohne großes Aufheben, aber auch ohne Gewissensbisse abzustreifen verstand. Durch Materielles war sie nicht zu berühren – es sei denn durch den persönlichen Luxus, den sie genoss, doch schien er sich so natürlich und unschuldig um sie zu entfalten wie die Farbe auf der Blüte einer Blume. Nur im Zusammenhang mit Musik, Dichtung, Liebe oder Lachen entbrannte sie, doch dann, mit welcher Flamme! Sie brannte und glühte und beherrschte weitläufige, sagenhafte Reiche, ohne dass ihre Füße je die Erde berührten, sie schwebte vom Wind getragen der Sonne entgegen, überschwänglich und ekstatisch, und statt gewöhnlicher Luft atmete sie den köstlichen Duft höherer Sphären. In solchen Zeiten erschien sie ihm wie ein Wesen, das aus einer Sagenwelt in dieses Leben hereingeweht worden war: ohne irdische Elternschaft, einzigartig, jenseits aller Gesetze.

Julian stellte fest, dass er begonnen hatte, sie mit abergläubischem Respekt zu betrachten.

Eigens für sie entwickelte er eine Theorie, dunkel und nebulös, und doch durchdringend; nebulös deshalb, weil ihr Gegenstand zu fein, zu subtil, zu unerforscht war, um sich mit dem grobmaschigen Netz der Worte einfangen zu lassen. Er sprach nie davon, auch nicht zu ihr, doch wenn er sie manchmal gedankenverloren anstarrte, fühlte er sich in ihrer Gegenwart der Realität enthoben, sah den Schleier gelüftet, der die Grenze menschlicher Vision verhüllte. Er fühlte sich erleuchtet, einer neuen Wahrheit nahe – so, als bräuchte er nur seine Hand auszustrecken, um berühren zu können, was keine menschliche Hand vor ihm je berührt hatte, etwas, das eine unvorstellbare Beschaffenheit besaß; als könnte er die Flügel der Wahrheit streifen, das innerste Wesen eines Gedankens mit Händen greifen ...

In diesen Augenblicken hatte er das Gefühl, eine körperliche Erfahrung durchzumachen. Sie vermittelte ihm die Ahnung einer möglichen Offenbarung. Von dieser Vision – oder wie auch immer man es nennen sollte – kehrte er mit dem Gefühl zurück, etwas gewonnen zu haben, wie durch Fernsicht bei plötzlich aufklarendem Himmel hatte er ein neues Gleichgewicht der Werte erreicht.

So praktisch Julian veranlagt war: Theorien und ihre Erkundung waren ihm lieb und teuer. Er war ein ebenso wissbegieriger Abenteurer des Geistes wie ein aktiv handelnder Abenteurer in der Wirklichkeit des Lebens. Er suchte nach Wahrheiten. Anscheinend passiv, nutzte er seine brachliegenden Kräfte. Seine Gedanken arbeiteten leidenschaftlich. Und doch erlaubte er seiner Phantasie nie, seinen Überzeugungen vorauszueilen. Wenn seine Phantasie sich nach vorn drängte, dämpfte er sie, bis die schwerfälligeren Überzeugungen aufgeholt hatten. Sie mussten Seite an Seite vorwärtsdrängen, Peitsche und Zügel mussten gleichermaßen seiner Kontrolle unterstehen.

Jugend – war sie die Zeit intuitiver Wahrnehmung? Waren die strahlendsten Augenblicke die, in denen man vom Gebot, sich mit den vorhandenen Gegebenheiten zu arrangieren, am weitesten abwich? Augenblicke der Gefahr und der Inspiration, Augenblicke der Selbstopferung und der Erkenntnis von Schönheit, Augenblicke der Liebe. All die berauschenden Augenblicke! Eve bewegte sich, wie er wusste, ständig in dieser Sphäre, verfügte über ein phantastisches Innenleben, befand sich stets im Zustand erregter Sensibilität. Passte sie nicht in diese Welt mit all ihren Zwängen, weil sie in Wirklichkeit gar nicht hierhergehörte, sondern in einer anderen Welt lebte, die von gewöhnlichen Menschen nur in jenen seltenen, kostbaren Augenblicken verstanden wurde, die Julian als berauschend empfand? Eine Welt, die nur Dichter und andere Künstler begreifen konnten?

Trug Eve die Schuld an ihrer Grausamkeit, ihrer Selbstsucht, ihrer Missachtung der Wahrheit? Oder war sie in Wirklichkeit gar nicht böse, sondern nur fremd in dieser Welt? Musste ihr zugunsten jener wunderbaren Erleuchtung alles andere verziehen werden? Stellten die von der Welt gesetzten Kardinaltugenden einen endgültigen Maßstab dar? War es möglich, dass Eve zu einer kleinen, verschworenen Gemeinschaft gehörte? War sie vielleicht insgeheim die Bürgerin eines Staates von solcher Vollkommenheit, dass die Maßstäbe und Ideale unserer Welt dort ohne jede Bedeutung waren?

Und was war mit Aphros, der Freiheit von Aphros, die ihm so viel mehr bedeutete als das bloße Erringen politischer Unabhängigkeit? Galt sie auch jener fernen Welt als erstrebenswert, als würdiges Ziel, als lohnende Aufgabe? Wenn Eve sich nichts aus der Freiheit von Aphros machte – lag es daran, weil es in *ihrer* Welt, an deren Existenz er inzwischen glaubte, keine Notwendigkeit mehr gab, sich über solche

Dinge Sorgen zu machen, weil dort die Freiheit so natürlich war wie die Luft und das Wasser?

(Von seiner Hingabe hätte ihn dies nicht abbringen können. Allenfalls hätte er Aphros als eine Station auf der Reise zu jenem höheren Ziel begriffen – eine Station, die er und seinesgleichen anstreben konnten. Und sollte jemals für ihn der Tag der Ernüchterung kommen, an dem er, weit davon entfernt, ein Bürger jenes fernen Landes zu werden, auch aufhören würde, ein Bürger von Aphros zu sein, um fortan als ein Bürger der faktischen Welt zu leben, nicht mehr jung, nicht mehr von Idealen geblendet, sondern nur noch ein erwachsener, nüchterner Mann – dann besäße er Aphros noch immer als helle Erinnerung, eine Erinnerung an das, was hätte sein können, an das Beste, was er je unternommen hatte, an die Möglichkeit, die ihm in den Tagen seiner Jugend gar nicht so unerreichbar erschienen war.)

Doch um die Berührung mit Eves Welt zu erhalten, die er insgeheim für die wertvollste Erfahrung seines bisherigen Lebens hielt, galt es, alle alten Prinzipien und überkommenen Glaubenssätze zu revolutionieren. Die Bedeutung, die Eve für ihn hatte, war zu einer Sache des Glaubens geworden. Der vertraute Umgang mit ihr erschien ihm als ein Privileg, das weit über die gewöhnlichen Privilegien der Liebe hinausging. Was auch immer sie unternahm, ob sie ein Verbrechen beging oder eine Niederträchtigkeit ersann – ihre eigentliche Bedeutung, der Kern, das Herzstück ihrer Existenz würde makellos und unberührt bleiben. Er wusste und sah es blind, wie ein Mystiker, der Gott schaut; und je weniger er seine Überzeugung mit vernünftigen Argumenten belegen konnte, desto tiefer wurde seine Gewissheit.

Wie verhielt es sich also? Waren die Dichterin, die Schöpferin, die Frau, die Mystikerin, der im Leben vom Tod umgebene Mensch einander verwandt? Waren sie freie Bürger eines unbekannten Reiches, dem sie alle, bewusst oder unbewusst, zustrebten? In dem die Extreme der Leidenschaft – denn es ging ihm nicht nur um die Leidenschaft der Liebe, sondern auch um die der Begeisterung, der Gefahr, des Wagemuts und der Vision – aufeinandertrafen? Verlief dort der große Scheideweg aller Werte, an dem die Moral aufhörte und das Göttliche begann? Und war es Eve und in gewissem Maße allen Frauen und Künstlern – den Visionären, den Schönen, den Liebreizenden, den Unverantwortlichen, den Nutzlosen! – vorbehalten, die ersten Schritte auf diesem Weg zu gehen?

Jugend und Illusion! Eve und Aphros zu lieben! Sollten ihm diese beiden je entgleiten, er müsste ernüchtert auf den Pfad zurückkehren, wo die Wegweiser und Meilensteine überkommener Werte standen. Er könnte nur noch darauf hoffen, sich einen kleinen Widerschein des Lichtes zu bewahren, das den Himmel über jener unerreichbaren, doch unvergesslichen Stadt erleuchtete.

Er kehrte zur Erde zurück. Eve knetete gedankenverloren einen kleinen Klumpen Wachs zwischen den Fingern und summte leise vor sich hin. Eine Weile lang beobachtete er ihre feinen, geschickten Hände, dann ergriff er eine Hand und hielt sie gegen die Sonne.

»Deine Finger sind durchsichtig. Wenn man sie gegen das Licht hält, sehen sie aus wie rosa Blütenblätter«, sagte er.

Sie lächelte ihn an.

»Du spielst mit mir, Julian.«

»Du bist ein herrliches Spielzeug.«

»Nur ein Spielzeug?«

Er erinnerte sich an die komplizierten, nicht mitteilbaren Gedankengänge, die ihn noch vor wenigen Minuten beschäftigt hatten, und lachte leise.

»Sehr viel mehr als ein Spielzeug. Früher habe ich in dir ein Kind gesehen, ein hilfloses, irritierendes, bewundernswertes Kind, das stets Ärger machte und mich zu Hilfe rief, wenn der Schlamassel eingetreten war.«

»Und später?«

»Später hast du mich dazu gebracht, dich als Frau zu sehen«, erwiderte er ernst.

»Du hast lange gezögert, bis du dich endlich dazu durchgerungen hast.«

»Ja, ich habe versucht, unser Verhältnis nach den üblichen Maßstäben zu beurteilen. Ich muss dir ziemlich lächerlich erschienen sein.«

»Allerdings.« Der Gedanke schien sie zu amüsieren.

»Inzwischen frage ich mich, wie ich dich je so beleidigen konnte«, sagte er, und in seiner Stimme klang aufrichtige Verwunderung mit. Mit einem Mal schien ihm alles so eindeutig.

»Und wie siehst du mich jetzt?«

»Oh, das weiß Gott allein!«, antwortete er. »Manchmal habe ich dich einen Wechselbalg genannt, nicht wahr?« Er beschloss, sie zu fragen. »Eve, wie erklärst du dir eigentlich deine Andersartigkeit? Du verstößt gegen alle Regeln, und trotzdem glaubt man weiter an dich. Ist es dein Charme, der alle in die Irre führt? Oder steckt eine tiefere Wahrheit dahinter? Kannst du es erklären?« Er hatte einen scherzhaften Tonfall gewählt, obwohl dieses Experiment für ihn von so großer Bedeutung war.

»Ich glaube nicht, dass ich anders bin, Julian. Meine Gefühle sind sehr stark, das ist alles.«

»Entweder sehr stark oder überhaupt nicht vorhanden.«

»Was meinst du damit?«

»Nun ... Paul ...« sagte er widerwillig.

»Darüber bist du nie hinweggekommen, nicht wahr?«

»Genau das ist es!«, rief er aus. »Es kommt *dir* ungewöhnlich vor, dass *ich* mich noch an Paul erinnere, dass sein Tod überhaupt einen so tiefen Eindruck auf mich gemacht hat. Ich sollte dich für deine Gleichgültigkeit hassen, und manchmal bin ich, wenn es um dein Verhalten ging, dem Hass auch recht nahe gekommen. Doch inzwischen – vielleicht hat sich mein Horizont erweitert – mache ich dir keine Vorwürfe mehr, weil ich glaube, dass du einfach nicht in der Lage bist, es zu verstehen. Offenbar kannst du dich selbst nicht erklären. Ich liebe dich! Ich liebe dich!«

Er wusste, dass ihre Unfähigkeit, sich selbst zu erklären, ihr mangelndes Bewusstsein der eigenen Person erheblich dazu beitrug, seine neuen Theorien zu stärken. Die Blume weiß nicht, warum und wie sie Blüten treibt ...

An dem Tag, als er ihr, nach langem Zögern, sagte, dass Kato unterwegs nach Aphros sei, äußerte sie kein Wort des Zorns, sondern brach in verzweifelte Tränen aus. Zuerst sprach sie gar nicht, dann stammelte sie unter Schluchzen kurze, sich ständig wiederholende Sätze, die ihm in ihrer Unvernunft in der Seele wehtaten.

»Wir waren allein. Ich war so glücklich wie noch nie zuvor in meinem Leben. Ich hatte dich ganz für mich. Wir waren allein. Allein! Allein!«

»Wir werden Kato die Wahrheit sagen«, versuchte er, sie zu besänftigen. »Sie wird uns in Ruhe lassen.«

Doch es entsprach nicht ihrem Wesen, sich an Strohhalme des Trostes zu klammern. Für sie hatte sich der unbeschreiblich strahlende Sonnenschein mit einem Schlag in tiefste Finsternis verwandelt.

»Wir waren allein!«, wiederholte sie unsagbar traurig und schüttelte den Kopf. Sie hatte die Hände vors Gesicht geschlagen, und die Tränen liefen über ihre Finger.

Zum ersten Mal sprach er zu ihr mit zärtlichem, ehrfürchtigem Mitleid.

»Deine Freude ... deine Trauer ... beides ist gleichermaßen überwältigend und stürmisch. Wie stark du fühlen kannst, du tragisches Kind! Gestern hast du noch gelacht und dir eine Krone aus Myrten geflochten.«

Sie weigerte sich, ihn zu begleiten, als er zur Küste ging, um Kato zu begrüßen, die am entgegengesetzten Ende der Insel an Land gehen wollte, um sich den neugierigen Blicken Herakleions zu entziehen. Eve blieb im kühlen Haus und frönte dem Müßiggang. Sie ließ selbst Stift und Zeichenblöcke ruhen und dachte nur an Julian. Ihr ganzes vergangenes Leben erschien ihr jetzt nur noch als eine schreckliche Zeit, in der Julian sie noch nicht geliebt hatte, eine Zeit des Wartens, eine Zeit der Erwartung und der Qual, eine Zeit der unglaublichen Zurückhaltung, nur von der Gewissheit getragen, die ihr ganzer Glauben und ihre ganze Inspiration gewesen war ...

Zu ihrem Erstaunen kehrte Julian nicht nur mit Kato, sondern auch mit Grbits zurück.

Jedes Wort und jede Geste des Riesen spiegelte die große Freude über den Gang der Ereignisse wider. Sein mongolisch flaches Gesicht zeigte das triumphierende Lachen eines pfiffigen Lausbuben, der die Schule schwänzt. Niemand konnte seiner guten Laune widerstehen. Sprachlos vor Freude schüttelte er Eve die Hand. Kato, die ihren Kopf mit einem paillettenbesetzten Tuch bedeckt hatte – Julian hatte sie noch nie mit einem Hut gesehen –, stand stolz daneben, die Hände in die Seiten gestemmt, so als wäre Grbits eine Art kostbares Ausstellungsstück. Katos kleine Augen funkelten verschmitzt.

»Er ist nicht mehr Offizier der serbischen Armee«, sagte sie schließlich, »sondern steht uns ab sofort als freier Mitarbeiter zur Verfügung. Ist das nicht wunderbar? Er hat seinen Abschied eingereicht. Seine Karriere in Herakleion als Militärattaché Serbiens ist zu Ende!«

»Als freier Mitarbeiter«, wiederholte Grbits und sah strahlend auf Julian hinunter. (Es ärgerte Eve, dass er von den beiden der Größere war.)

»Wir haben dir nicht Bescheid gegeben. Es sollte eine Überraschung sein«, sagte Kato.

Sie standen zu viert im Innenhof neben dem plätschernden Brunnen.

»Ich habe Ihnen am Tag der Wahlen gesagt, dass ich komme, wenn Sie mich brauchen«, erklärte Grbits, und sein Lächeln wurde noch breiter.

»Natürlich. Sie sind ein göttlicher Narr, mein lieber Grbits«, sagte Kato zu ihm.

»Ja«, entgegnete dieser. »Und dem Himmel sei Dank dafür!«

»Die ganze Sympathie Athens gehört den Inseln«, berichtete Kato. Sie hatte ihr Kopftuch abgenommen, in ihren Haaren glitzerten die goldenen Weizenähren. Ihre Arme waren, wie üblich, mit Goldreifen bedeckt, und auch sonst schien sie kaum Zugeständnisse an die Erfordernisse der strapaziösen Reise gemacht zu haben – nur an den Füßen trug sie statt der gewohnten Sandaletten hässliche, flache Stiefel. Eve bemerkte, dass sie noch dicker und stämmiger geworden war, doch sie war wie immer entgegenkommend, freundlich und enthusiastisch. Beide brachten sie einen Schwall von Zuversicht und Tüchtigkeit mit, diese so ungleichen Reisegefährten. Julian verspürte einen Anflug von Scham, weil er die Inseln wegen Eve so vernachlässigt hatte. Und Eve stand neben ihm, lauschte den Berichten, Grbits' dröhnenden Lachsalven und Katos überschwänglichen, durch Klugheit gemäßigten Freudenausbrüchen. Kato und Grbits sprachen beide gleichzeitig, waren redselig und aufgeregt. Die Weizenähren zitterten in Katos Haar, Grbits' weiße, ebenmäßige Zähne blitzten, und Julian, der ein wenig verwirrt war von den vielen Neuigkeiten, wandte ernst den Kopf von einem zum andern.

»Ich misstraue der Nachsicht Herakleions«, sagte Kato. Ihre plötzlich ernste, nachdenkliche Miene verlieh ihren Worten zusätzliches Gewicht. »Einen Monat Nachsicht! In Athen kursieren unzählige Gerüchte: Sie sollen Kriegsschiffe von den Türken gekauft haben, selbst von Kanonen auf dem Mylassa ist die Rede, aber das kann ich nicht glauben. Sie sagen, sie hätten euch einen Monat Zeit gegeben, damit ihr zur Vernunft kommt. In Wirklichkeit geben sie sich selbst

einen Monat Zeit, um den nächsten Angriff vorzubereiten.«
Und dann bestürmte sie Julian mit praktischen Fragen, die ihre Vertrautheit mit Einzelheiten und Taktiken verriet, während Grbits sich damit begnügte, seinen unerschütterlichen Optimismus und sein herzhaftes Lachen zu verbreiten.

5

Eine Woche nach ihrer Ankunft kam der zweite Angriff aus Herakleion.

Eve und Kato, die sich geweigert hatten, die Schutzhütte im Innern der Insel aufzusuchen, verbrachten den Vormittag gemeinsam im Davenantschen Haus. In der Ferne donnerten und verebbten die Kampfgeräusche in raschem Wechsel; für einen Augenblick prasselten, wie es schien, von allen Seiten Schüsse auf die Insel ein, im nächsten Augenblick herrschte eine beunruhigende Stille. Eve schaute die Sängerin fragend an, doch Kato konnte ihr keinen Trost geben, sondern drückte, indem sie den Kopf schüttelte und mit den Schultern zuckte, ihre Hilflosigkeit aus. Sie hatte festgestellt, dass sie zu Julian mitfühlend von Eve, zu Eve jedoch nicht mitfühlend von Julian sprechen konnte. Sie hatte sich darum bemüht, nach mehreren quälenden Versuchen jedoch beschlossen, darauf zu verzichten. Ihre Feindschaft schwelte dumpf unter dem Deckmantel der Freundschaft aus früheren Zeiten. Sie hätten diesen Tag ebenso gut in getrennten Zimmern verbringen können, nur die Angst verband sie und führte sie zusammen. Wenn Kato aufstand und in ein anderes Zimmer ging, folgte Eve ihr unwillig und mit gereizter Miene; forderten die äußeren Umstände sie zu Beweisen gegenseitiger Zuneigung heraus, bereuten sie diese im Nachhinein und versuchten, das Geschehene durch versteckte Grausamkeit wieder wettzumachen.

Sie erhielten keinerlei Nachricht von außen. Die Inselbewohner waren allesamt auf ihren Posten, und Julian hatte strengstens untersagt, die Straßen des Dorfes zu betreten. Auf seinen Befehl hin waren auch die schweren Fensterläden des Davenantschen Hauses verschlossen worden. Eve und Kato hatten die Tür zum Innenhof geöffnet, um Licht ins Wohnzimmer zu lassen. Sie sprachen wenig, lauschten auf jedes Geräusch, das von außen zu ihnen drang, und versuchten, sich einen Reim darauf zu machen. Beim ersten kurzen Rattern hatte Kato gesagt: »Maschinengewehre«, und Eve hatte geantwortet: »Ja. Julian hat mir erzählt, sie hätten ein Maschinengewehr auf dem Motorboot der Polizei.« Doch nach der nächsten Feuerpause stellte Kato fest: »Diesmal haben sie mehr als eins.«

Eve schaute entsetzt auf.

»Anastasia, er hat gesagt, er würde sich nicht in Gefahr begeben.«

»Glaubst du das wirklich?«, erwiderte Kato, nicht ohne Spott.

Eve sagte:

»Grbits ist bei ihm.«

Kato schob die Gedanken an die beteiligten Menschen beiseite und sprach über das Schicksal ihrer Heimat. Wenn sie mit Eve zusammen war, musste sie alle Gedanken an Julian unterdrücken; nur was die Inseln betraf, konnte sie sich besitzergreifend äußern, konnte auf dieses lieb gewonnene, wenn auch unpersönliche Ziel ihre gesamten Bedürfnisse nach Leidenschaft und Liebe richten, die ihr im menschlichen Bereich so schmerzlich versagt geblieben waren. Von einer patriotisch veranlagten Frau war sie zu einer Fanatikerin geworden. In einer Hinsicht unerfüllt, hatte sie ihre Energie in anderer Hinsicht verdoppelt, denn ihr war bewusst geworden, wie stark das Band zwischen ihr und Julian war. Sie hätte ehrlich zugeben können, dass ihr Groll gegen Eve in deren Gleichgültigkeit gegenüber den Inseln seinen Grund hatte – ein weitaus edleres Motiv als pure Eifersucht. Sie hatte gesehen, wie sehr Julian sich zurückhielt, wenn er in Eves Gegenwart von den Inseln sprach. Allein mit ihr und Grbits aber wurde er niemals müde, sie in alle seine sowohl praktischen als auch utopischen Pläne einzuweihen, sodass Kato zu wissen glaubte, womit Julian sich in Gedanken beschäftigte. Sie hatte gesehen, mit welcher Tatkraft er seine Regierungsgeschäfte versah. Und sie hatte mit Grbits spöttische Blicke getauscht, als sie erkannte, dass Julian trotz aller sozialistischen Theorien in Hagios Zacharie eine nur unzulänglich verschleierte Autokratie eingeführt hatte. Sie hatte gesehen, wie er auf den Dorfversammlungen, trotz respektvoller Bekundungen an die überlegene Erfahrung der Älteren, geschickt alle Ratschläge umschiffte, die seinen eigenen Ideen zuwiderliefen. Sie wusste, dass er, wenn er sich erst einmal voll und ganz von Herakleion befreit haben würde (und dass diese Befreiung stattfinden würde, daran zweifelte sie keinen Augenblick), sich den Traum eines idealen Kleinstaates ein Leben lang erhalten würde. Sie bewunderte seine Zuversicht, seine Energie und seine Jugend. Und sie wusste, dass Eve diese Eigenschaften an ihm allenfalls theoretisch liebte, sie in der Praxis jedoch mit ungeduldiger Gleichgültigkeit abtat. Eve fühlte sich von diesen Eigenschaften bedroht, sie hatte Angst, sie könnten ihr den Geliebten wegnehmen, könnten zwischen sie und Julian treten ... Kato kannte Eves Ideale nur allzu gut. Sie forderte Mut. Sie schätzte Begabung. Und sie verehrte Freiheit, Schönheit und Genie als ihre individuellen Gottheiten. Prosaisches billigte sie nicht, und schon gar nicht eine Beschäftigung, die sie oder den anderen von der blinden Hingabe an die Liebe abzuhalten drohte.

Kato seufzte. Sie hätte Julian ganz anders beigestanden! Ihr Blick fiel auf die eigene Gestalt im Spiegel: dick, gedrungen, schwarz, mit kleinen, funkelnden Augen. Dann schaute sie zu Eve hinüber, die vor Wärme glühte, schlank und anmutig war wie ein kleines Tier, müßig und verführerisch. Krachende Schüsse erschütterten das alte Haus, und auf die Dächer des Dorfes prasselten die Kugeln unzähliger Gewehrsalven.

Es war unerträglich, untätig dazusitzen und sich in bitteren Spekulationen zu verlieren, während rund um die Insel verzweifelte Kämpfe wüteten. Unerträglich, nicht zu wissen, in welchen Gefahren Julian und Aphros schwebten! Unerträglich, so lange warten zu müssen, wahrscheinlich den ganzen Tag, möglicherweise die ganze Nacht!

»Sing etwas, Anastasia.«

Kato nickte. Ihr würde die Musik genauso guttun wie Eve.

Sie sang einige Lieder aus ihrer Heimat, dann spielte sie Klavier. Eve kam näher und rang verzückt die Hände, wirkte wie verklärt durch die Musik. Die Ekstase machte sie noch schöner, und Katos Urteile wurden milder; schließlich war Eve noch ein halbes Kind, ein allzu gefühlvolles und leidenschaftliches Kind, kein zerstörerisches Geschöpf, von dem, wie Kato es manchmal empfand, nur Müßiggang und Verschwendung ausgingen. Ein querköpfiges Kind, das sich durch die Intensität seiner Gefühle auf tragische Weise selbst Kummer bereitete ...

»Ah, Kato, deine Musik lässt mich alles andere vergessen. Sie wirkt wie ein Zaubertrank, der vergessen macht und mich zu geheimen Schatzhöhlen führt. Zu unterirdischen Höhlen voll mit Gold und Edelsteinen. In die Höhlen der Winde, in Zephyros' Reich. Er trägt mich mit sich fort, hüllt mich in köstliches Vergessen.«

»Erzähl etwas«, forderte Kato sie auf.

Der Führung der Musik gehorchend, schweifte Eve zu einer Geschichte ab:

»Auf einem geflügelten Pferd ritt er von Ost nach West. Er schaute aufs Meer hinunter, auf dem sich die Kielwasser der großen Schiffe kreuzten, sah hier und dort felsige Inseln aus dem Wasser ragen, das an schmale Sandstrände spülte oder an kantige Klippen schlug. Hörst du, wie sich die Wellen brechen? Und er sah, wie der Mond über die Gezeiten herrscht, sah die Schiffe für eine Weile in ihren Häfen ruhen, ehe sie sich heimatlos, rastlos und frei auf die nächste Reise begaben. Dann ritt er über das Land, ritt tief über den Gipfeln der Bäume und sah die geraden Straßen der Städte, die Glut der Herdfeuer, die ordentlichen Felder und bewachten Grenzen, die weiten Ebenen. Er sah die Götter auf dem Ida thronen, Wolken als Mäntel und Kronen tragend, göttlich stark und göttlich schön. Er sah niedere und großartige Dinge; er sah den Triumphzug eines Eroberers, sah die Gefangenen, die in Ketten hinter seinem Wagen gingen, weiße Bullen mit vergoldeten Hörnern, die als Dankopfer dargebracht wurden, und Kinder mit Blumenkränzen; er sah Riesen, die in den nördlichen Bergen rotes Eisen schmiedeten; er sah all die umherschweifenden Wanderer auf Erden, sah Io, die Gepeinigte, und alle Vagabunden und Taugenichtse, Gaukler, Dichter und Scharlatane; er sah all die gesetzten und ehrwürdigen Menschen, die in den Städten lebten, die ordentlichen Felder bestellten und sagten: ›Dies ist meins, und das ist deins.‹ Und manchmal, wenn er tief über einen Wald ritt, hörte er das Trippeln aufgeschreckter Füßchen zwischen den trockenen Blättern, und manchmal hörte er, was ihn besonders traurig machte: den Schrei verwundeter Bäume unter den Hieben einer Axt.«

Sie brach ab, und Kato hörte auf zu spielen.

»Es wird immer noch geschossen«, sagte sie.

»Niedere und großartige Dinge ...« zitierte Kato gedehnt.

»Warum dann Julian den Inseln abspenstig machen?«

Die Worte waren ihr versehentlich herausgerutscht. Sie hatte sich einen Moment lang von der Erinnerung an die Vergangenheit fortreißen lassen, von der Erinnerung an die Zeit, als Eve fast täglich in ihre Wohnung in Herakleion gekommen war, sich an der Musik gelabt und in Schönheit gebadet hatte, als ihre Freundschaft trotz der dreißig Jahre, die zwischen ihnen lagen – oder vielleicht gerade deshalb? –, liebevoller Zuneigung sehr nahe gekommen war.

»Das war sie wieder, die Eve meiner Träume«, erklärte sie, die Augen starr auf Eve gerichtet, »in der ich einst das Reinste aller Geschöpfe gesehen habe, ein Geschöpf, das nichts Schmutziges und Hässliches an sich hat.«

Eve sank unvermittelt neben ihr auf die Knie.

»Oh, Kato«, sagte sie, »du lullst mich ein mit deiner Musik. Ich bin nicht immer grausam und berechnend, und deine Musik hat es noch immer geschafft, mich zu besänftigen. Es tut mir weh, mich ständig verteidigen zu müssen. Ich bin von Natur aus zu misstrauisch, um wirklich glücklich zu sein, Kato. Um mich herum sind immer Schatten und ... und Tragödien. Bitte, beurteile mich nicht allzu streng. Sag mir, was du mit Schmutzigem und Bösem meinst – was ist Schmutziges und Böses an der Liebe?«

Kato wagte viel. Sie antwortete mit ruhiger Stimme:
»Eifersucht. Vergeudung. Maßlosigkeit. Misstrauen. Ich habe manchmal Angst, dass du aus Julian einen jener zahllosen Männer machst, die einmal hofften, ihre Inspiration in einer Frau zu finden, um schließlich festzustellen, dass sie ihnen nur ein Hindernis ist.«

Sie nickte weise, und die goldenen Weizenähren zitterten in ihrem Haar.

Eves Miene verdüsterte sich bei der Erwähnung von Julians Namen. Sie stand auf, ging zur Tür und schaute in den Innenhof. Kato fuhr fort:

»Du bist jetzt eine Frau geworden, Eve, und hast damit eine Verantwortung erhalten. Das ist eine Gabe, die ebenso wertvoll ist wie ein genialer Geist. Aber ohne eine große Seele wird diese Gabe rasch zum Fluch, denn sie ist zu stark, um ignoriert zu werden. Es ist eine Kraft und eine Gefahr. Wenn du meinst, ich würde dir Moralpredigten halten« – Eve würde nie erfahren, wie viel sie diese Worte kosteten –, »dann denk daran, dass es nur einen Beweggrund für mich gibt: meinen Glauben an Julian – und an dich.« Sie nahm Eves Hand. »Runzle nicht die Stirn, du Kind. Schau mich an. Ich habe keine Illusionen, was mein Äußeres angeht. Schau mich fest an, und lass mich wie ein geschlechtsloses Wesen zu dir sprechen.«

Trotz aller Feindschaft war Eve gerührt, schockiert und verzweifelt. Selbst so jung und vital in ihrer Weiblichkeit, schien ihr Katos Verzicht schmerzlich und falsch zu sein, ein Verrat.

»Nicht doch, Anastasia«, flüsterte sie. Sie waren beide sehr bewegt. Die andauernden Kampfgeräusche hatten ihre Nerven bloßgelegt, hatten ihnen die Zurückhaltung genommen.

»Dir ist einfach nicht klar«, sagte Kato, die, einem spontanen Impuls folgend, ihren Stolz geopfert und eine Anwandlung von weiblicher Schwäche niedergerungen hatte, weil sie diese als unwürdig erachtete, »wie schwach in der Liebe die Balance zwischen Gut und Böse ist. Du, Eve, bist für die Liebe geschaffen. Jeder, der dich angeschaut hat, auch wenn er dich sonst nicht kennt, würde das bestätigen.« Sie lächelte liebevoll; in diesem Augenblick war sie so sehr über alle persönliche Eitelkeit erhaben, dass es ihr gelang, Eve mit aufrichtiger Zuneigung anzulächeln. »Ich glaube, du hast die Wahrheit gesagt, als du erklärtest, um dich herum seien stets Schatten und Tragödien. Du bist zu extravagant, um eine Philosophin zu sein. Gäbe es ein Wort für dieses Gegenteil, ich würde dich so nennen, und hätte damit alles gesagt, was ich über dich sagen will. Eve, ich habe große Angst um dich und Julian ...«

»Ja«, sagte Eve und vergaß, ärgerlich zu sein. »Ich habe auch große Angst. Sie überkommt mich manchmal wie eine Vorahnung.« In ihrem Gesicht stand wirkliche Qual, und Kato war von Mitleid erfüllt.

»Du darfst nicht schwach sein«, sagte sie sanft. »Vorahnung ist nur ein hochtönendes Wort für einen kraftlosen Gedanken.«

»Du bist so stark und vernünftig, Kato. Es fällt dir leicht, stark und vernünftig zu sein.«

Sie schwiegen und lauschten den erneuten Schüssen und Rufen, die vom Dorf heraufschallten.

Am frühen Nachmittag stürzte Grbits ins Zimmer. Sein flaches, sonst so fahles Gesicht glühte vor Aufregung, und seine Arme ruderten durch die Luft wie die Flügel einer Windmühle. In seiner riesigen Hand schwang er noch immer seine Pistole. Er war völlig außer Atem, doch seine Augen strahlten triumphierend.

»Zurückgeschlagen!«, rief er. »Sie haben eine weiße Flagge gehisst. Nicht einer ist gelandet. Nicht einer.« Er rang nach Luft. »Julian kommt auch gleich. Ich bin gelaufen. Es wird Verhandlungen geben. Das Meer ist voll von Leichen.«

»Unsere Verluste?«, fragte Kato knapp.

»Sind gering. Wir brauchten unsere Stellungen kaum zu verlassen«, erwiderte Grbits. Er setzte sich, ließ die Pistole locker zwischen den Knien baumeln und fuhr mit den Fingern durch sein öliges schwarzes Haar. Er war bester Laune und grinste Eve und Kato glücklich an. »Ein guter Kampf, wenn auch aus viel zu großer Entfernung. Julian ist an der Schläfe getroffen worden, das soll ich euch sagen«, fügte er mit der verspäteten Hast eines Kindes hinzu, das vergessen hat, eine wichtige Nachricht zu überbringen. »Wir haben ihn verbunden, es wird nur ein Kratzer bleiben. – Zurückgeschlagen! Sie haben es versucht, und es ist gründlich danebengegangen. Die Verteidigung war ausgezeichnet organisiert. Sie werden wohl kaum versuchen, die Inseln noch einmal mit Gewalt zu nehmen. Nur schade, dass ich den ersten Kampf verpasst habe. Ich hätte diese kleinen fetten

Soldaten mit einer Hand ins Meer zurückgeworfen, immer zwei auf einmal.«

Kato lief zu Grbits und küsste ihn; in ihrer übergroßen, unbeholfenen Aufregung benahmen sie sich wie kleine Kinder.

Julian trat herein. Er hatte den Kopf verbunden. Als er sah, wie sich Kato über den Riesen beugte, lachte er laut.

»Eine gemischte Flotte!«, rief er amüsiert aus.

»Küstendampfer, Schlepper, ein paar alte Kähne vom Bosporus. Wer wohl der Admiral dieser stolzen Flotte war?«

»Panaïoannou natürlich«, prustete Grbits. »Von vorne war er Befehlshaber der Marine und von hinten Offizier der Landstreitkräfte.«

»Und die weiße Fahne!«, lachte Julian.

»Sterghious Taschentuch!«, spottete Grbits.

»Dampfschiffe und Maschinengewehre«, sagte Julian.

»Das muss sich Stavridis ausgedacht haben«, warf Kato ein.

»Spiel uns einen Triumphmarsch, Anastasia!«, forderte Grbits die Sängerin auf.

Kato schlug ein paar Akkorde auf dem Klavier an, und sie lachten und sangen. Doch Eve, die an ihrem Gespräch gar nicht teilgenommen hatte, blieb in der Fensternische stehen und schaute zu Boden. Ihre Lippen zitterten. Sie hörte, wie Julian ihren Namen rief, doch sie schüttelte abwehrend den Kopf. Er war für sie verloren, gehörte Kato und Grbits. Sie hörte, wie sie zu dritt über die nun anstehenden Verhandlungen debattierten, hörte Grbits' gelegentliche Ausrufe, mit denen er einen bestimmten Vorfall während des Kampfes kommentierte, hörte Julians Reaktion. Sie spürte, wie ihr leidenschaftlicher Hass auf die Inseln in gleichem Maße wuchs wie ihre leidenschaftliche Liebe. »Er macht sich nichts aus mir«, wiederholte sie immer wieder im Stillen. »Ich bin nur ein Spielzeug für ihn, ein Zeitvertreib und nicht mehr. Er vergisst mich für Kato und die Inseln. Den Inseln gehört sein Herz. Ich bin nur ein Schmuckstück in seinem Leben, nicht das Leben selbst. Er, der mein ganzes Leben ist, vergisst mich im Siegestaumel ...«

Allein der Stolz besiegte ihre Tränen.

Später landete, unter dem Schutz einer weißen Fahne, Ex-Premier Malteios im Hafen von Aphros. Da er darauf bestand, dass es sich um einen inoffiziellen Besuch handelte, wurde er zum Haus der Davenants gebracht.

Dort herrschten Friede und Stille. Kato und Grbits waren gemeinsam ins Dorf gegangen, um die durch den Kampf entstandenen Schäden zu begutachten, und Eve, die sie vom Fenster aus noch eine Weile beobachtet hatte, hielt sich allein im Wohnzimmer auf. Julian schlief fest, Arme und Beine weit von sich gestreckt, auf seinem Bett im oberen Stockwerk. Zapantiotis, der erwartet hatte, ihn im Innenhof oder Wohnzimmer anzutreffen, blieb unschlüssig stehen. Dann beriet er sich leise mit Eve.

»Nein«, sagte sie ihm, »weckt Mr Davenant nicht.« Und mit erhobener Stimme fügte sie hinzu: »Seine Exzellenz kann hier bei mir auf ihn warten.«

Wie sie es gewünscht hatte, ließ man sie und Malteios allein im Wohnzimmer zurück.

»Warum so zurückhaltend, warum so auf Distanz bedacht?«, fragte Malteios freundlich. Eve stand an die Wand gelehnt, die Hand aufs Herz gepresst. »Sie und ich, wir waren einmal Freunde, Mademoiselle. Oder soll ich Sie Madame nennen?«

»Nein, Mademoiselle«, erwiderte sie mit ruhiger Stimme.

»Ah? Die Gerüchte ... nun ja, gleichgültig. Auf Ihrer Insel gelten zweifellos andere Gesetze. Es liegt mir fern, irgendwelche Verdächtigungen ... Ein hübsches Zimmer haben Sie hier.« Er schaute sich um, verschränkte die Hände hinter dem Rücken und summte eine kleine Melodie. »Wie ich sehe, haben Sie sogar ein Klavier. Spielen Sie manchmal darauf? Aber natürlich, ich habe ganz vergessen, dass Madame Kato bei Ihnen ist, nicht wahr? Ihr Klavierspiel ist immer ein willkommener Zeitvertreib. Ah, ich beneide Sie um Ihre Abende mit Kato. Ganz Paris ist verrückt nach ihr. Aber sie lebt auf einer von der Revolution besessenen Insel im Herzen der Ägäis! Nur umso heftiger schreit sich Paris nach ihr die Seele aus dem Leib. Ihr Bild ist in allen Zeitungen zu sehen. Wenn sie ins normale Leben zurückkehrt, wird sie feststellen, dass sich ihr Ruhm inzwischen verdoppelt hat. Und Sie, Mademoiselle Eve, werden ebenfalls als Heldin gehandelt.«

»Ich vertrete hier meinen Cousin«, sagte Eve und schaute dem Ex-Premier fest in die Augen.

Er hob die Augenbrauen und strich, eine vertraute Geste, mit den Fingerspitzen seinen Bart von den rosigen Lippen.

»Tatsächlich? Ihr Engländer seid schon ein erstaunliches Volk. Wirklich erstaunlich. Ohne langes Federlesen übernehmt ihr die Regentschaft und gebt sie weiter. Verstehe ich Sie recht: Sie vertreten Ihren Cousin auf Dauer als – ah! – Präsident von Hagios Zacharie?«

»Mein Cousin schläft. In seiner Abwesenheit können Sie sich getrost an mich wenden.«

»Er schläft? Aber ich muss mit ihm sprechen, Mademoiselle.«

»Dann müssen Sie warten, bis er aufgewacht ist.«

»Aber das könnte Stunden dauern.«

»Wir werden ihn in einer Stunde wecken lassen. Kann ich Sie bis dahin nicht auch unterhalten?« Ihre Koketterie war zurückgekehrt.

Sie ging auf Malteios zu und reichte ihm lächelnd die Hand. Der pittoreske Ex-Premier hatte schon immer gut in ihre Welt gepasst.

»Mademoiselle«, sagte er und küsste die Hand, die sie ihm reichte, »Sie sind liebenswürdig wie immer.«

Und so saßen sie da, Malteios ungeduldig und ungestüm, wenn auch nicht bereit, seine weltmännische Haltung abzulegen, doch beharrlich sein Ziel vor Augen. In der Flut der Komplimente brach es aus ihm hervor:

»Kinder! *Ces gosses ... Mais il est fou, voyons, votre cousin.* Was denkt er sich dabei? Er hat einen lächerlichen Aufruhr angezettelt. Sehen wir darüber einmal hinweg. Aber seine Hartnäckigkeit ... Wo soll das alles enden? Starrsinn provoziert Starrsinn, eine gütliche Einigung rückt mit jedem Tag in größere Ferne. Sein Stolz steht auf dem Spiel. Eine Bedrohung? Gut und schön, soll er uns bedrohen. Irgendein tragbarer Kompromiss könnte auf diese Weise zustande kommen. Möglicherweise hätte ich selbst als Mittler zwischen ihm und meinem Freund und Rivalen, Gregori Stavridis, fungieren können. Und ich bin heute hier, weil ich noch immer hoffe, dass meine Bemühungen nicht völlig sinnlos sind. Doch nach einem so großen Blutvergießen ...! Ich bin sicher, die Gemüter hier sind erregt; jedenfalls kann ich bezeugen, dass sie in Herakleion äußerst erregt sind. Anastasias Wohnung ... Wahrscheinlich wissen Sie schon, dass Madame Katos Wohnung völlig demoliert wurde. Tja, der Mob. Das Haus Ihres Onkels wird Tag und Nacht von einer Polizeieskorte bewacht. Weder er noch Ihr Vater oder Ihre Mutter wagen es, sich an den Fenstern zu zeigen. Ein schrecklicher Zustand!«

Er kam auf den eigentlichen Anlass seines Grolls zurück:

»Ich hätte so gut zwischen Ihrem Cousin und Gregori Stavridis vermitteln können. Schade, schade, schade!« Er schüttelte den Kopf und lächelte sein gutmütiges, bedauerndes Lächeln, das diesmal von einer kaum verhüllten Bitterkeit überschattet wurde. »Unendlich schade, Mademoiselle.«

Seine Gedanken weilten bereits wieder in Herakleion:

»Ich habe Ihren Vater und Ihre Mutter gesehen, auch Ihren Onkel. Sie sind sehr aufgebracht, aber vollkommen machtlos. Weil die Leute Steine in die Fenster werfen und – ich bedauere sehr, Ihnen das sagen zu müssen – von der *platia* Schüsse auf das Haus abfeuern, hat man alle Fenster mit Brettern vernagelt, sodass sie mit künstlichem Licht leben müssen. Ich habe sie bei Kerzenlicht frühstücken sehen. Ja, Ihr Vater, Ihre Mutter und Ihr Onkel saßen beim Frühstück im Wohnzimmer, und auf dem Tisch standen mehrere Kerzen. Ich habe das Haus durch die Hintertür betreten. Ihr Vater sagte ängstlich zu mir: ›Ich habe gehört, dass Katos Wohnung gestern Nacht geplündert worden ist?‹ Und Ihre Mutter sagte: ›Unerhört! Sie muss vernarrt sein in die Inseln – oder in den Jungen. Ihre gesamten Habseligkeiten liegen am Kai verstreut!‹ Und Ihr Onkel sagte: ›Gehen Sie zu dem Jungen, Malteios! Sprechen Sie mit ihm. Wir haben keine andere Hoffnung mehr.‹ Tatsächlich schienen sie ohne jede Zuversicht; selbst Ihre Mutter schien ihre Entschlusskraft verloren zu haben.

Ich habe versucht, ihnen Mut zu machen, aber dann wurde ich unterbrochen, weil eine Ladung Steine gegen die vernagelten Fenster prasselte. Ihr Onkel stand auf und warf seine Serviette hin. ›Nicht einmal in Frieden frühstücken lassen einen die Leute‹, sagte er pikiert, als wäre das seine größte Sorge. Er ging hinaus, kehrte aber kurz darauf zurück. Er war ziemlich verändert, äußerst gereizt, und sein höflicher Ernst war verschwunden. ›Sehen Sie die Unannehmlichkeiten, in denen wir stecken‹, sagte er zu mir und rang die Hände, ›mein Sohn hat alle Diener mitgenommen, alle verdammten Insulaner.‹ Ich wusste nicht, was ich sagen sollte.«

»Vielleicht kehrt Kato mit Ihnen nach Herakleion zurück?«, schlug Eve vor, nachdem Malteios eine Weile geschwiegen und durch Schulterzucken und mitleidiges Lächeln zu verstehen gegeben hatte, dass er die Hilflosigkeit der Davenants zwar für bedauerlich hielt, sie aber dennoch als unterhaltsamen Scherz betrachtete. Als sie Katos Namen erwähnte, verdüsterte sich seine Miene.

»Diese Frau ist eine Fanatikerin«, antwortete er. »Eine Märtyrerin, die sich an ihrem Martyrium ergötzt. Solange die Sache läuft, wird sie Aphros auf keinen Fall verlassen. – Eine kämpferische Frau«, sagte er mit unerwartetem Respekt.

Er schaute Eve an und wurde sogleich wieder anzüglich und gerissen; die guten und schlechten Seiten seines Charakters betrogen einander ständig.

»Würde sie Aphros verlassen? Nein! Würde Ihr Cousin Aphros verlassen! Nein! Sie sind durch die gemeinsame Sache aneinandergebunden. Ich kenne Ihren Cousin. Er ist jung genug, um ein Idealist zu sein. Ich kenne Madame Kato. Sie ist alt genug, um ihm rückhaltlos zu applaudieren. Oh!« Er hob die Hände. »Ich habe genug gesagt.«

Eve zeigte nur geringes Interesse, obgleich ihre Neugier zum ersten Mal seit Beginn des Gesprächs heftig erregt worden war. Malteios beobachtete sie aufmerksam. Ein neuer Plan nahm in seinem Kopf Gestalt an. Sie spielten gegeneinander, mit verdeckten Karten, ein blindes, vorsichtiges Spiel. Ihr mehr oder weniger zufällig begonnenes Gespräch nahm eine ernste Wendung, schlug eine Richtung ein, deren Ausgang im ungewissen Dunkel der Zukunft lag. Vielleicht führte er nirgendwohin. Vielleicht führte er ...

Eve sagte leichthin:

»Kato und mein Cousin sind mir oft weit voraus. Ich verstehe nichts von Politik und von unpersönlichen Freundschaften.«

»Mademoiselle«, erwiderte Malteios. Er wählte seine Worte sorgfältig und schlug einen möglichst vertraulichen Ton an. »Ich verrate Ihnen ein offenes Geheimnis, das ich allerdings in Gegenwart einer weniger einfühlsamen Zuhörerin niemals erwähnen würde, wenn ich Ihnen sage, dass zwischen mir und Madame Kato viele Jahre lang eine Freundschaft bestand, die zwar politisch begründet, aber nicht unpersönlich war. Madame Kato«, er zog seinen Stuhl ein wenig näher und senkte die Stimme, »ist nicht der unpersönliche Typ.«

Eve fühlte sich von seiner Nähe heftig abgestoßen. Sie verabscheute sein ziegenhaftes Grinsen, seinen Bart, seine rosigen Lippen, doch sie lächelte ihn freundlich an, weil er ein Mensch war, der womöglich den Schlüssel zu einem von

Julians Geheimnissen besaß. Sie verspürte die drängende Notwendigkeit, dieses Geheimnis zu ergründen. Dass sie sich Julian gegenüber, der oben in seinem Zimmer in einen erschöpften Schlaf gefallen war, illoyal verhielt, kam ihr gar nicht erst in den Sinn. Liebe war für sie ein ständiger Kampf, kein gemeinsames Ringen. Sie musste es erfahren! In ihrer Einbildung, dem befürchteten Schlag hilflos ausgesetzt zu sein, hatte sie bereits eine Theorie des Verrats entworfen. In diesem Wirrwarr von Verdächtigungen und Ängsten dachte sie an ihr Gespräch mit Kato am Morgen, und ohne weiter darüber nachzudenken, tat sie alles, was die Sängerin ihr gesagt hatte, als bloßes Täuschungsmanöver ab. Ja, sie verspürte sogar eine flüchtige Bewunderung für die Gerissenheit der anderen Frau. Eve fühlte sich hintergangen ... Sie sollte also nicht nur mit den Inseln, sondern auch mit Kato konkurrieren? In ihrer Verwirrung wusste Eve kaum noch, was sie glaubte oder nicht glaubte, wusste nur, dass in ihrem Inneren ein Aufruhr aus Misstrauen und alles verschlingender Eifersucht tobte. Sie war kurz davor, alle Verstellung fallen zu lassen, die Hand nach Malteios auszustrecken und ihn anzuflehen, ihr die schreckliche Wahrheit zu offenbaren. Malteios sagte:

»Unpersönlich? Aber Mademoiselle, wissen Sie denn so wenig über Ihr eigenes Geschlecht? Ah, *charmant!* Aufreizend, kostbar, unentbehrlich, heroisch gar, *tant que vous voudrez*, aber unpersönlich, nein! Männer, ja, manchmal. Frauen nie. Niemals.« Er nahm ihre Hand, tätschelte und küsste sie und murmelte dabei. »*Chère enfant*, darüber sollten Sie sich aber nicht den hübschen, kleinen Kopf zerbrechen.«

Sie wusste aus Erfahrung, dass er sein Thema nach einer

Weile wieder aufnehmen würde. Tatsächlich fuhr er nach einer nachdenklichen Pause fort:

»Folgen Sie meinem Rat, Mademoiselle: Schenken Sie Ihr Herz nie einem Mann, der in anderweitige Dinge verwickelt ist. Sie können lieben, beide lieben, und werden doch immer in entgegengesetzte Richtungen streben. Ihr Cousin zum Beispiel ... Und doch«, sagte er grüblerisch, »Sie sind eine Frau, die die Mußestunden eines aktiven Mannes verzaubern kann. Das Spielzeug eines Eroberers.« Er lachte. »Glücklicherweise sind Eroberer die Ausnahme.« Ihr war klar, dass er trotzdem an Julian dachte. »Glauben Sie mir, solche Männer sollten Sie Frauen wie Kato überlassen. Sie sind füreinander geschaffen. Sie hingegen sind viel zu maßlos. Ihre Liebe würde vereinnahmend wirken. Sie würden keinerlei Rivalen dulden, weder eine Person noch eine Sache ... Ich sehe, dass Ihre Augen glühen. Habe ich die Wahrheit gesagt?«

»Man könnte einen Mann von seinen Aufgaben trennen«, sagte sie leise.

»Die einzige Hoffnung«, erwiderte er.

Es entstand ein langes Schweigen, in dem sein falsches Wohlwollen die beabsichtigte Wirkung zeigte. Ihre erregte Einbildungskraft wurde durch seine unausgesprochenen Vorschläge genauso gereizt, als hätte er bereits gesprochen. Er beobachtete sie aufmerksam. Sie zitterte, vermochte seinem Blick kaum standzuhalten. Schließlich sagte sie, um das Schweigen zu brechen:

»Kato ist anders. Sie würde das Hindernis akzeptieren.«

»Viel weiser«, entgegnete er. »Sie würde sich damit identifizieren.«

Dann versuchte er, sie durch grausames Geschwätz zu quälen:

»Ach, Kind, ach, Eve, Sie sind für die Liebe geschaffen. Danken Sie Gott täglich dafür, dass Sie Cousin und Cousine sind! Danken Sie ihm für diese unwillkommene Sicherheit. Lachen Sie über das Gerede von Kato und Ihrem Cousin. Lachen Sie darüber, dass er, sie und die Inseln eine unlösbare Trias bilden. Falls Eifersucht im Spiel ist, betrifft diese nicht Sie, sondern mich, der ich alt und abgeklärt bin. Mit diesem Gedanken sollten Sie sich trösten. Alter und Erfahrung machen härter, wissen Sie? Sonst hätte ich Anastasia Kato wohl nicht so leicht zu einem anderen Mann gehen lassen. Nur die Phantasie macht mir zu schaffen. Eine eifersüchtige Phantasie entwirft anzügliche Bilder. Bilder von Anastasia Kato in den Armen Ihres Cousins ... Ja, ich weiß, das ist vulgär, aber die Vulgarität der eifersüchtigen Phantasie schafft sich ihre Anlässe. Nicht ein Detail entgeht ihr. Deshalb danken Sie Gott dafür, dass Sie Cousin und Cousine sind, danken Sie ihm für Ihre Sicherheit.« Er schaute in ihre angstvoll geweiteten Augen.

Kein »Unmöglich!« durchzuckte ihre Gedanken; fast von Anfang an war sie seinen Anzüglichkeiten blind gefolgt. Sie verspürte ihm gegenüber sogar eine abstruse Dankbarkeit, eine verschwörerische Gemeinsamkeit. Sie waren Verbündete. Dass Selbstzerstörung damit verbunden sein könnte, kam ihr nicht in den Sinn, und auch das hätte sie sicherlich nicht abhalten können. Wie Samson hatte sie bereits Hand an die Säulen des Tempels gelegt ...

»Madame Kato lebt in diesem Haus?«, fragte Malteios, als hätte er die ganze Zeit über einen bestimmten Gedanken verfolgt.

Sie schüttelte den Kopf, und er bemerkte, dass ihre Augen leicht nach innen gerichtet waren, so als würde sie sich um eine enorme Konzentration bemühen.

»Sie haben Macht«, sagte er mit Bewunderung.

Dann beugte er sich vor und begann, mit leiser, schneller Stimme auf sie einzusprechen. Sie saß da und hörte ihm zu, verriet jedoch mit keinem Wort ihre leidenschaftliche Aufmerksamkeit, sondern nickte nur von Zeit zu Zeit und hielt die Hände still im Schoß gefaltet. Nur einmal fragte sie: »Er würde Herakleion verlassen?«

Malteios erwiderte:

»Unweigerlich. Die Frage der Inseln wäre für ihn ein für alle Mal erledigt.«

Sie sagte gedankenverloren: »Er wäre frei.«

Und Malteios, der nur erahnen konnte, was in ihr vorging, kehrte zu Kato zurück. Er hätte geschickter vorgehen können, doch die Saiten des Instruments, auf dem er spielte, waren so gespannt, dass selbst er eine Resonanz erzielte. Als er mit seinen Erklärungen am Ende war, stellte sie ihm noch eine letzte Frage: »Und er würde die ganze Angelegenheit wirklich nie mit meiner Person in Verbindung bringen können?« Malteios tat ihren Einwand mit einem Lachen ab, das so natürlich und verächtlich klang, dass sie vollkommen überzeugt war. Die ganze Zeit über hatte sie die Augen starr auf sein Gesicht gerichtet, hatte starr auf die rosigen Lippen unter dem Bart geschaut, um nur ja keine Einzelheit seiner Anweisungen zu verpassen, und einen Moment lang hatte er gedacht: »Es ist etwas Schreckliches an diesem Kind.« Doch er hatte seine Skrupel sogleich wieder zerstreut: »Wenn dieser Plan gelingen sollte, bin ich ein gemachter Mann«, und er dankte dem Schicksal, das ihm diese unvorhergesehene Chance über den Weg geschickt hatte. Schließlich bemerkte Eve, wie sich seine Stimme veränderte, wie er abrupt von ihrem ernsten Thema zu seinen üblichen Schmeicheleien und Plattitüden überging. Sie schaute sich um und sah, dass Julian ins Zimmer getreten war; seine Augen ruhten verächtlich auf dem Abgesandten Herakleions.

6

Eve war still an jenem Abend – so still, dass sogar Grbits, der eher ein schlechter Beobachter war, darüber eine Bemerkung zu Kato machte. Doch nachdem sie zu viert neben dem Brunnen im Hof zu Abend gegessen hatten, schüttelte sie ihre Schweigsamkeit plötzlich ab, lachte und sang, nötigte Kato ans Klavier und begann, mit rückhaltloser Inspiration zu Katos Musik zu tanzen. Julian lehnte an einer Säule und beobachtete ihre verblüffende Fröhlichkeit. Sie hatte selbst Grbits, der normalerweise in Gegenwart von Frauen, und ganz besonders von Eve, schrecklich schüchtern war und sich seine Begeisterung für Julian aufbewahrte, mit ihrer Laune angesteckt. Und während sie in den Armen des Riesen im Innenhof auf und ab wirbelte, warf sie Julian vielsagende Blicke zu, deren Bedeutung er nicht interpretieren konnte. Er bemerkte ihr Lächeln, sah das Blitzen in ihren Augen und lächelte zurück, blieb jedoch innerlich ernst, denn in Gedanken war er bei den schwierigen Verhandlungen mit Herakleion, und außerdem litt er darunter, Eve in Grbits Armen zu sehen; er bedauerte es, dass ihre Fröhlichkeit nicht allein ihm gehörte. Durch die offene Wohnzimmertür konnte er Kato am Klavier sitzen sehen. Voller Begeisterung ließ sie ihre plumpen, kurzen Finger über die Tasten springen, ihr stämmiger Körper wiegte sich im Takt, und die goldenen Weizenähren zitterten in ihrem Haar. Sie winkte ihm zu. Er ging zu ihr und zog einen Stuhl neben das

Klavier, schaute durch die offene Tür jedoch weiter Eve zu, die sich noch immer wie wild im Innenhof drehte. Kato hörte nicht auf zu spielen. Durch ihre angespannte Aufmerksamkeit für ihn in ihrer Wahrnehmung geschärft, sagte sie schließlich:

»Eve feiert deinen gestrigen Sieg.«

Verführt von der freundlichen Anteilnahme, die in ihrem Blick lag, erwiderte er:

»Eve feiert ihre eigene gute Laune und die Freude über einen neuen Tanzpartner. Was ich mache, ist ihr ziemlich egal.«

Kato spielte lauter und beugte sich zu ihm:

»So sehr liebst du sie, Julian?«

Er gab eine unerwartete Antwort:

»Ich glaube an sie.«

Kato schaute ihn an und dachte: »Das tut er nicht. Er redet es sich nur ein.«

Aber diesen Gedanken behielt sie für sich und sagte stattdessen:

»Sie liebt dich. Sie besitzt eine Liebesfähigkeit, wie sie nur wenigen gegeben ist. Das ist das Einzigartige an ihr.«

Er nahm diese hingeworfene Bemerkung gierig auf:

»Ich sollte nicht mehr von ihr verlangen. Die Inseln ... Sie gibt mir alles. Ich sollte nicht versuchen, ihr die Inseln aufzuzwingen.«

»Stachelige Früchte«, sagte Kato sanft.

»Du verstehst mich«, murmelte er dankbar. »Aber warum legt sie mir ständig Steine in den Weg, Anastasia? Sind alle Frauen so irrational? Was soll ich davon halten?«

»Wir sind längst nicht so irrational, wie wir scheinen«, erwiderte Kato prompt. »Selbst unsere erlesenste Sophisterei hat ihre Wurzeln stets in der Wahrheit des Instinkts.«

Eve wirbelte an der Tür vorbei und rief:

»Eine Tarantella, Anastasia!«

Julian sprang auf. Er packte sie am Handgelenk.

»Du Vagabundin!«

»Folgst du mir, Vagabund?«, flüsterte sie.

Ihr duftendes Haar umflatterte ihn, und ihr Gesicht mit dem weichen, lieblichen Mund schaute zu ihm auf.

»Fort von Aphros?«, fragte er und verlor den Kopf.

»Um die ganze Welt!«

Er wurde fortgeschwemmt von der Wucht ihrer wilden, bedenkenlosen Verführung.

»Überallhin, wohin du willst, Eve.«

Sie triumphierte, eng an ihn geschmiegt, schamlos.

»Du würdest Aphros für mich opfern?«

»Alles, was du verlangst«, antwortete er verzweifelt. Sie lachte und tanzte davon, die Hände nach ihm ausgestreckt.

»Tanzt du mit mir die Sarabande, Julian?«

Sie war allein in ihrem Zimmer. Ihre Aufregung war so groß, dass sie sie ihrer körperlichen Kraft völlig beraubte. Sie fühlte sich müde und matt. Immer wieder fielen ihr die Augen zu, wie unter dem Druck starker Schmerzen, sie gähnte und atmete flach. Sie setzte sich ans offene Fenster, stand auf, um durchs Zimmer zu gehen, setzte sich wieder, stand wieder auf, fuhr mit der Hand über die Stirn oder presste sie gegen die Brust. Das Zimmer war dunkel; es stand kein Mond am Himmel, nur die Sterne hingen über dem schwarzen Meer. Sie sah die lang gestreckte, niedrige Lichterkette von Herakleion und das helle rote Licht am Pier. In der Ferne hörte sie Schreie und ab und zu einen Schuss. Ihr Bett war zerwühlt. Über ihr langes Nachthemd hatte sie ihren spanischen Schal geworfen. Ihre Lippen formten flüsternd immer wieder das eine Wort: »Julian!«

Sie dachte an Julian. An Julians erhitztes Gesicht und seine zornigen Augen. Julian, der sagte: »Ich werde mit dir brechen«, wie ein Mann, der mit einem wilden, jungen, geschmeidigen Bäumchen spricht. (Ihr höhnisches Lachen, ihr Frohlocken trotz der heimlichen Angst!) Julian im trägen Besitz ihrer Schönheit. Julian, der ihr erlaubte, ihn von seinem Missmut abzubringen. Julian, den sie fürchtete – ihn und den Sturm, den sie selbst entfesselt hatte. Julian im Sturm der Leidenschaft ...

Julian, den sie nur für sich haben wollte.

Dieses Verlangen war jetzt auf seinem Höhepunkt. Kein anderer Gedanke drang in ihr fest verschlossenes Herz. Sie hatte auf Julian gewartet, für ihn Pläne geschmiedet, um ihn gekämpft. Nun kam die letzte Schlacht. Sie hatte es nicht vorausgesehen. Sie hatte die Inseln in ihrer Bedeutung für Julian ertragen, ja, diese sogar begrüßt, bis ihr klar geworden war, dass sie immer einen Teil von Julian beanspruchen würden. Dann hatte sie begonnen, die Inseln mit einer geradezu irrsinnigen Unversöhnlichkeit zu hassen, und Kato, von Julian zu einer Art Gottheit der Inseln erhoben, war in diesen Hass miteinbezogen worden.

Die vagen, ehrgeizigen Pläne, die sie früher einmal für ihn hegte, hatten die Probe nicht bestanden, hatten sich ihrem eigenen, ungeheuren Anspruch nicht unterwerfen können.

Und so hatte sie den Kampf mit den Inseln aufgenommen

wie mit einer bösartigen Persönlichkeit. Sie hatte mit ihnen um Julian gekämpft, wie sie mit einer Frau gekämpft hätte, die schöner, rücksichtsloser, anziehender war als sie, ohne je an ihrem letztendlichen Sieg zu zweifeln. Julian würde endlich ihr gehören, und zwar noch ausschließlicher als in jenen idealen, ungestörten Tagen, ehe Grbits und Kato nach Aphros gekommen waren, in jener Zeit, in der er über die Liebe zu ihr seine Pflichten, ja, seinen Lebenstraum fast vergessen hätte. Es war eine Liebe, die alles andere in den Schatten stellte ... Sie stand am Fenster, bedrückt und angespannt. Nur der weiche seidige Stoff ihres Nachthemds, den der sanfte Wind gegen ihren Körper presste, gab ihr einen feinen, kostbaren Trost.

Julian war kurz nach Mitternacht fortgerufen worden, irgendjemand hatte heftig an die große Tür geklopft. Zwei Stunden waren seitdem vergangen. Sie hatte mit niemandem gesprochen, aber sie hatte die Schreie auf den Straßen gehört, und wenn sie sich weit aus dem Fenster lehnte, sah sie auf dem Marktplatz eine große Flamme. Vielleicht hatte eines der Häuser Feuer gefangen? Sie konnte sich kaum an die Vorbereitungen erinnern, die sie getroffen hatte; es war alles wie im Traum geschehen, so als hätte sie unter einem direkten Einfluss von außen gestanden. Um ein mögliches Fehlschlagen ihrer Pläne machte sie sich keine Sorgen; sie war in solchen Dingen viel zu unwissend und zu unerfahren, um von Ängsten dieser Art gepeinigt zu werden. Sie hatte Malteios' Anweisungen genau befolgt, damit war die Sache für sie vergessen. Die Zündschnur, die sie entzündet hatte, brannte jetzt ... Wenn Julian doch bloß zurückkäme, um sie von der ungewissen Warterei zu erlösen!

(Unten auf dem Marktplatz knisterte das Schulgebäude in meterhohen Flammen – eine rote Riesenfackel, von der unzählige Funken in den dunklen Himmel stoben. Der von diesem Feuer gespenstisch erleuchtete Platz war voll von finster dreinblickenden Insulanern, die unter der Bewachung der Soldaten von Herakleion standen. In der Mitte des Platzes, ausgestreckt auf den Pflastersteinen, lag der tote Tsigaridis, von einer großen Blutlache umgeben, die seine weiße Fustanella befleckte. Die meisten Insulaner waren nur unvollständig bekleidet; sie waren halb nackt aus ihren Häusern gestürzt und den Truppen Herakleions direkt in die Arme gelaufen. Die Waffen, die man ihnen abgenommen hatte, lagen fein säuberlich aufgestapelt neben Tsigaridis; der Widerschein der Flammen spiegelte sich in den Messerklingen, auf den blank polierten Gewehrläufen und der nackten bronzefarbenen Haut der Gefangenen. Kleine rote Rinnsale tropften aus ihren Wunden, aber sie standen stolz und aufrecht da, die Arme verächtlich vor der Brust verschränkt. Panaïoannou hatte beide Hände auf den Griff seines Schwertes gelegt und ließ sardonisch grinsend von den Stufen des Versammlungssaals aus seine Blicke über den Marktplatz schweifen.)

In Eves Zimmer war es jetzt ganz still geworden, die Tumulte auf den Straßen waren verebbt. Zittern überkam sie. Getrieben von plötzlichem Tatendrang, zündete sie die Kerzen auf ihrem Frisiertisch an, zog die Kleider aus den Schubladen ihrer Kommode und trug sie zu einem Haufen in der Mitte des Zimmers zusammen. Sie fielen weich aus ihrer Hand und vereinigten sich zu einem reizvollen Muster aus verschiedenartigen Farben und zarten Stoffen. Sie hielt inne und schaute lächelnd auf ihre Kleider hinunter. Sie waren wie Freunde, treue Verbündete. Wie einem begabten Kind, das sich an eine gelernte Lektion erinnert, fielen ihr Malteios' letzte Worte ein: »Ein Boot wird heute für Sie beide bereitstehen und Sie heimlich aufs Festland bringen.« Deutlich erinnerte sie sich auch an die Worte: »Um Mitternacht, in der Bucht am anderen Ende der Insel ...« Sie hatte mechanisch gehandelt, gewissenhaft, im guten Glauben an alles, was er ihr gesagt hatte.

Sie stand inmitten ihrer Kleider, den langen roten Sari, den sie am Tage von Julians erstem Triumph getragen hatte, in der Hand. Die seidigen Stoffe umbauschten ihre Füße, während sie zweifelnd in der Mitte des Zimmers stand. Sie lagen dort wie ein See aus köstlicher Zartheit, hingen über den Stuhllehnen, lagen auf dem zerwühlten Bett. Eve freute sich an der Schönheit ihrer Kleider. Sie bückte sich, hob eines nach dem anderen auf, ließ sie zurück auf den Boden gleiten. Sie wusste, dass sie sich anziehen und ihre Sachen zusammenpacken musste, konnte sich jedoch nicht vom Anblick der zarten Schmetterlingsfarben, dem sanften Rascheln der Stoffe lösen, und bei dem Gedanken, dass auch Julian ihre Kleider mochte, lächelte sie froh. So fand er sie, als er nach kurzem Klopfen langsam in ihr Zimmer trat.

Julian blieb an der Tür stehen und schaute sie eine Weile schweigend an. Sie hatte sich so darauf gefreut, ihn wiederzusehen, hatte ihm entgegenlaufen wollen ... Es war ihr selbst unerklärlich, warum sie erstarrte, den roten Sari vor die Brust presste und darauf wartete, dass er das Schweigen brach. Er wirkte todmüde. Sie sah keinen Zorn in seinen Augen, nicht einmal Trauer, nur tödliche Erschöpfung. Sie war gerührt – sie, der sonst alle sanfteren Regungen so fremd waren.

»Julian?«, sagte sie, von Zweifeln geplagt.

»Es ist vorbei«, sagte er ruhig und hob matt die Hand an die noch immer verbundene Stirn. »Sie sind an der Stelle gelandet, wo der junge Zapantiotis Wache hielt, und er hat sie passieren lassen. Sie waren schon fast im Dorf, als sie endlich entdeckt wurden. Der Kampf war sehr kurz. Sie haben mir erlaubt, kurz heraufzukommen. Sie warten unten auf mich. Ich muss gehen.«

»Ja«, sagte sie und schaute auf ihre Kleider.

Er schwieg, und sie begann, die Bedeutung seiner Worte zu ermessen.

»Zapantiotis ...« sagte sie.

»Ja«, sagte er und schaute sie traurig an. »Zapantiotis hat mir alles gestanden. Er war bei den Gefangenen, unten auf dem Marktplatz. Aber als ich vorbeikam, ist er den Wachen entwischt und hat mir zugerufen, dass er uns verraten hat. Verraten! Er sagte, man hätte ihn in Versuchung geführt, hätte ihn bestochen. Er sagte, er würde sich die Kehle durchschneiden, aber ich habe ihm gesagt, das soll er bleiben lassen.«

Eve begann zu zittern und fragte sich, wie viel er wohl wissen mochte. Im traurigsten Tonfall, den sie je gehört hatte, murmelte er:

»Ausgerechnet Zapantiotis, ein Insulaner, hat uns verraten.«

Eve bekam Angst. Sie wusste nicht, was als Nächstes kommen, was auf sein Schweigen folgen würde. Sie wollte auf ihn zugehen, blieb aber wie angewurzelt stehen, den Sari wie einen Schutzschild an die Brust gedrückt.

»Wenigstens ist der alte Zapantiotis tot und wird nie von dem Verrat seines Sohnes erfahren«, sagte Julian. »Auf wen soll man sich noch verlassen? Auch Tsigaridis ist tot, Grbits ebenfalls. Ich schäme mich, noch am Leben zu sein.«

Sie sah, dass er entwaffnet war.

»Warum bleibst du an der Tür stehen, Julian?«, fragte sie schüchtern.

»Ich frage mich, was du Zapantiotis versprochen hast?«, sagte er plötzlich und fügte, ohne ihre Antwort abzuwarten, hinzu: »Du hast auf Malteios' Geheiß gehandelt.«

»Du weißt es?«, flüsterte sie. Sie glaubte zu wissen, dass er sie umbringen würde.

»Im wirren Durcheinander seiner Geständnisse hat Zapantiotis versucht, mir auch das zu sagen. Aber sie haben ihn fortgezerrt, ehe er mehr stammeln konnte als deinen Namen. Das reichte mir. Ich weiß es, Eve.«

»Ist das alles, was du dazu zu sagen hast?«

Er hob die Arme und ließ sie fallen.

»Was gibt es sonst noch zu sagen?«

Aber sie kannte ihn zu genau und wusste, seine Schweigsamkeit würde bald von ihm abfallen; sie spürte es, ehe er selbst es wusste. Seine Augen belebten sich, seine Blicke schweiften durchs Zimmer, sahen die Kleider auf dem Boden, eine Zeichnung von ihm an der Wand, das unordentliche Bett. Plötzlich machte er einen Schritt auf sie zu.

»Warum? Warum? Warum?«, rief er gequält, beherrschte sich jedoch im letzten Augenblick und blieb mit geballten Fäusten stehen. Sie wich entsetzt zurück. »Alles verloren – in einer Stunde!« Er ging noch näher auf sie zu, schaute auf sie herab, zitternd in schmerzlicher Leidenschaft. Sie wich weiter zurück, doch vorher bückte sie sich und raffte ihre Kleider zusammen, kauerte gegen die Wand gelehnt, ihre Kleider wie einen Schutzwall um sich ausgebreitet. Sie hatte Angst, aber noch immer begriff sie nicht den vollen Sachverhalt ihrer Lage; sie wusste, dass er wütend war, sie fürchtete, womöglich getötet zu werden, doch weitergehende Schlussfolgerungen waren ihr, in aller Unschuld, fremd.

Er stieß unzusammenhängende Sätze aus: »Alles verloren! Alles verloren!« Blinder Schmerz beherrschte ihn. Er sagte: »Ich dachte, du würdest mich lieben«, und legte schützend die Hände über den Kopf, als stürze über ihm eine Mauer ein. »Ich dachte, ich könnte mich auf andere Menschen verlassen. Ich dachte, dass du mich liebst.« Und die ganze Zeit bemühte er sich zitternd um Selbstbeherrschung, zwang seine zuckenden Hände zurück, die sich nach ihr ausstreckten. Sie dachte: »Wie wütend er ist! Aber er wird es vergessen, und ich werde wiedergutmachen, was er verloren hat.« Sie starrten sich schweigend an.

»Komm, zieh dich an«, sagte er schließlich und zeigte auf ihre Kleider. »Sie wollen, dass wir die Insel verlassen, und wenn wir nicht freiwillig gehen, werden sie uns an Händen und Füßen fesseln und uns zum Boot tragen. Diese lächerliche Szene sollten wir uns ersparen. Morgen in Athen können wir heiraten.«

»Heiraten?«, wiederholte sie.

»Natürlich. Was hast du sonst erwartet? Dass ich dich verlasse? Jetzt? Zieh dich an. Soll ich dir helfen? Komm!«

»Aber – heiraten, Julian?«

»Natürlich, heiraten«, erwiderte er grob und fügte hinzu: »Lass uns gehen, um Gottes willen, lass uns endlich gehen!

Ich bin wie betäubt, ich muss wieder anfangen zu denken. Lass uns gehen!« Er drängte sie zur Tür.

»Aber wir hatten nichts mit Heiraten im Sinn«, flüsterte sie.

Er schrie so laut, dass sie erschrak:

»Nein, wir hatten Liebe im Sinn – Liebe und Rebellion! Und beide sind gescheitert. Jetzt tritt an die Stelle der Liebe die Ehe und an die Stelle der Rebellion das Gesetz. Ich werde von jetzt an die Autorität anerkennen, anstatt gegen sie anzukämpfen.« Er brach zusammen und vergrub das Gesicht in beiden Händen.

»Du liebst mich nicht mehr«, sagte sie langsam. Ihre Augen verengten sich und wandten sich leicht nach innen, wie Malteios es schon bei ihr beobachtet hatte. »Die Inseln sind dir ...«

Er presste beide Hände gegen die Schläfen und schrie wie ein Besessener: »Sie waren alles in einem, waren untrennbar mit allem anderen verbunden! Es geht nicht um die Sache selbst, sondern um die Seele, die dahintersteckt. Indem du mir die Inseln genommen hast, hast du mir sehr viel mehr genommen als sie – du hast mich um die ganze Bedeutung betrogen, die für mich mit ihnen verbunden war.« Er gewann einen Teil seiner Selbstbeherrschung zurück, sodass er auch die eigenen Versäumnisse wieder sehen konnte. »Ich wusste, dass du den Inseln feindlich gegenüberstehst. Wie konnte ich jemals so tun, als würde ich es nicht wissen? Ich habe mir eingeredet, du wärst ein Teil von Aphros, ein Teil meiner Überzeugungen, Teil von etwas, das über meine Überzeugungen hinausgeht. Ich liebte dich, also wollte ich euch miteinander versöhnen. Ich habe dich insgeheim mit den Inseln versöhnt. Ich habe die Inseln in deiner Gegenwart nicht mehr erwähnt, weil es mir wehtat, deine Gleichgültigkeit zu sehen. Sie hätte die Illusion zerstört, die ich unbedingt aufrechterhalten wollte. Also habe ich mir neue Illusionen aufgebaut. Ja, ich habe Illusionen nachgehangen. Jetzt bleiben mir zum Leben nur noch die nackten Tatsachen, und das verdanke ich dir, dir ganz allein!«

»Du liebst mich nicht mehr«, sagte sie wieder. Sie konnte an nichts anderes denken. Sie hatte seiner bitteren Rede nicht zugehört. »Du liebst mich nicht mehr, Julian.«

»Ich war fest entschlossen, mich niemals von einer Frau täuschen zu lassen, und jetzt bin ich, wie alle anderen, in die gleiche Falle getappt. Weil du so warst, hat meine Wachsamkeit nachgelassen. Sicher, du hast nie geheuchelt, etwas für Aphros zu empfinden, eine gewisse Ehrlichkeit muss ich dir zugestehen. Ich wollte mich selbst täuschen, also bin ich getäuscht worden. Ich habe mir eingeredet, du wärst ein ganz besonderer Mensch; in meinen Augen hast du sogar höher gestanden als Aphros. Jetzt werde ich dafür bestraft, dass ich so schwach war, dich hierher mitzunehmen. Warum hatte ich nicht die Kraft, allein zu bleiben? Ich habe es mir selbst vorzuwerfen. Ich hatte kein Recht dazu, meine Inseln einer solchen Gefahr auszusetzen. Doch woher hätte ich wissen sollen, wie groß die Gefahr ist?«

»Julian, du liebst mich nicht mehr«, sagte sie zum vierten Mal.

»Zapantiotis hat seine Seele für Geld verkauft – war es Geld, was du ihm versprochen hast?«, fuhr Julian fort. »Ganz einfach. Für ein bisschen Geld! Seine Seele – und unsere Seelen dazu. Und das alles für Geld – Geld, die Gottheit meines

Vaters. Er ist ein weiser Mann, mein Vater, weil er der einzig lohnenden Gottheit dient. Es war doch Geld, was du Zapantiotis versprochen hast, oder?« Seine Stimme wurde wieder lauter, und er ergriff ihren Arm. »Oder war Zapantiotis vielleicht in dich verliebt, so wie Paul? Hast du ihm vielleicht dich selbst versprochen? Wie soll ich wissen, was geschehen ist? Vielleicht gibt es noch immer Tiefen in dir, von denen ich keine Ahnung habe. Hast du dich Zapantiotis hingegeben? Oder kommt er heute Nacht, um seine Belohnung abzuholen? Hattet ihr vor, mich nach Athen zu schaffen, du und deine Komplizen, während du hier in diesem Zimmer – *unserem Zimmer* – auf deinen Geliebten wartest?«

»Julian!«, rief sie; er hatte sie auf die Knie gezwungen. »Was sagst du da für schreckliche Dinge.«

»Du hast mich dazu getrieben«, erwiderte er. »Wenn ich daran denke, dass du in meinen Armen gelegen hast, während die Truppen Herakleions auf meinen Inseln landeten! Dass du hier mit mir zusammen warst und die ganze Zeit über wusstest, dass du mich verraten hast ... Kein Wunder, dass ich das Schlimmste befürchte. Schreckliche Dinge! Weißt du, was für schreckliche Dinge ich denke? Du sollst nicht Zapantiotis gehören, sondern ganz allein mir. Ja, mir. Die Liebe hast du zerstört, aber das Verlangen wird wiederkommen; das ist schrecklich, aber es reicht vollkommen. Das denke ich. Ich könnte dich noch immer küssen und vergessen. Komm!«

Er war außer sich.

»Deine Vorwürfe sind ungeheuerlich, Julian«, erwiderte sie schwach. »Und sie sind obszön. Es wäre mir lieber, du würdest mich auf der Stelle töten.«

»Dann sage mir, was du Zapantiotis versprochen hast. Woher soll ich wissen, was geschehen ist?«, wiederholte Julian, bereits ein wenig beschämt über seinen Zornesausbruch. »Ich bin bereit, meine Aussagen zu revidieren. Sag mir die Wahrheit, es macht mir sowieso kaum noch etwas aus.«

»Glaub doch, was du willst«, entgegnete sie, obwohl er sie noch immer zu Boden drückte. »Ich habe mehr Stolz, als du mir zutraust – jedenfalls zu viel, um dir auf deine Frage zu antworten.«

»Es war Geld«, sagte er und ließ sie los. Sie stand auf und begann zu weinen.

»Julian, dass du so etwas von mir glaubst! Du hast mich tief gekränkt – und ich habe mich dir mit solchem Stolz und solcher Freude hingegeben.«

»Verzeih mir. Auch du hast wahrscheinlich deine Moralvorstellungen. Ich habe mich, weiß Gott, wilden Spekulationen überlassen, aber jetzt bedeutet mir das alles nur noch herzlich wenig.« Er war ruhiger geworden, ließ sogar einen Funken distanzierten Interesses erkennen. Er schien das Thema jedoch nicht weiter verfolgen zu wollen. »Was hast du mit deinen Kleidern vor? Wir haben schon genug Zeit vergeudet.«

»Du willst, dass ich mit dir komme?«

»Du klingst skeptisch. Warum?«

»Weil ich weiß, dass du mich nicht mehr liebst, Julian. Du hast von Heirat gesprochen. Deine Liebe muss ein armseliges, schwaches Pflänzchen gewesen sein, wenn es so leicht umgeworfen werden kann! Meine Liebe zu dir ist leider beständiger. Jedenfalls ist sie nicht von äußeren Geschehnissen abhängig.«

»Wie kannst du es wagen, mir Vorwürfe zu machen?«, schrie er sie wieder an. »Du zerstörst und nimmst mir alles, was mir lieb und teuer ist« (»Ja«, warf sie ein, und in ihrer Stimme lag genauso viel Bitterkeit wie in seiner, »alles außer mir war dir lieb und teuer«), »und dann tust du meine Liebe zu dir als armseliges, schwaches Pflänzchen ab. *Du* hast das Pflänzchen ausgerissen, du hast es getötet, indem du mir genommen hast ...«

»... was dir lieber war als ich«, ergänzte sie.

»... womit ich dich verbunden hätte. Aber du hast die Verbindung unmöglich gemacht. Du hast gehasst, was ich liebte. Jetzt hast du es getötet – und mit ihm meine Liebe zu dir. Du hast alles getötet, was mir lieb war, alles, was ich im Leben hatte.«

»Tot? Unwiederbringlich?«, flüsterte sie.

»Tot.«

Er sah ihre geweiteten, tränenfeuchten Augen. Noch viel zu benommen, um wirklich boshaft zu sein, doch wütend wegen des Schmerzes, den sie ihm zugefügt hatte, sagte er ihr: »Du wirst nie wieder einen Grund haben, eifersüchtig zu sein. Ich glaube, ich habe alle Frauen geliebt, indem ich dich geliebt habe, habe das ganze Maß der Liebe ausgekostet, das ist genug für den Rest meines Lebens. Ich habe deine Eitelkeit ausgelotet, habe deine hässliche Selbstsucht gesehen« (sie weinte rückhaltlos wie ein Kind, das Gesicht in der Armbeuge verborgen), »und eins ist mir dabei klar geworden: Dein Mangel an Großzügigkeit entsprang ganz bestimmt nicht der Liebe.«

Sie hob den Kopf. Er sah ein Leuchten in ihren Augen und wusste doch, dass es nicht das Leuchten war – und niemals wieder sein würde –, wonach es ihn so sehr verlangte. Es lagen Erkenntnis und Schrecken in diesem Leuchten, ungläubiges Entsetzen. Ihre von Tränen überquellenden Augen suchten flehentlich seinen Blick, als sie wie mit einer fremden Stimme sagte:

»Ich habe dir wehgetan, Julian ... Ach, wie sehr! Obgleich ich mein Leben für dich gegeben hätte. Kann ich es denn nicht wiedergutmachen? Sag es mir! Wirst du mich töten?« Sie legte die Hand an ihren Hals, streckte sich ihm entgegen. »Julian! Ach, was habe ich getan? Welcher Wahnsinn hat mich getrieben? Was kann ich jetzt noch tun? Sag es mir. Ich flehe dich an. Soll ich mit ihnen sprechen? Mit wem? Mit Malteios? Ich verstehe nichts davon, du musst es mir sagen. Ich wollte dich so sehr, das musst du mir glauben. Alles, alles, was du mir sagst, will ich tun ... Es hat nicht ausgereicht, dich zu lieben, dich zu wollen. Ich habe dir alles gegeben, was ich hatte, aber es hat nicht ausgereicht. Vielleicht habe ich dich auf falsche Weise geliebt. Aber ich habe dich geliebt, ich habe dich geliebt!«

Er war zornig gewesen, doch jetzt wurde er von einem seltsamen Mitleid ergriffen – Mitleid für ihre kindliche Verwirrung. Die Sache, in die sie sich eingemischt hatte, war eine Sache, die sie nicht verstand. Sie würde nie ganz begreifen ... Er schaute sie an, sah sie weinend vor sich stehen und erinnerte sich an ihre anderen Seiten, an die Zeit voller Freude, unbekümmert, strahlend, verantwortungslos. Sie hatten Stunden grenzenlosen Glücks miteinander erlebt.

»Eve! Eve!«, rief er, und in der schmerzlichen Verzweiflung seiner Stimme hörte er die Totenklage, spürte die unüberbrückbare Kluft.

Er legte beide Arme um sie und führte sie zum Bett, damit sie sich setzen konnte. Sie weinte bitterlich, und er saß neben ihr und streichelte ihr Haar. Er murmelte Koseworte, wie er sie in den Zeiten ihrer leidenschaftlichen Vereinigung nie benutzt hatte: »Eve, meine kleine Eve«, wiederholte er immer wieder. »Meine kleine Eve ...« Und er presste ihren Kopf gegen seine Schulter.

Sie saßen da wie zwei Kinder. Schließlich schaute sie auf und schob mit einer Geste, die er gut kannte, ihr Haar zurück.

»Wir verlieren beide das, was uns auf Erden das Liebste war, Julian: Du verlierst die Inseln, und ich verliere dich.«

Sie stand auf und ging zum Fenster. Schweigend schaute sie über das Meer nach Herakleion, und in ihr breitete sich eine verhängnisvolle Klarheit aus, die sie stark und entschlossen machte und gegen jeden Hoffnungsschimmer feite.

»Du willst, dass ich dich heirate«, sagte sie schließlich.

»Ja, wenn möglich schon morgen in Athen. Sobald wir verheiratet sind, können wir nach England reisen.«

»Ich will das nicht«, sagte sie und drehte sich zu ihm um.

Er schaute sie an. Sie sah unendlich zart und müde aus. Mit einer kleinen weißen Hand hielt sie die Ränder ihres spanischen Schals zusammen. Sie weinte nicht mehr.

»Denkst du«, erklärte sie, »es würde mir nicht genügen, den Anfang deines Lebens zerstört zu haben – denn das habe ich getan, wie ich jetzt erkenne –, sondern würde nun auch noch den Rest deines Lebens zerstören wollen? Du kannst mir glauben, Julian, ich spreche mit der Aufrichtigkeit eines Menschen im Angesicht des Todes: Ich liebe dich, und meine

Liebe zu dir grenzt an Sünde. Ja, es ist eine Sünde, so zu lieben, wie ich dich liebe. Es ist blind, geradezu kriminell. Es ist mein Fluch, so sehr zu lieben, dass aus dieser Liebe etwas Schlechtes wird. Ich habe es nicht gesehen. Ich war blind, weil ich dich unbedingt für mich haben wollte. Selbst jetzt kann ich kaum verstehen, warum du aufgehört hast, mich zu lieben. – Nein, sag jetzt nichts, in einer Hinsicht verstehe ich es natürlich. Aber in anderer Hinsicht verstehe ich es noch immer nicht. Ich verstehe nicht, dass einem Liebenden etwas anderes mehr bedeuten kann als der geliebte Mensch ... Ich verstehe nichts von Verantwortlichkeiten. Wenn du von Verantwortung gesprochen hast, hatte ich manchmal das Gefühl, aus einem anderen Stoff gemacht zu sein als du ... Aber du bist ein Mann, und ich bin eine Frau, damit ist schon eine Kluft geschaffen. Kann sein, dass diese Kluft grundsätzlich unüberbrückbar ist. Vielleicht gibt es aber auch Menschen, die besser zueinander passen als wir beide. Julian, du brauchst eine andersgeartete Frau, als ich es bin. Such dir eine Frau, die dir eine Freundin ist, keine Feindin. Aus mir macht die Liebe zwangsläufig eine Feindin, verstehst du mich? Du brauchst jemanden, der duldsamer ist als ich, weniger selbstsüchtig. Mütterlicher. Ja, das ist es: mütterlicher. Ich kann nur eine Geliebte sein, keine Mutter. Du hast mir einmal gesagt, ich würde zu den Menschen gehören, die alles um sich herum untergraben und zerstören. Ich gebe es zu und lasse dich gehen. Du darfst dich nicht an mich verschwenden. Ich werde dich aufgeben, obwohl ich mich selbst dabei aufgeben muss. Aber, Julian«, sie trat dichter an ihn heran, »wenn ich dich aufgebe, gewähre mir in einem Punkt Gerechtigkeit: Zweifle nie an meiner Liebe. Versprich es mir,

Julian. Ich werde nie wieder lieben. Aber zweifle nicht daran, dass ich dich geliebt habe. Denke nicht: ›Sie hat meine Illusionen zerstört, also hat sie mich nie geliebt.‹ Lass mich wiedergutmachen, was ich an dir verbrochen habe, indem ich dich jetzt fortschicke, ohne mich.«

»Eve, ich bin im ersten Moment wütend gewesen. Ich habe gelogen, wollte dich verletzen, wie du mich verletzt hast. Wie konnte ich so etwas nur sagen? Ich war benommen, von den Ereignissen verwirrt ... Es ist nicht wahr, dass ich dich nicht mehr liebe. Ich liebe dich, trotzdem, trotz allem ... Liebe kann nicht in einer Stunde sterben.«

»Du meinst es gut, Julian«, sagte sie und streichelte mit der Hand über seine Wange, »aber du kannst mich nicht täuschen. Dir selbst könntest du vielleicht etwas vormachen, könntest dir einreden, dass du mich noch immer liebst und dass du willst, dass ich mit dir komme. Aber ich weiß es besser. Ich bin nichts für dich. Ich bringe dir kein Glück, und auch keinem anderen Mann. Du hast es selbst gesagt: Ich bin anders. Ich lasse dich gehen, weil du stark und wertvoll für andere bist. Oh, ja, wertvoll für andere! So ungerührt und stark – alles, was ich nicht bin. Du bist zu gut, um von mir zerstört zu werden. Du hast nichts mit mir gemeinsam. Wer hat das schon? Ich glaube, für mich gibt es keine verwandten Seelen auf dieser Welt. Ich liebe dich! Ich liebe dich mehr als mein eigenes Leben!«

Er stand auf und bat sie flehentlich, mit ihm zu kommen, aber sie schüttelte nur den Kopf.

»Nein, Julian.«

»Du bist so stark«, rief er aus. »Du kleines, schwaches Ding, du bist viel stärker als ich.«

Sie lächelte. Er ahnte nicht, wie gering ihre Kraftreserven waren.

»Stärker als du«, erwiderte sie. »Ja, das bin ich.«

Noch einmal flehte er sie an, mit ihm zu kommen. Ja, er versuchte sogar, ihr zu drohen, doch sie schüttelte nur den Kopf und sagte mit erstickter, gequälter Stimme:

»Geh jetzt, Julian. Geh, mein Liebling. Geh!«

»Mit dir oder gar nicht.« Allmählich bekam er Angst, sie könnte ernst meinen, was sie sagte.

»Ohne mich.«

»Eve, wir waren so glücklich. Erinnere dich doch! Komm doch, wir werden wieder glücklich sein.«

»Du darfst mich nicht in Versuchung führen, Julian, das ist sehr grausam von dir«, sagte sie mit zitternder Stimme. »Ich bin auch nur ein Mensch.«

»Aber ich liebe dich!«, sagte er. Er nahm ihre Hände und versuchte, sie zur Tür zu ziehen.

»Nein«, antwortete sie und schob ihn sanft von sich. »Versuche mich nicht, Julian, tu es nicht. Lass mich auf meine Weise wiedergutmachen, was ich dir angetan habe.«

Ihre Sanftheit und Würde traten so deutlich zutage, dass er sich durch ihr Verhalten getadelt fühlte – als hätte er ihr etwas angetan und nicht umgekehrt.

»Du bist so stark – so stark, dass es mir das Herz bricht«, sagte er verzweifelt.

»Stark wie ein Stein«, entgegnete sie und sah ihm fest in die Augen. Sie hatte Angst, vor Schwäche jeden Moment umzufallen. Trotzdem zwang sie sich zu einem entschlossenen Lächeln.

»Denk noch einmal darüber nach«, sagte Julian. Auf der Treppe waren Geräusche zu hören.

»Sie kommen, um dich zu holen!«, rief sie in plötzlicher Panik aus. »Geh doch! Ich kann den Anblick anderer Menschen jetzt nicht ertragen ...«

Er öffnete die Tür.

»Kato!«, sagte er und wich zurück. Eve bemerkte den neuen, qualvollen Ton in seiner Stimme.

Kato kam herein. Mit der lose um die Schultern geschlagenen Decke und dem wirr herunterhängenden Haar war sie selbst in dieser Stunde des Schreckens eine geradezu groteske Erscheinung.

»Besiegt und geschlagen«, sagte sie mit tonloser Stimme zu Julian. Sie bemerkte nicht, dass die beiden unwillkürlich vor ihr zurückgewichen waren.

»Anastasia«, sagte Julian, nahm sie bei den Armen und schüttelte sie leicht, um sie zurück in die Wirklichkeit zu holen. »Es gibt etwas wirklich Dringendes zu besprechen – Gott sei Dank wirst du meine Verbündete sein. Eve muss Aphros mit mir verlassen. Sag ihr das, bitte, sag ihr das. Sie weigert sich, mit mir zu kommen.« Er schüttelte sie immer heftiger.

»Wenn er es so will ...« sagte Kato zu Eve, die sich in die Schatten des Zimmers zurückgezogen hatte und sich mit letzter Kraft auf eine Stuhllehne stützte. »Wenn er es so will ...« Mit ihren Gedanken war sie ganz woanders.

»Du verstehst das nicht, Anastasia«, antwortete Eve. »Ich war es, die ihn verraten hat.« Wieder dachte sie, sie würde jeden Moment in Ohnmacht fallen.

»Sie lügt!«, rief Julian.

»Nein«, versetzte Eve. Sie und Kato starrten einander an,

zwei grundverschiedene Frauen, und doch herrschte zwischen ihnen eine gewisse Wahrhaftigkeit.

»Du?«, fragte Kato, endlich aus ihrer Trance erwachend.

»Ja, und jetzt schicke ich ihn alleine fort.«

»Du!«, sagte Kato laut und drehte sich dann heftig zu Julian um. »Ach, warum hast du dich nicht mir anvertraut, Julian, mein Geliebter?«, rief sie verzweifelt aus. »Ich hätte dich nicht verraten, Julian.« Sie zeigte auf Eve, die stumme, leuchtende Gestalt im bunten Schal. Dann fiel ihr Blick auf das eigene hässliche Spiegelbild. Sie stieß einen furchtbaren Schrei aus und schaute um sich wie ein gehetztes Tier. Eve und Julian wandten sich ab; Kato in diesem Augenblick anzuschauen, war mehr, als sie ertragen konnten.

Dann hörten sie sie weitersprechen. Ihre Hemmungslosigkeit war nur von kurzer Dauer gewesen. Sie hatte ihre Beherrschung wiedergefunden und betrachtete es als eine Frage der Ehre, einen ruhigeren Tonfall anzuschlagen.

»Julian, die Offiziere haben den Befehl, dich noch vor Beginn der Morgendämmerung von der Insel zu bringen. Wenn du nicht bald zu ihnen gehst, werden sie dich holen. Sie warten unten im Innenhof. Eve ...«, ihr Gesicht veränderte sich, »... Eve hat recht. Wenn sie tatsächlich getan hat, was sie behauptet, kann sie nicht mit dir gehen. Sie hat recht – mehr als je zuvor in ihrem Leben, mehr, als sie es je wieder haben wird. Komm jetzt, ich werde mit dir gehen.«

»Bleib bei Eve, wenn ich schon gehen muss«, sagte er.

»Unmöglich!«, entgegnete Kato kalt und warf Eve einen Blick zu, der voller Hass und Verachtung war.

»Wie grausam du bist, Anastasia!«, sagte Julian und ging einen Schritt auf Eve zu.

»Nimm ihn mit dir fort, Anastasia«, murmelte Eve, die vor ihm zurückgewichen war.

»Siehst du, sie versteht mich besser als du, und sie versteht sich selbst«, sagte Kato im Tonfall grausamen Triumphs. »Wenn du nicht kommst, Julian, werde ich die Offiziere schicken.« Mit diesen Worten verließ sie das Zimmer. Ihre Decke zog sie hinter sich her, und ihre flachen Pantoffeln klapperten auf den Dielen.

»Eve, zum letzten Mal ...«

Sie schrie verzweifelt auf.

»Geh, wenn du noch Mitleid hast!«

»Ich werde wiederkommen.«

»Oh, nein, nein! Du wirst niemals wiederkommen. So etwas durchlebt man nicht zweimal.« Sie schüttelte den Kopf wie ein gequältes Tier, das versucht, dem Schmerz zu entfliehen. Er stöhnte und rang verzweifelt die Hände. Dann folgte er Kato. Eve hörte ihre Schritte auf der Treppe und im Innenhof, dann hörte sie den Gleichschritt der Soldaten. Schließlich fiel krachend die Haustür ins Schloss. Sie bückte sich mechanisch und begann, das bunte, zarte Gewebe ihrer Kleider aufzuheben.

7

Eve legte ihre Kleider ordentlich aufs Bett und strich die Falten mit einer Sorgfalt glatt, die zu ihrer üblichen Ungeduld in krassem Gegensatz stand. Dann stand sie eine Weile reglos da, ließ die dünne Seide des Saris durch ihre Finger gleiten und lauschte. Die Stille im Haus machte ihr klar, dass sie allein war.

»Fort!«, dachte sie, rührte sich aber nicht.

Ihre Augen verengten sich, und ihr Mund zuckte vor Schmerz.

»Julian ...« murmelte sie, fuhr mit plötzlicher Eile in ein Paar Pantoffeln und warf hastig ihren Schal um die Schultern.

Sie bewegte sich jetzt mit fieberhafter Geschwindigkeit; jeder, der ihr Gesicht gesehen hätte, hätte erkannt, dass sie nicht im vollen Besitz ihrer geistigen Kräfte war, wäre jedoch angesichts der Entschlusskraft, die sie ausstrahlte, ängstlich vor ihr zurückgewichen. Sie öffnete die Tür zum dunklen Treppenhaus. Der Innenhof wurde von einer Fackel erleuchtet, die die Soldaten in eine Konsole gesteckt und achtlos zurückgelassen hatten. Sie hatte Schwierigkeiten mit der Tür, zerkratzte sich die Hände und brach sich die Fingernägel ab bei dem Versuch, den großen Riegel aufzuschieben, doch sie fühlte keinen Schmerz, stieß endlich die Tür auf und lief auf die Straße. Sie sah den Widerschein der brennenden Gebäude auf dem Marktplatz, hörte militärische Befehle.

Sie wusste, dass sie die entgegengesetzte Richtung einschlagen musste; Malteios hatte es ihr gesagt. »Gehen Sie den Maultierpfad über den Hügel, er führt Sie direkt zu der Bucht, wo das Boot auf Sie warten wird ...«

»Das Boot für Julian und mich«, murmelte Eve, während sie den Pfad hinauflief, über die niedrigen Stufen stolperte, sich die Füße an den scharfen Steinen aufriss. Es war sehr dunkel. Wenn sie die Hand ausstreckte, um Halt zu finden, traf sie manchmal auf einen stachligen Aloe- oder Stechginsterbusch, und der Schmerz verschaffte ihr vorübergehend Erleichterung.

»Ich darf mich nicht zu sehr beeilen«, sagte sie sich. »Ich darf nicht an der Bucht ankommen, ehe das Boot losgefahren ist. Ich darf nicht rufen ...«

Sie versuchte, ihren Schritt dem von Julian, Kato und den Offizieren anzugleichen, und auf dem Kamm der Insel, wo der Pfad seinen höchsten Punkt erreichte, ruhte sie ein paar Minuten aus. Sie saß auf der Anhöhe unter dem großartigen Sternenhimmel, hörte das Seufzen des Meeres und spürte den leichten Wind in ihrem Haar. »Ohne Julian, ohne Julian ... nein, niemals«, flüsterte sie, und dieser eine Gedanke ging ihr immer wieder durch den Kopf. »Ich bin allein«, dachte sie, »ich bin immer allein gewesen ... ich bin eine Ausgestoßene, ich gehöre nicht hierher ...« Sie wusste nicht genau, was sie damit meinte, aber sie wiederholte es mit blinder Überzeugung, und ein Gefühl schrecklicher Einsamkeit überfiel sie. »Oh, ihr Sterne!«, sagte sie laut und streckte die Hände nach ihnen aus, und wieder wusste sie nicht, was sie mit den Worten oder mit der Geste meinte. Dann wurde ihr bewusst, wie dunkel es war, und als sie aufstand, dachte sie: »Ich habe Angst.« Doch ihr Flehen nach Julian, das diesem

Gedanken unmittelbar folgte, blieb unbeantwortet. Sie schlang den Schal noch fester um ihre Schultern und versuchte angestrengt, die Dunkelheit mit ihren Augen zu durchdringen. Dann dachte sie: »Wer am Rande des Todes steht, braucht sich nicht zu fürchten«, und hörte doch nicht auf, sich ängstlich umzuschauen, in die Dunkelheit zu lauschen und sich zu wünschen, dass Julian käme, um sie beschützend in die Arme zu nehmen.

Eve stand auf und folgte mit langsameren Schritten dem Pfad auf der anderen Seite den Berg hinab. Sie wusste, sie durfte Julian und seine Eskorte nicht überholen. Sie hätte nicht sagen können, warum sie sich entschieden hatte, ihnen zu folgen, wo doch jeder andere Küstenstrich für das, wozu sie sich entschlossen hatte, ebenso geeignet gewesen wäre. Doch als brächte es ihr eine Art letzten Trost, dachte sie ständig: »Er ist vor wenigen Minuten noch auf diesem Pfad gegangen. Er ist irgendwo, nicht weit von mir.« Und sie erinnerte sich, wie er sie angefleht hatte, mit ihm zu gehen. »Aber ich hätte nicht mitgehen können!«, rief sie, als müsste sie sich noch jetzt dafür entschuldigen, dass sie auf so viel Glück verzichtet hatte. »Ich war ein Fluch für ihn – ein Fluch für jeden, der mich berührt. Ich hätte meine Eifersucht, meine Maßlosigkeit niemals zügeln können ... Er hat mich gebeten mitzukommen, immer bei ihm zu sein«, dachte sie, während sie weinend weiterging und seinen Namen schluchzte wie ein Kind: »Julian! Julian! Julian!«

Bald führte der Pfad nicht mehr bergab, sondern verlief parallel zur Steilküste, etwa sieben Meter über dem Meer. Eve verlangsamte noch einmal ihre Schritte, denn sie wusste, bald würde sie zu der kleinen Bucht kommen, wo das Boot auf sie wartete. Obgleich sie sich langsam und vorsichtig bewegte, stieß sie ständig gegen Steine und spitze Felsen, denn der Pfad schlängelte sich hin und her und war im Sternenlicht nur undeutlich zu sehen. Noch immer kämpfte sie mit sich selbst: »Nein, ich hätte unmöglich mit ihm gehen können. Ich bin nichts für ihn ... Ich gehöre nicht hierher ...« Und dann immer wieder der gleiche, verzweifelte Aufschrei: »Ohne ihn – nein, nein, nein! Es ist ganz einfach. Wird er mich für schlecht halten? Ich hoffe nicht. Ich habe getan, was ich konnte ...« Ihr Sinn für Unterscheidungen hatte sie nun völlig verlassen, ihre Gedanken nahmen eine kindliche Form an. »Arme Eve!«, dachte sie plötzlich, als sähe sie sich mit den Augen einer anderen Person. »Sie war noch so jung!« (In ihren Augen stellte Jugend eine moralische Tugend dar.) »Julian, Julian, habe ein wenig Mitleid mit ihr! – Ich war verflucht, ich war ganz bestimmt verflucht«, fügte sie hinzu, als sie direkt über der Bucht angelangt war.

Der Pfad führte in grob gehauenen Stufen hinunter, und mit klopfendem Herzen stieg Eve hinab, bis sie, im Schatten eines Felsens versteckt, die Bucht erreicht hatte. Die Schatten waren tiefschwarz und gekrümmt, wie die Schatten großer Tiere. Sie lauschte und presste die weiche Haut an den harten Felsen. Sie hörte schwache Stimmen, und als sie sich, noch immer im Schutz der Felsen, vorsichtig vorwärtstastete, machte sie auf dem Wasser etwa zwanzig Meter vom Ufer entfernt die Form eines Ruderboots aus.

»Kato ist mit ihm gegangen!«, war ihr erster Gedanke, und ihre Eifersucht flammte wieder auf – eine Eifersucht, von der sie im Grunde ihres Herzens wusste, dass sie völlig grundlos war, die sie aber dennoch nicht in Schach halten konnte. Der

Zorn belebte sie wieder: »Soll ich mich für ihn aufgeben?«, dachte sie, doch sofort erinnerte sie sich an die Leere, die das eine Wort »Niemals!« heraufbeschwor, und ihre Entschlossenheit wuchs. »Kein Leben ohne ihn«, dachte sie fest und unwiderruflich und bewegte sich langsam vorwärts, bis ihre Füße von den dünnen Wellen bedeckt waren, die auf den sandigen Rand der Bucht schwappten. Sie hatte ihre Schuhe abgestreift und stand nun barfuß im weichen, feuchten Sand.

Hier blieb sie stehen, um dem Boot einen noch größeren Vorsprung zu geben. Sie wusste, dass sie schreien würde, egal, wie sehr sie sich auch vornahm, sich zusammenzureißen, und sie musste sich vor der schrecklichen Chance schützen, in letzter Minute doch noch gerettet zu werden. So wartete sie am Rande der Bucht, zitternd, die seidenen Kleider noch enger um sich geschlungen, und zwang sich, den Schrecken des kalten Wassers zu ertragen, das sich an ihrem Knöchel brach. Wie unermesslich weit diese Nacht war, wie unermesslich weit das Meer! Die Ruder des Bootes tauchten regelmäßig ins Wasser. Jetzt war es in der Dunkelheit kaum noch zu erkennen.

»Was muss ich tun?«, dachte sie verzweifelt, denn sie wusste, dass der Augenblick gekommen war. »Ich muss so weit hinauslaufen, wie ich kann ...« Sie schickte dem Boot einen stummen Schrei hinterher: »Julian!« Dann ging sie vorwärts. Als ihr das Wasser bis zur Taille reichte, schmiegten sich die langen seidenen Falten ihres Kleids an ihre Glieder, und die Kälte schien ihr den Atem stocken zu lassen. Sie blieb kurz stehen, doch dann erholte sie sich wieder und kämpfte sich weiter voran. Instinktiv hielt sie die Hände auf Mund und Nasenlöcher gepresst, während ihre weit aufgerissenen Augen versuchten, diesen grausam bewussten Tod zu verstehen. Dann verließ sie der Grund unter den Füßen, sie war an den Rand der Untiefen gelangt und wurde von dem wogenden Rhythmus der Wassermassen ergriffen. Ein Gedanke schoss durch ihren Kopf: »Hier stoßen grünes und blaues Wasser zusammen ...« Dann verlor sie in ihrer Angst jede Selbstbeherrschung und versuchte zu schreien; unglaublich, dass Julian, der ihr doch so nah war, sie nicht hören konnte, dass er nicht kam, um sie zu retten; im weiten, wogenden Wasser kam sie sich klein und hilflos vor; doch als sie versuchte zu schreien, wurde sie nur noch tiefer hineingezogen; trotz ihres wilden, fürchterlichen Kampfes gegen das Meer sank sie immer weiter in die dunkle Ruhe der Nacht, die ihren letzten Atemzug bezeugte und in sich aufnahm.

Vita Sackville-West (1892–1962) schrieb mit elf Jahren ihre erste Ballade. 1913 heiratete sie den Diplomaten Harold Nicolson, mit dem sie eine Zeit lang in Persien lebte. Zurück in England, kaufte das Paar Schloss Sissinghurst, dessen von beiden neu gestalteter Garten heute als einer der schönsten Englands gilt. Dass sowohl Vita als auch Harold offen gleichgeschlechtliche Beziehungen hatten, bedrohte ihre Ehe nicht. Mit Virginia Woolf verband Vita Sackville-West eine tiefe Freundschaft, zeitweise auch ein sexuelles Verhältnis. Vita Sackville-West schrieb mehr als fünfzig Romane und Biografien, von denen viele, obwohl sie tabuisierte Themen aufgriffen, zu Publikumserfolgen wurden.

Irmela Erckenbrecht (geboren 1958) hat Bücher zum Thema Kochen, Ernährung und Gartengestaltung geschrieben. Außerdem übersetzt sie aus dem Englischen mit den Schwerpunkten Frauen- Kinder- und Jugendliteratur. Sie lebt in Niedersachsen.

Vita Sackville-West
Sissinghurst
Portrait eines Gartens
Aus dem Englischen von Susanne Lange
160 Seiten. Gebunden
ISBN: 978-3-89561-709-6

1930 kauften die Schriftstellerin Vita Sackville-West und ihr Ehemann Harold Nicolson die Ruine von Schloss Sissinghurst in Kent.
Über die Anlage ihres legendären Gartens, den heute jährlich 160 000 Menschen besuchen, schrieben die beiden in Briefen und Tagebüchern, in Kolumnen und Rundfunkbeiträgen. Julia Bachstein hat daraus ein Portrait zusammengestellt, das gleichermaßen zum Portrait einer Ehe wird.

»Vitas künstlerischer Geist lebt in ihrem Garten fort:
in den Eiben- und Lindengängen, den majestätischen Nussbäumen, dem überbordenden Bauern- und dem betörenden Rosengarten,
den magischen Durchblicken zwischen hohen Buchsbaumhecken und in den Türmen von Sissinghurst mit dem weiten Blick über die sanften Hügel der Grafschaft Kent.«
Barbara von Becker / Deutschlandfunk

»Ein luftiger Durchgang durch Garten- und Beziehungsgeschichte.«
Hannes Hintermeier / Frankfurter Allgemeine Zeitung

»Ein prächtiges Kleinod großer Gartenkunst!«
Bücher-Magazin

Schöffling & Co.